동영상과 실무 예제로 쉽게 배우는

포토샵 CC

동영상과 실무 예제로 쉽게 배우는

포토샵 CC

초판 1쇄 인쇄 | 2017년 4월 5일
초판 1쇄 발행 | 2017년 4월 10일

지 은 이 | 신희성, 강신심
발 행 인 | 이상만
발 행 처 | 정보문화사

책 임 편 집 | 최동진
편 집 진 행 | 노미라

주   소 | 서울시 종로구 대학로 12길 38 (정보빌딩)
전   화 | (02)3673-0037(편집부) / (02)3673-0114(代)
팩   스 | (02)3673-0260
등   록 | 1990년 2월 14일 제1-1013호
홈 페 이 지 | www.infopub.co.kr

I S B N | 978-89-5674-738-5

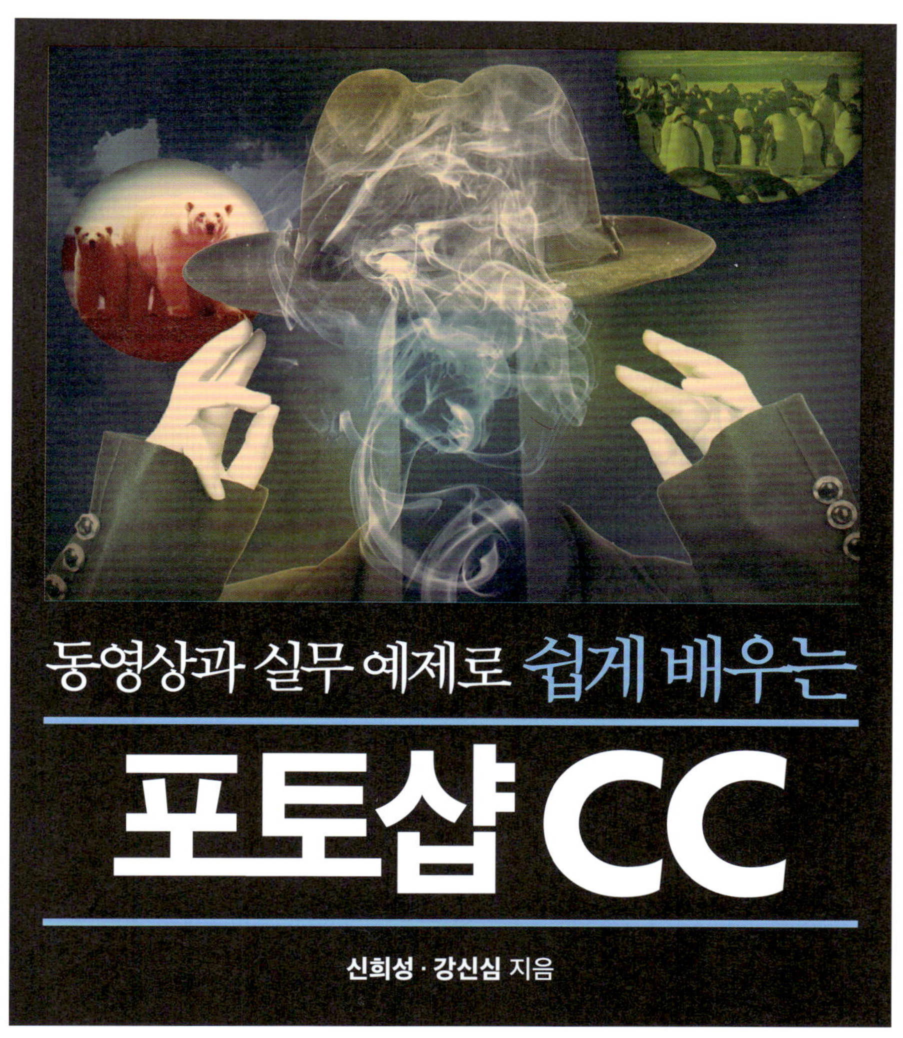

동영상과 실무 예제로 **쉽게 배우는**

포토샵 CC

신희성 · 강신심 지음

정보문화사
Information Publishing Group

처음 Photoshop을 접하게 된 건 2002년이었습니다. 그때는 Photoshop6 버전을 사용했었습니다. 당시 저는 대학생이었고, 포토샵을 통해 과제 제출에 필요한 사진을 보정하거나 크기를 조절하는 단순 작업을 진행하였습니다. 그 후로 점차 시간이 지나면서 좀 더 강렬한 시각적인 그래픽 이미지를 얻기 위한 도구로서 포토샵의 활용 영역을 넓혀갔던 것 같습니다. 하지만 지금 생각해보면 그 당시에 저는 부분적인 기능으로 느낌을 표현했을 뿐 포토샵에 대한 전체적인 기능을 이해하고 제대로 활용하였나 하는 의문이 들곤 합니다.

결국, 2009년 무렵 대형학원에서 처음 디자인 강의를 시작하였을 때에 비로소 포토샵의 기본적인 기능으로부터 고급 응용과정에 대해서도 자신감을 갖게 되었습니다. 이제는 많은 시간이 흘렀고, 포토샵 역시 많은 버전이 업데이트 되었습니다. 프로그램으로서도 그것을 사용하는 사용자 입장에서도 혁명적 변화였지만 그 본질은 여전히 같습니다. 포토샵은 항상 우리가 좋은 결과물을 얻기 위한 도구이기 때문입니다. 그저 더 좋은 결과를 편리하고, 빠르게 얻을 수 있게 되었습니다.

제가 이 글을 쓰게 된 것은 처음 포토샵을 접하고, 배워나가는 학습자들이 얼마나 효율적으로 습득할 수 있을지에 대한 고민에서부터 시작되었습니다. 단순히 기능이나 도구사용법을 전달하는 것으로는 독자들의 이해는 커녕 복잡함을 느끼기 일쑤였습니다.

포토샵은 거의 모든 기능을 사용할 수 없을 정도로 많은 기능을 가지고 있습니다. 즉, 시각적인 어떠한 표현도 거의 구현할 수 있습니다. 하지만 도구들의 상관관계를 파악하고, 기능을 제대로 활용해 머릿속의 이미지를 구현하기까지는 많은 시간이 필요합니다.

저는 많은 시행착오를 거치며 학습자들을 만났습니다. 그리고 학습자들이 가장 짧은 시간에 포토샵을 습득하고 원하는 대로 활용하기 위해서는 도구 사용법을 배워나가는 순서가 매우 중요하다는 점을 깨닫게 되었습니다. 일부 포토샵 교재의 단순한 기능 설명이나 나열이 아닌 기능과의 연계성 및 상관성을 고려한 학습이 필요하다는 것입니다.

제가 추천하는 본 교재의 포토샵 학습법의 핵심은 다음과 같습니다.

첫째, 비슷한 맥락의 도구들을 그룹 지어서 전체적으로 파악한다.

둘째, 도구의 기능이 아닌 만들어진 이유와 원리를 이해한다.

셋째, 도구와 도구의 상관관계를 이해하고, 시너지 효과를 만들어 본다.

위에서 언급한 것들은 본 교재를 학습하며 점차 자연스레 배워나갈 수 있습니다. 물론, 어느 학문이든 마찬가지이지만, 무엇보다 중요한 것은 꾸준하게 연습하는 것입니다. 반복 학습은 포토샵으로 나의 생각을 표현하는 가장 편안한 수단이 되어줄 것입니다.

이 책은 오랜 시간 수많은 학습자를 만나면서 얻은 노하우를 한 권에 담았습니다. 쉬운 예제를 통해 누구나 쉽게 따라할 수 있도록 구성하였습니다. 첫 장에서부터 차례차례 교재와 동영상을 함께 활용하여 학습해보세요. 교재의 마지막 장을 넘길 때 여러분은 틀림없이 실생활에서 쉽게 자신의 이미지를 구현해내는 포토샵 사용자가 되어 있을 겁니다. 여러분의 건투를 빕니다.

이 책을 집필하기까지 흔쾌히 자료를 제공해주신 훌륭한 제자들과 도움을 주신 여러분께 진심으로 감사의 말씀 올립니다.

AIDEN DESIGN STUDIO
신희성

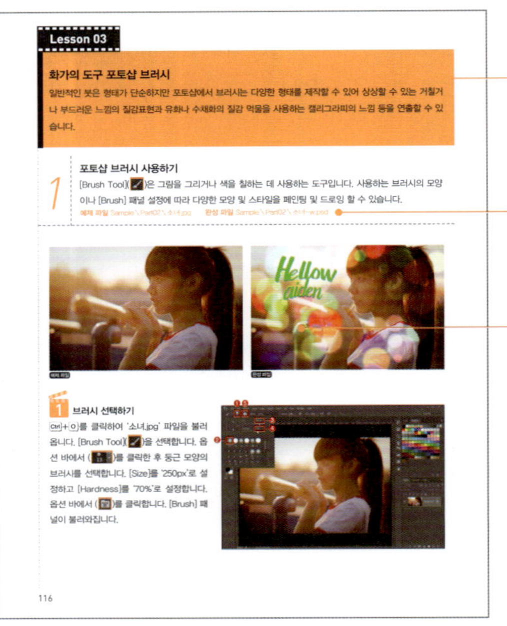

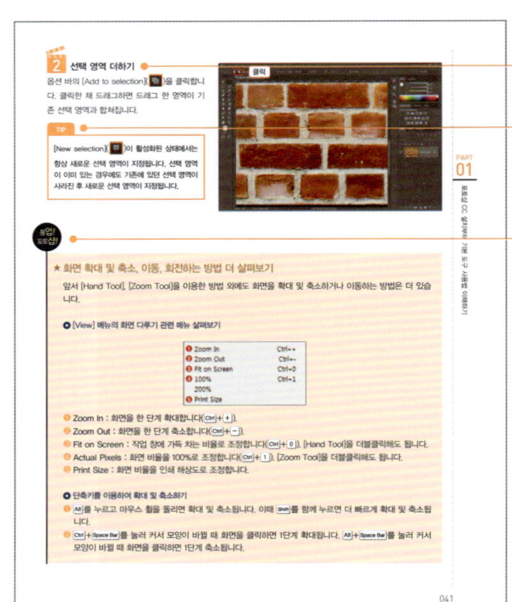

레슨

앞으로 배울 내용의 가장 핵심적이고 중요한 사항을 레슨 제목으로 삼았습니다.

예제/완성 파일

본문에서 배울 내용을 따라할 수 있도록 예제/완성 파일을 제공합니다.

미리보기

완성 이미지를 미리보기로 제공하고 있어 본문의 내용을 먼저 파악할 수 있습니다.

따라하기

예제 파일을 이용하여 설명과 그림을 참고하며 차근차근 따라해봅니다.

TIP

본문 내용에 대하여 추가적으로 알아야 할 세부 사항이나 주의 사항을 보충 설명합니다.

붐업! 포토샵!

배우는 내용에 대한 추가적인 설명, 저자만의 노하우 등을 소개하여 독자의 이해를 도와주고, 수준을 한 단계 업그레이드할 수 있도록 도와줍니다.

이 책의 **예제 파일**

정보문화사 홈페이지(www.infopub.co.kr) 자료실에서 제공되는 예제/완성 파일과 DVD로 제공하는 동영상 강의로 이 책을 100배 활용하세요!

● 정보문화사 홈페이지에 접속하여 상단의 [자료실]을 클릭합니다. 하단 [SEARCH]에 책 제목을 입력하고 [검색] 버튼을 클릭하면 검색 결과가 나타납니다. 해당 책 제목을 클릭하여 다운로드합니다.

● 다년 간 강사로 활동 중인 저자의 쉽고 재미있는 동영상 강의를 마음껏 시청할 수 있습니다. 유려한 말솜씨의 저자 직강을 직접 보고 따라하다 보면 복잡한 내용들이 어느새 술술 풀린답니다!

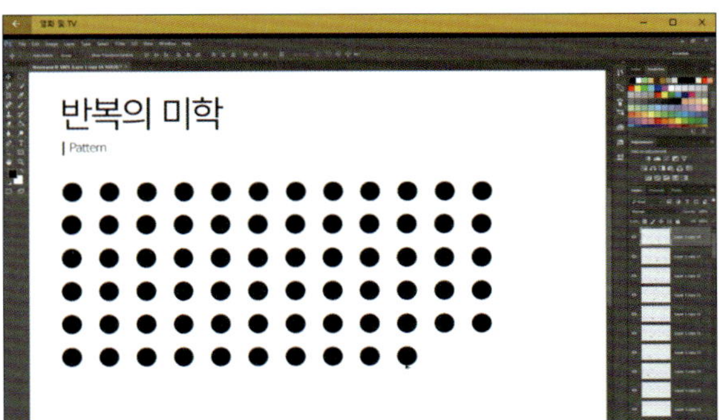

PART 02 사용자 정의 도구로 등록하여 활용해 보기

PART 06 동영상으로 보는 실무 예제

PART 01

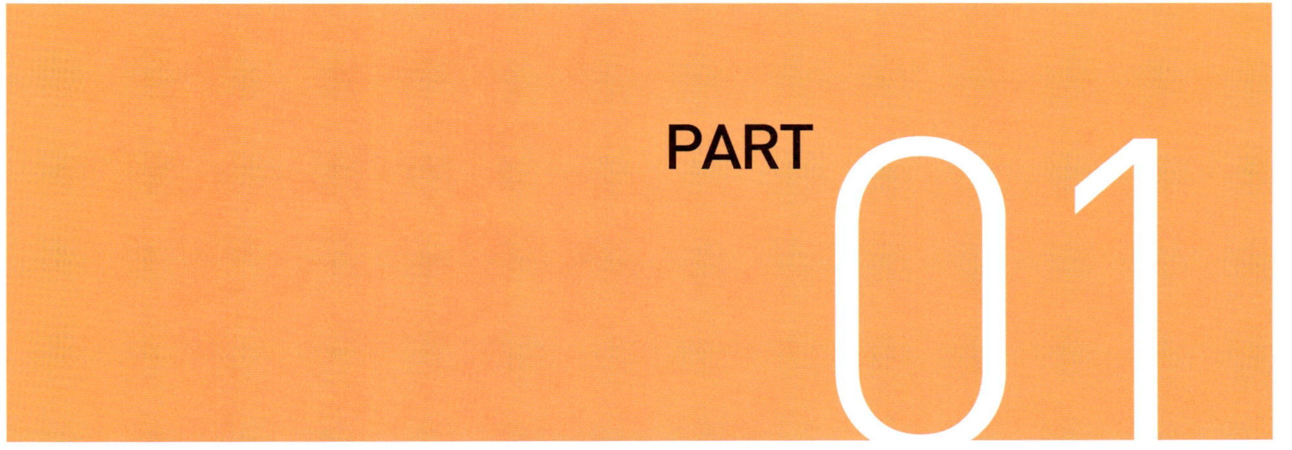

포토샵 CC 설치부터 기본 도구 사용법 이해하기

포토샵은 대표적인 비트맵 방식의 그래픽 프로그램입니다. 포토샵 프로그램의 활용 예제와 화면 구성, 다양한 패널의 종류를 살펴보고 새 파일을 만들거나 불러오기, 저장, 화면 확대 및 축소 등의 기본적인 조작 방법들을 알아보겠습니다.

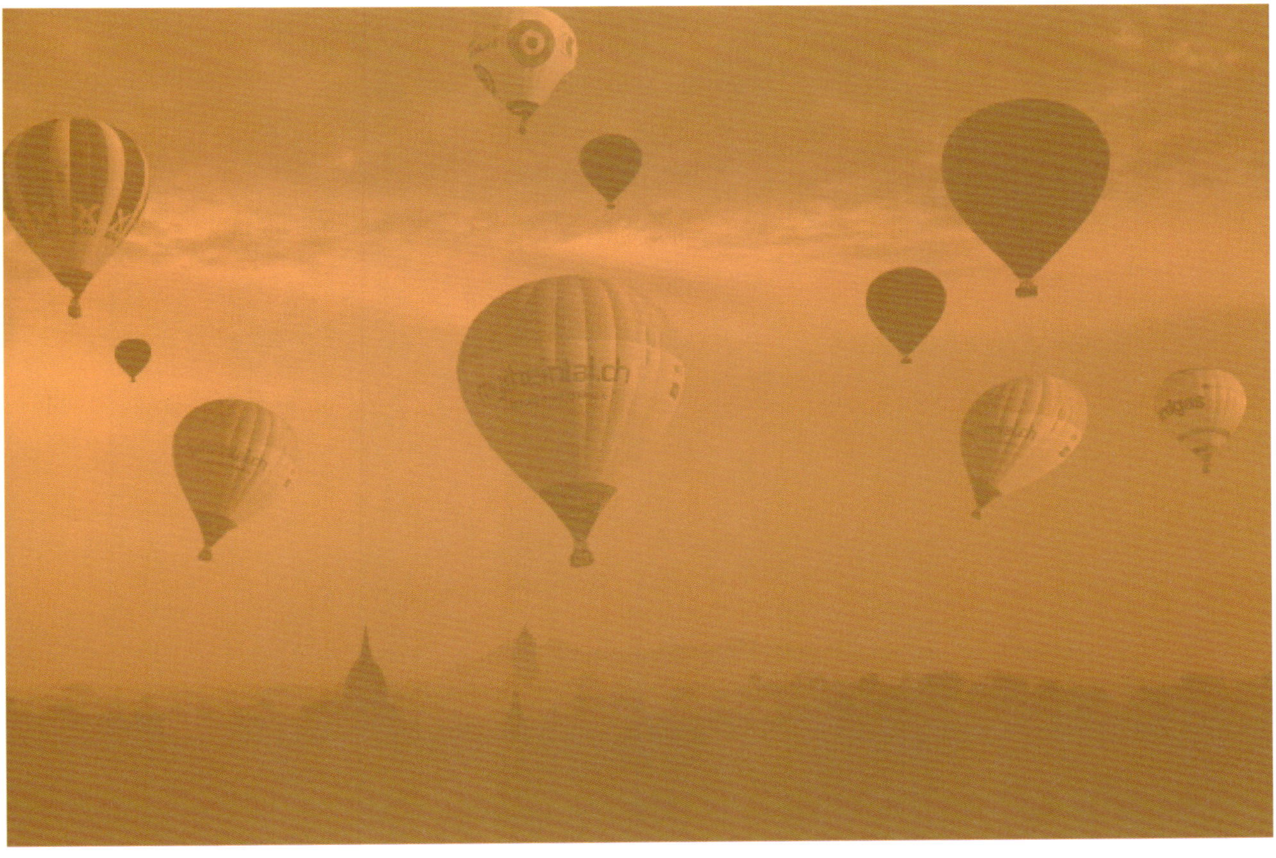

포토샵 CC 설치 및 새로운 기능

포토샵 프로그램의 특징을 간단하게 살펴보고 프로그램 설치부터 CC 버전에 새롭게 추가된 기능들, 그리고 새롭게 업데이트된 기능들을 알아보겠습니다.

1 포토샵 CC는?

Adobe Photoshop CC를 통해 이미지의 크기를 변경하거나 회전, 변형 및 왜곡, 오리기, 복사 및 붙여넣기 등 이미지를 편집할 수 있습니다.

포토샵의 편집 기능으로 간단한 합성 이미지를 만들거나 편집 디자인, 웹 및 앱 디자인을 할 수 있습니다.

노출 교정, 색상 및 밝기를 조정하며 이미지 내에서 개체를 이동하거나 크리에이티브한 이미지로 만들 수 있습니다.

포토샵의 대표적인 특징으로 레이어와 관련 기능들인 레이어 마스크, 블렌드 모드, 채널 등으로 이미지를 합성할 수 있습니다.

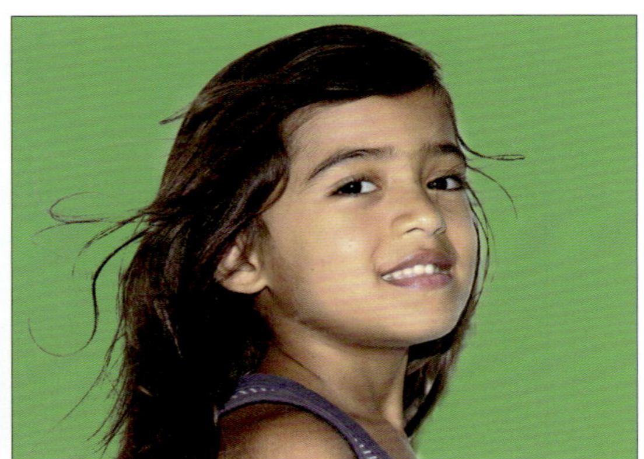
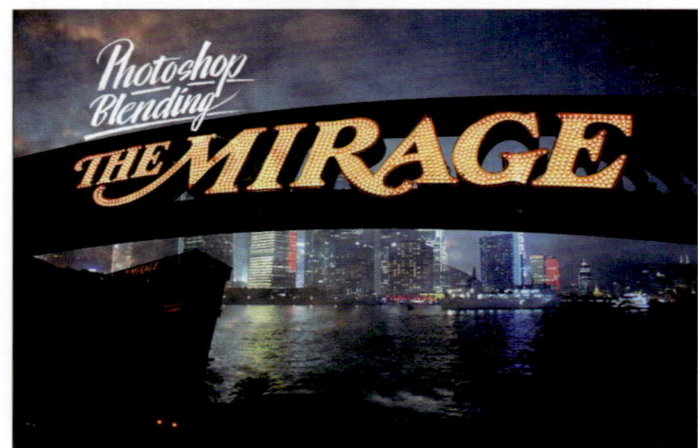

또한 다양한 수정 작업을 할 수 있으며, 핸드폰이나 디지털 카메라 등으로 촬영한 사진을 보정할 수 있습니다. 어두운 사진을 밝게 보정하거나, 화이트 밸런스를 조정하거나, 채도나 색감을 보정하여 색다른 느낌을 연출하는 등 다양하게 보정할 수 있습니다.

영감을 주는 크리에이티브 디자인은 포토샵을 통해 만들어 집니다. 포스터, 모바일 앱 디자인, 웹사이트, 타이포그래피, 로고, 그림, 일러스트레이션 등 시각디자인의 전반적인 결과물을 만들어 낼 수 있습니다.

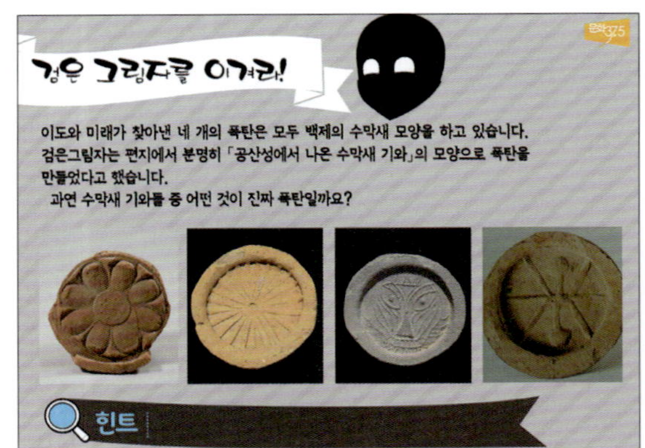
검은 그림자를 이겨라!
이도와 미래가 찾아낸 네 개의 폭탄은 모두 백제의 수막새 모양을 하고 있습니다.
검은그림자는 편지에서 분명히 「공산성에서 나온 수막새 기와」의 모양으로 폭탄을 만들었다고 했습니다.
과연 수막새 기와들 중 어떤 것이 진짜 폭탄일까요?
힌트

SCIENCE FACTORY
About
News
Program
Learning
Community
Zero To Make
Access to tools, 메이커(Maker)가 되기 위한 하드웨어 활용법

문화상상연구소

LayeR Style

2 포토샵 CC 설치하고 실행하기

1 Adobe Photoshop CC를 설치하기 위해서는 인터넷에서 http://www.adobe.com/kr/products/photoshop.html을 실행합니다. 화면 상단의 [무료 시험 버전] 버튼을 클릭합니다. 이 책에서는 시험판 버전으로 설치합니다.

2 간단한 설문 페이지가 나타나면 자신에게 맞는 항목을 선택합니다. 그림처럼 각 항목에 해당하는 것을 선택한 후 [Adobe ID 등록] 버튼을 클릭합니다.

3 Adobe ID가 없는 경우에는 이메일 주소와 암호를 입력하고 [지금등록] 버튼을 클릭합니다. ID가 있는 경우에는 이메일 주소와 암호를 입력한 후 [로그인] 버튼을 클릭합니다. 묻는 물음에 답변을 입력한 후 회원가입과 등록을 진행합니다.

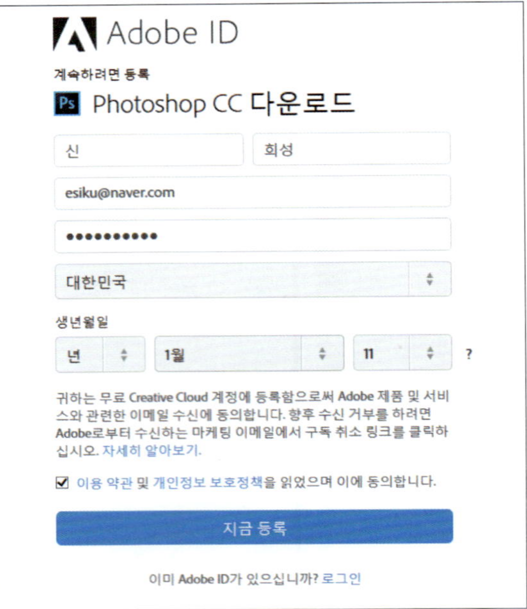

 다운로드가 완료되면 [저장] 버튼을 클릭해 'Creative Cloud Set-Up' 파일을 실행시킵니다.

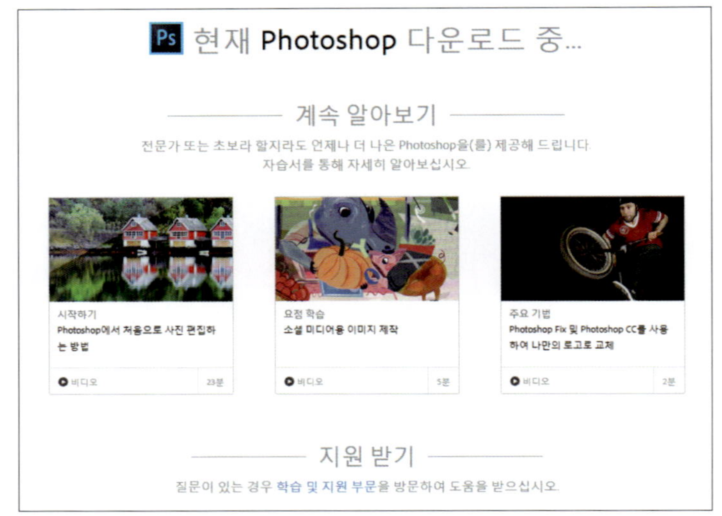

5 'Creative Cloud Set-Up' 파일을 실행시키면 초기화가 진행되고 데스크톱이 설치됩니다.

6 Adobe ID로 로그인합니다. 그러면 다음과 같은 화면이 나타나면서 설치되는 항목들을 확인할 수 있습니다. 언어를 설정하기 위해 [Creative Cloud]의 [Apps] 화면 상단 오른쪽 설정 버튼을 클릭한 후 [환경 설정]을 선택합니다.

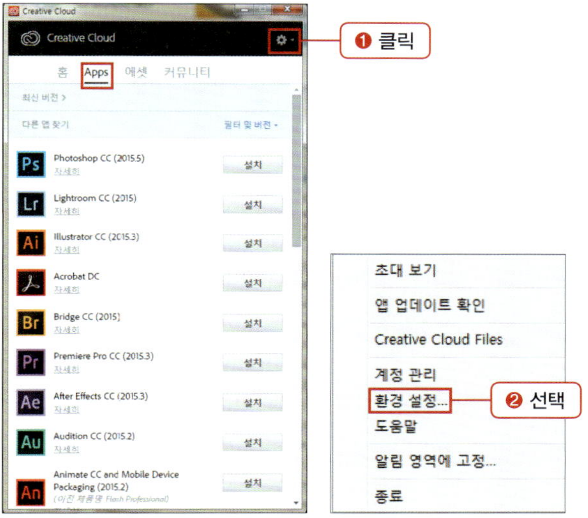

7 [Creative Cloud]에서 기본 앱 언어는 '한국어'로 되어 있습니다. 영문 언어로 변경하기 위해 [환경 설정] 화면에서 앱 언어를 'English(Inter national)'로 설정한 후 전단계 화면으로 이동하기 위해 상단 왼쪽 버튼(<)을 클릭합니다.

8 지금까지 모든 실행이 끝났습니다. 이는 프로그램을 설치한 후 처음 실행했을 때만 실행되는 과정입니다. 두 번째 이후부터는 이러한 과정이 필요 없습니다. Photoshop CC 2015 오른쪽에 있는 [시험사용] 또는 [업데이트] 버튼을 클릭합니다. 모든 설치 과정이 끝나면 [완료] 버튼을 클릭합니다.

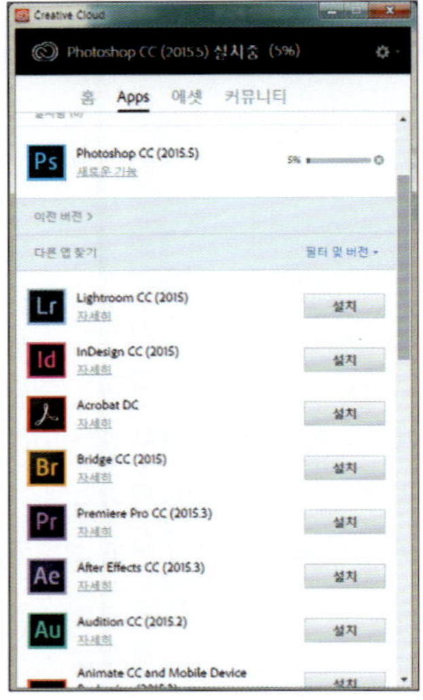

3 포토샵 CC 새로운 기능

Photoshop CC 2015 버전에 새롭게 추가된 기능들과 새롭게 업데이트된 기능들을 간단히 살펴보겠습니다.

1 여러 크기의 대응이 가능한 대지(Artboard)를 사용할 수 있습니다.

반응형의 멀티스크린 디자인에 적합한 대지를 사용하면 여러 크기의 다양한 레이아웃을 만들 수 있고 하나의 문서에서 전체 디자인 워크플로우를 확인할 수 있습니다. 콘텐츠 복사 및 공유, 하나 또는 여러 개를 내보낼 수 있습니다.

2 작업에 사용할 이미지 또는 그래픽을 검색하여 사용할 수 있습니다.

Adobe Stock 마켓플레이스를 사용하면 로열티 프리 이미지와 비디오를 찾아 라이선스를 부여받고 관리할 수 있습니다. 4,000만 개의 에셋 중에서 선택할 수 있고 선택한 항목을 Creative Cloud Libraries에 저장한 다음 드래그하여 사용할 수 있습니다.

 **3** **보다 빠르고 간편하게 이미지 내보내기로 저장할 수 있습니다.**

내보내기 기능을 사용하면 한 번의 클릭으로 하나의 레이어와 Artboard 또는 전체 문서를 내보낼 수 있습니다. 또한 웹 용으로 저장 기능도 업데이트 되었습니다. 내보내기 할 레이어를 중복 선택 후 마우스 오른쪽 버튼을 클릭하여 [Quick Export as PNG]를 클릭하면 원하는 경로에 레이어 이미지를 쉽게 저장할 수 있습니다. [Export As..]를 클릭하면 내보내기 설정을 통해 파일의 형식을 결정할 수도 있습니다.

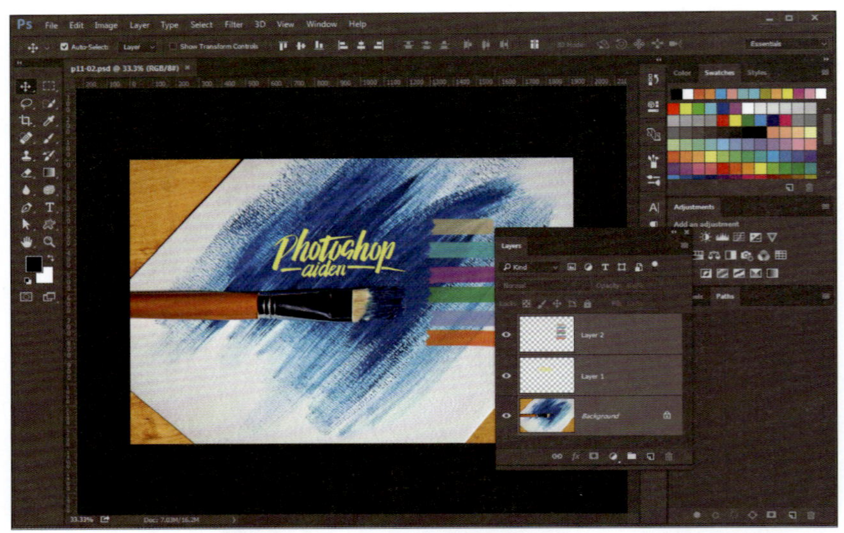

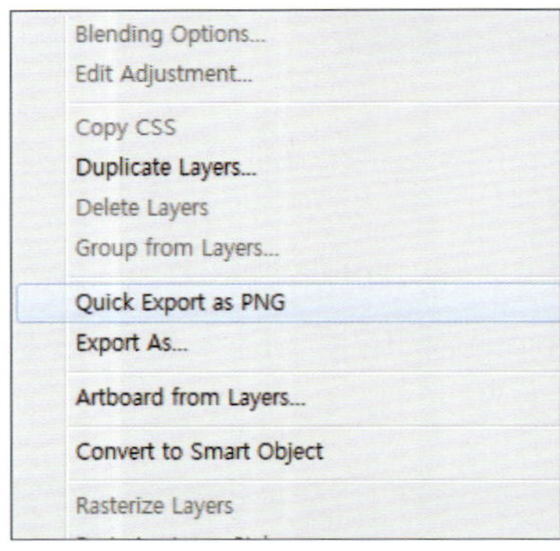

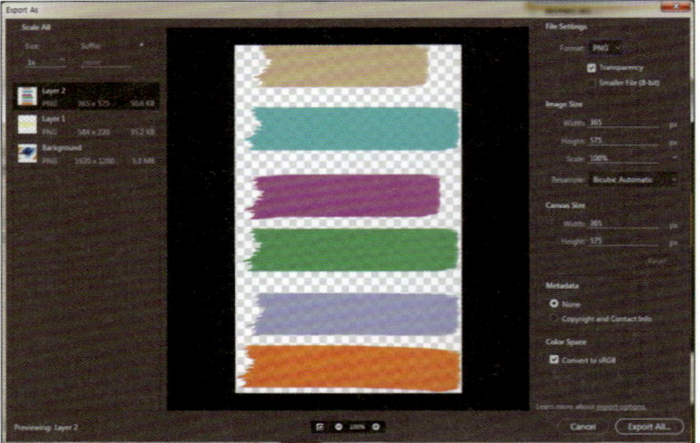

4 다양한 레이어 스타일을 추가하여 원하는 모양을 제작할 수 있습니다.

원하는 레이어 스타일의 인스턴스를 최대 10개까지 하나의 레이어 또는 레이어 그룹에 손쉽게 추가할 수 있고 언제든지 스타일을 다시 편집 수정할 수 있습니다. 이제 더 이상 서로 다른 레이어 그룹에 효과를 래스터화하거나 겹쳐 놓지 않아도 됩니다.

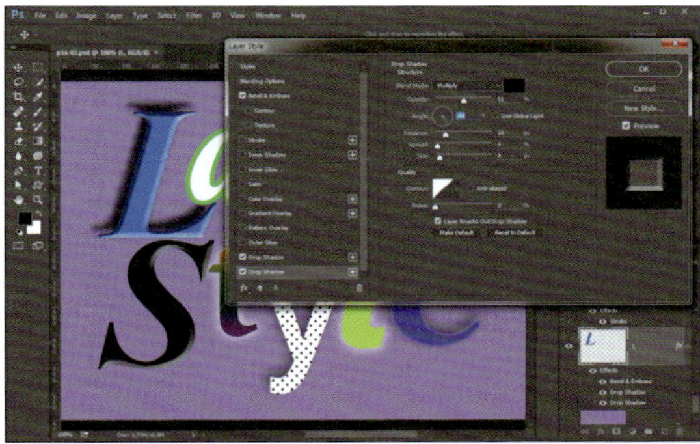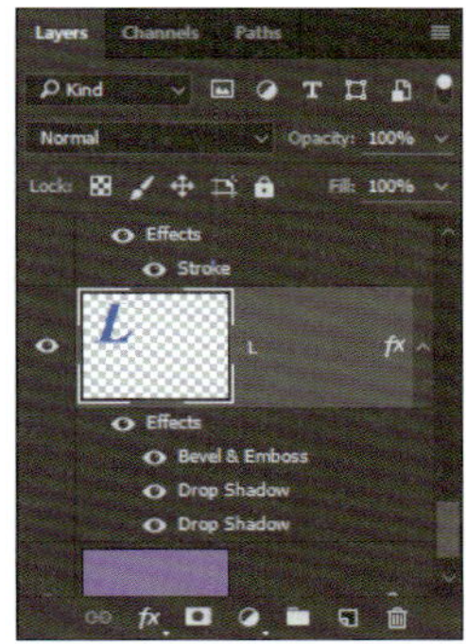

5 더욱 빨라진 Healing Brush Tool과 Patch Tool을 통해 자연스런 이미지 연출을 할 수 있습니다.

향상된 Mercury Graphics Engine 성능 덕분에 Spot Healing Brush Tool, Patch Tool 성능이 크게 향상되었습니다. 실시간으로 복구 결과를 확인할 수 있고 CS6보다 최대 120배 더 빠르게 Spot Healing Brush Tool, Patch Tool 결과를 얻을 수 있습니다.

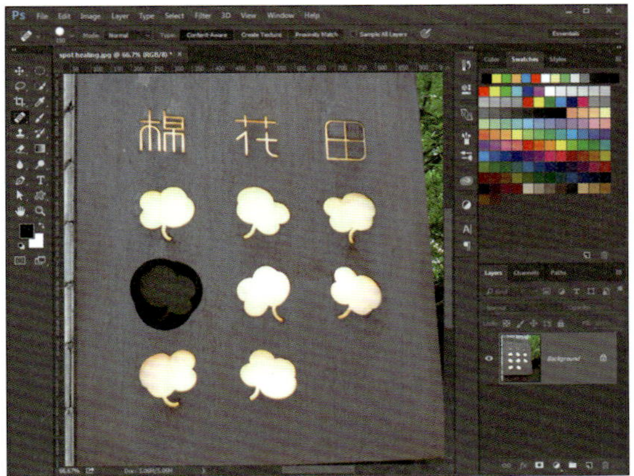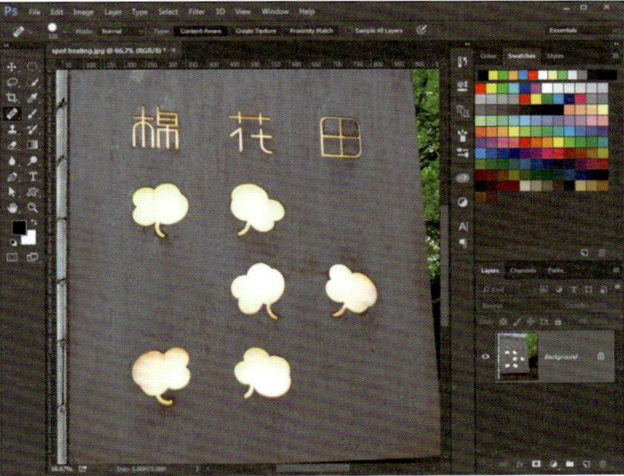

 **6** **보다 정확하게 개체 이동 및 확장을 할 수 있습니다.**

향상된 Content Aware Tool의 인식 이동 및 확장 기능 덕분에 이동하려는 개체나 확장하려는 영역의 비율 및 회전을 조절할 수 있습니다. 옵션 바의 [Transform On Drop] 기능을 사용하면 이미지의 비율과 위치에 맞게 최종 개체를 정확하게 배치할 수 있습니다.

 **7** **향상된 Adobe Camera Raw 9.1**

사진에 분위기 있는 안개를 추가하거나 제거할 수 있고 일부분을 조정할 때 흑백 레벨을 정확하게 제어할 수 있습니다.

Lesson 02

포토샵 CC 기초 다지기

책을 살펴보기 위해서는 명칭을 정확히 알아야 합니다. 우선, 명칭을 익힌 후 파일을 불러오고 저장하며 작업에 필요한 확대하기 및 축소하기를 학습할 수 있습니다.

1 인터페이스 명칭과 화면 구성요소 익히기

포토샵 CC의 화면구성을 살펴보겠습니다. 포토샵의 화면은 메뉴 바, 옵션 바, [Tool] 패널, 작업공간, 보조 패널로 구성되어 있으며, [Tool] 패널에는 작업에 사용하는 도구가 모여 있습니다.

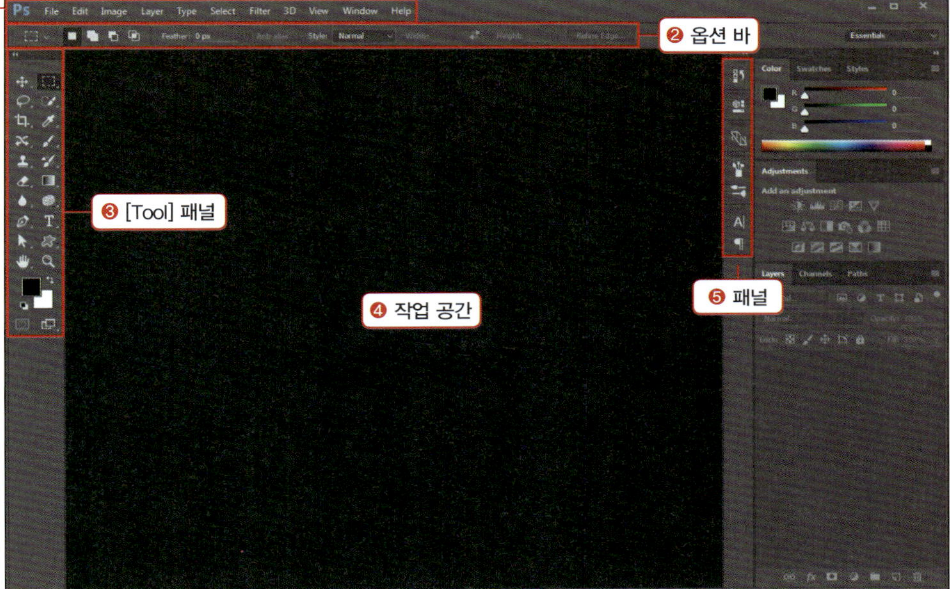

❶ **메뉴 바** : 포토샵 작업에 필요한 명령들을 주제별로 정리한 메뉴 바입니다. 클릭하면 해당 주제와 관련된 하위 메뉴들이 나타납니다.

❷ **옵션 바** : [Tool] 패널에서 선택한 도구의 옵션 설정 항목이 나타납니다.

❸ **[Tool] 패널** : 작업에 사용하는 도구를 담은 패널입니다. 이 도구들을 사용하여 이미지를 선택하고 이동하거나 글자 입력 및 그리기 등의 작업을 할 수 있습니다.

❹ **작업공간** : 파일을 불러오거나 새로 만들 때 사용하는 작업공간입니다. 작업 중인 파일이 없을 경우 회색 빈 공간을 더블클릭하면 파일을 불러올 수 있는 [Open] 대화상자가 나타납니다.

❺ **패널** : [Tool] 패널의 도구와 함께 작업에 사용하는 보조 패널입니다.

메뉴 바 살펴보기

포토샵 작업에 필요한 명령들을 주제별로 정리해 놓은 메뉴 바를 살펴보겠습니다. 클릭하면 해당 주제와 관련된 하위 메뉴가 나타납니다. 실행할 수 있는 명령은 활성화 되어 있고 실행할 수 없는 메뉴는 비활성화 되어 있습니다.

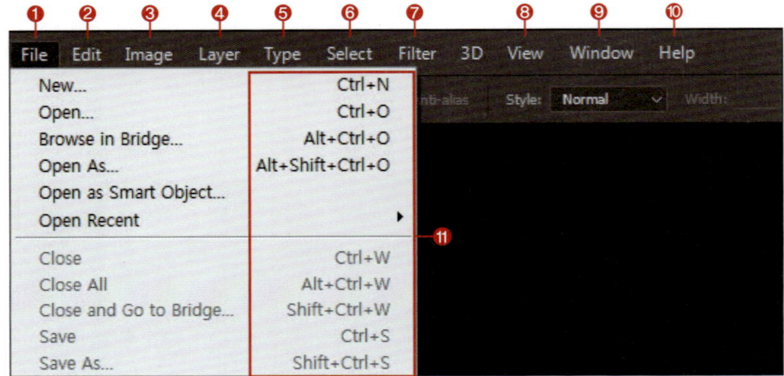

❶ **File** : 새 파일 만들기, 불러오기, 저장하기, 닫기 등 파일 관련 메뉴가 나타납니다(Alt+F).

❷ **Edit** : 잘라내기, 복사 및 붙여넣기, 크기 조절 및 회전하기 등 편집 관련 메뉴가 나타납니다(Alt+E).

❸ **Image** : 색상 모드, 사진 보정, 이미지 크기 변경, 캔버스 복제 등 이미지와 관련된 메뉴가 나타납니다(Alt+I).

❹ **Layer** : 레이어 작업과 관련된 메뉴가 나타납니다(Alt+L).

❺ **Type** : 문자 작업과 관련된 메뉴가 나타납니다(Alt+Y).

❻ **Select** : 선택 영역과 관련된 메뉴가 나타납니다(Alt+S).

❼ **Filter** : 이미지에 적용할 수 있는 특수효과(필터)와 관련된 메뉴가 나타납니다(Alt+T).

❽ **View** : 화면 확대 및 축소, 눈금자 보기 등 화면 보기 관련 메뉴가 나타납니다(Alt+V).

❾ **Window** : 숨겨진 보조 패널들을 불러오거나 작업 영역을 변경하고 작업 창을 정렬하는 등 작업 영역, 작업 창과 관련된 메뉴가 나타납니다(Alt+W).

❿ **Help** : 도움말과 프로그램 정보 등을 확인합니다(Alt+H).

⓫ 작업 도중 메뉴 바의 메뉴를 펼치지 않아도 언제든지 명령을 실행할 수 있는 해당 메뉴의 단축키입니다.

 **2 옵션 바를 이용한 도구 옵션 설정 방법 살펴보기**

옵션 바에는 [Tool] 패널에서 선택한 도구의 옵션 항목들이 나타나며, 선택한 도구의 종류에 따라 옵션이 다르게 나타납니다. 옵션 바를 이용하면 해당 도구의 간단한 기능을 곧바로 설정할 수 있어 편리합니다. [Window]-[Option] 메뉴를 클릭하여 옵션 바를 숨기거나 다시 나타나게 할 수 있습니다.

❶ 선택한 도구의 아이콘을 표시합니다.
  • ▽를 클릭하면 도구 프리셋을 관리하는 팝업 창이 나타납니다.
  • 마우스 오른쪽 버튼을 클릭하여 [Reset Tool] 메뉴를 클릭하면 해당 도구의 옵션 바 설정들이 모두 초기화할 수 있습니다. 모든 도구의 옵션 바 설정을 초기화하려면 [Reset All Tools] 메뉴를 클릭합니다.
❷ 버튼 옵션 : 클릭하면 아이콘의 배경이 어둡게 나타나면서 해당 옵션이 활성화됩니다.
❸ 입력 상자 옵션 : 값을 입력한 후 Enter 를 누르면 설정이 완료됩니다.
❹ 선택 상자 옵션 : 클릭하여 나타나는 선택지 중에서 한 가지를 선택하여 설정합니다.

3 [Tool] 패널 살펴보기

[Tool] 패널은 작업에 사용하는 도구들을 모아놓은 패널입니다. [Window]-[Tools] 메뉴를 클릭하여 [Tool] 패널을 숨기거나 다시 나타나게 할 수 있습니다.

❶ [Tool] 패널을 2열로 확장하거나 1열로 축소합니다.
❷ 클릭한 채 드래그하면 패널의 위치를 이동할 수 있습니다.
❸ 아이콘을 클릭하면 해당 도구가 선택됩니다. 도구 아이콘 오른쪽 아래의 작은 삼각형은 숨겨진 도구가 있음을 의미합니다. 아래 3가지 방법으로 숨겨진 도구를 확인하거나 선택할 수 있습니다.
  • 아이콘을 클릭한 채 1초 정도 기다리거나, 오른쪽 버튼을 클릭하면 숨겨진 도구의 목록이 나타납니다.
  • Alt 를 누르고 도구 아이콘을 클릭할 때마다 숨겨진 도구가 차례대로 선택됩니다.
  • Shift 와 도구의 단축키를 함께 누를 때마다 숨겨진 도구가 차례대로 선택됩니다.

4 보조 패널 살펴보기

보조 패널은 [Tool] 패널의 도구와 함께 작업에 사용하는
보조 팔레트입니다. 메뉴 바에서[Window] 메뉴를 클릭하
면 패널 목록이 나타납니다. 메뉴에서 체크 표시되어 있는
패널은 작업 영역에 펼쳐저 있는 패널이며 클릭하면 해당
패널이 나타나거나 숨겨집니다.

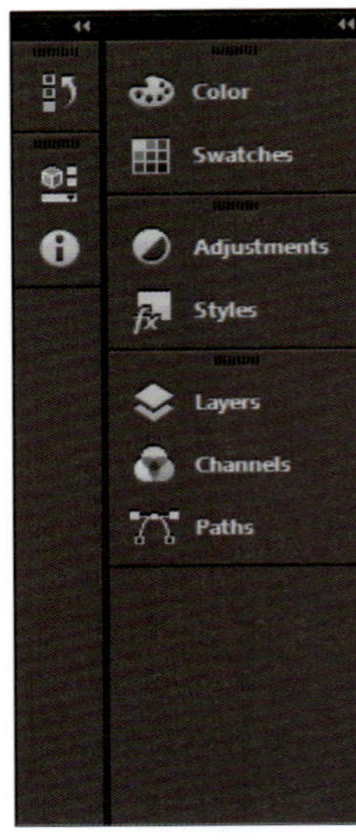

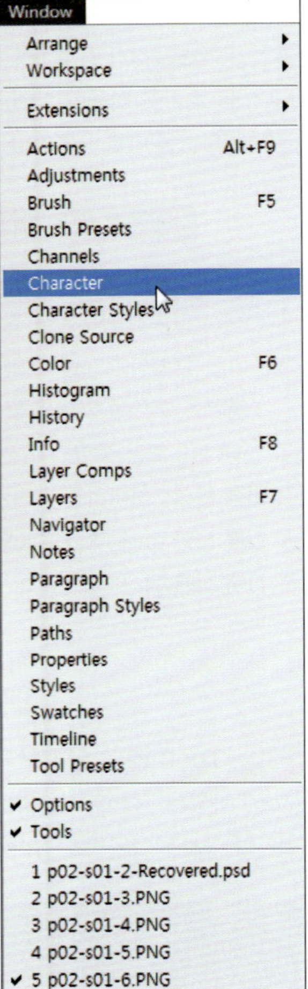

2 파일 불러오기/닫기

파일을 불러오고 닫는 방법을 알아보겠습니다. 파일을 불러올 때는 [File]-[Open] 메뉴를, 파일을 닫을 때는 [File]-[Close] 메뉴를 이용합니다.

예제 파일 Sample \ Part01 \ 01.jpg, 02.jpg

1 파일 불러오기

[File]-[Open] 메뉴를 클릭합니다(Ctrl+O). '01.jpg' 파일을 선택합니다. [열기]를 클릭합니다.

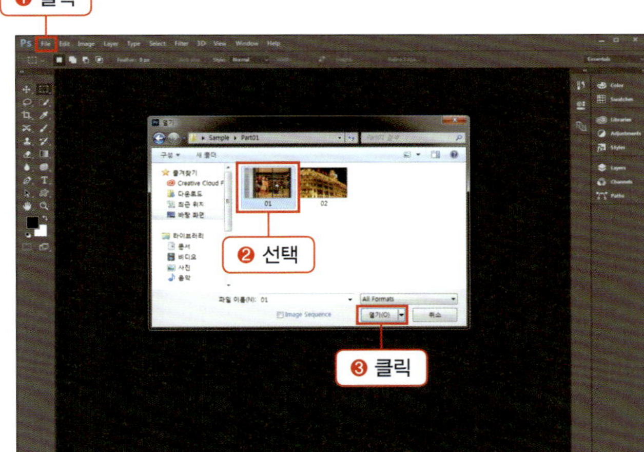

2 100% 비율로 보기

선택한 파일이 나타납니다. [View]-[100%] 메뉴를 클릭하면 화면 보기 비율이 '100%'로 조정됩니다(Ctrl+1).

3 다른 파일 불러오기

[File]-[Open] 메뉴를 클릭합니다(Ctrl+O). '02.
jpg' 파일을 선택합니다. [열기]를 클릭합니다.

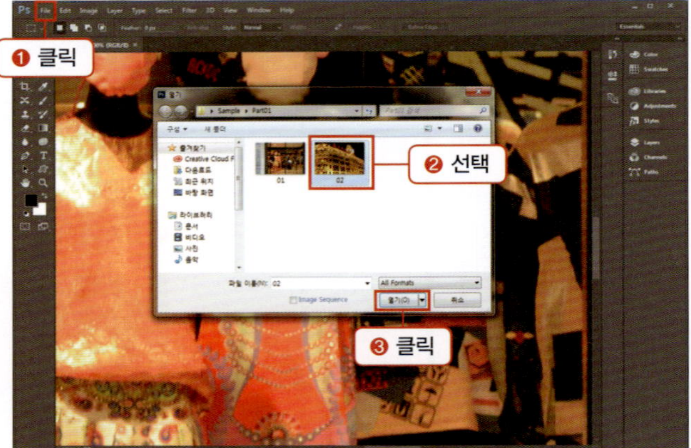

4 100% 비율로 보기

선택한 파일이 나타납니다. [View]-[100%] 메
뉴를 클릭하면 화면 보기 비율이 '100%'로 조정
됩니다(Ctrl+1).

TIP

단축키 Ctrl+0을 누르면 화면에 맞춰 보기입
니다.

TIP

현재 작업 중인 파일을 닫으려면 [File]-[Close] 메뉴를 클릭(Ctrl+W), 열려 있는 파일들을 모두 닫으려면 [File]-[Colse All] 메
뉴를 클릭합니다(Ctrl+Alt+W).

3 새 파일 만들기/파일 저장하기/다른 이름으로 저장하기

새 파일을 만든 후 포토샵 전용 파일 형식인 'PSD', 흔히 사용하는 이미지 형식인 'JPEG'로 저장하는 방법을 알아보겠습니다. 'PSD' 형식은 포토샵에서 작업한 모든 내용(레이어, 문자, 가이드라인, 알파채널 등)을 포함하여 저장합니다.

1 새 파일 만들기

[File]−[New] 메뉴를 클릭합니다(Ctrl + N). 단위를 'Pixels'로 설정한 후 [Name]을 '새로만들기', [Width]를 '800', [Height]를 '600', [Resolution]을 '72', [Color Mode]를 'RGB Color', [Background Contents]를 'Transparent'로 설정합니다. [OK] 버튼을 클릭합니다. 가로 800픽셀, 세로 600픽셀 크기의 새 파일이 만들어집니다.

2 만들어진 파일 확인하기

[Background Contents]를 'Transparent'로 설정했기 때문에 전체 영역이 투명한 빈 공간으로 나타납니다. Ctrl + 1 을 눌러 100% 비율로 조정합니다.

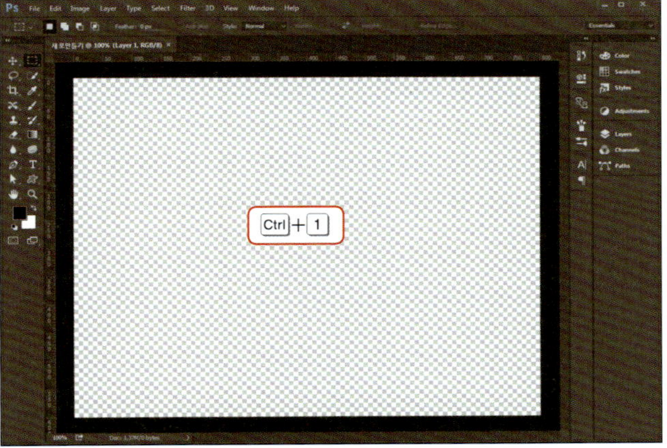

[New] 대화상자 살펴보기

[File]-[New] 메뉴를 클릭하면 새 파일을 만들 수 있는 [New]대화상자가 나타납니다(Ctrl + N). 대화상자가 열려 있는 상태에서 Alt를 누르면 [Cancel] 버튼이 [Reset]으로 바뀌고, 클릭하면 대화상자의 모든 옵션 설정이 초기화됩니다. 다른 대화상자에서도 같은 방법으로 조작할 수 있지만 일부 대화상자에서는 작동하지 않습니다.

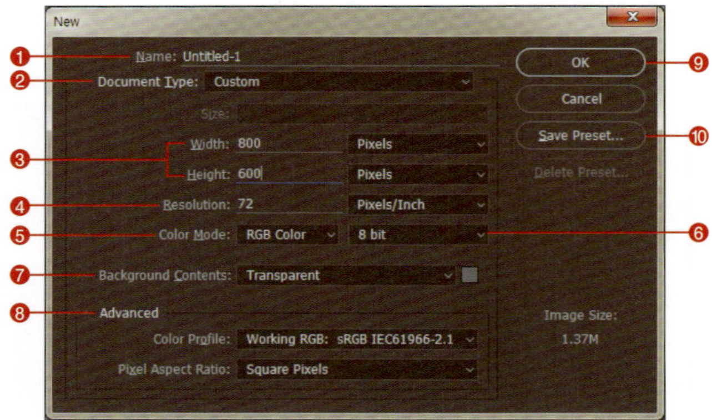

❶ **Name** : 파일의 이름을 입력합니다.

❷ **Preset** : [Size]와 함께 옵션 설정이 저장되어 있는 프리셋을 선택합니다. 'International Paper'로 설정하면 A4, A5 등의 크기를 설정할 수 있습니다.

❸ **Width/Height** : 캔버스의 가로 너비와 세로 높이를 입력합니다. 오른쪽 선택 상자에서는 단위를 선택합니다. 모니터(화상) 작업의 경우 Pixels, 인쇄물 작업의 경우 Centimeters(센터미터)등의 단위를 설정하면 됩니다.

❹ **Resolution** : 해상도를 설정합니다. 모니터 이미지는 72(Pixels/Inch)를, 인쇄물 이미지는 보통 300(Pixels/Inch)이상의 해상도를 사용합니다.

❺ **Color Mode** : 모니터 이미지는 RGB Color 모드를, 인쇄물 이미지는 CMYK Color 모드를 선택합니다. 파일을 만든 후에는 [Image]-[Mode] 메뉴로 변경할 수 있습니다.

❻ **비트 심도** : 사용할 수 있는 색상의 최대 수를 결정합니다. 기본 설정인 '8 bit'를 선택하면 됩니다.

❼ **Background Contents** : 배경색을 설정합니다.

❽ **Advanced** : 클릭하면 숨겨진 옵션이 나타납니다.

- Color Profile : 색 공간을 선택합니다. 사용하는 색 공간에 따라 많은 색상을 표현하고 양질의 이미지를 만들 수 있지만 포토샵에서 작업하는 색상과 웹에서 나타나는 색상의 차이를 방지하려면 기본 설정인 'sRGB IEC61966-2.1'를 선택하는 것이 안전합니다.
- Pixel Aspect Ratio : 비트맵 이미지의 기본 단위인 픽셀의 비율을 설정합니다. 특별한 경우가 아닌 이상 기본 설정인 'Square Pixels'를 선택합니다.

❾ **OK** : 설정한 값으로 새 파일이 만들어집니다.

❿ **Save/Delete Preset** : 대화상자의 옵션 설정을 프리셋으로 저장하거나, 저장한 프리셋을 삭제합니다.

3 흰색으로 채우기

Ctrl + Delete 를 누릅니다. 전체 영역에 흰색이 칠해집니다.

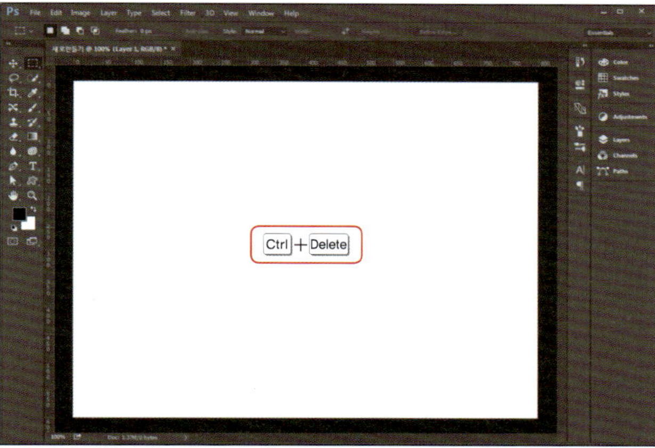

 **4 'PSD' 형식으로 저장하기**

현재 상태를 'PSD' 형식으로 저장하겠습니다. [File]−[Save] 메뉴를 클릭합니다(Ctrl + S). 파일을 저장할 폴더에 [Format]을 'Photoshop (*.PSD ; *.PDD)'로 설정하고 [저장] 버튼을 클릭합니다.

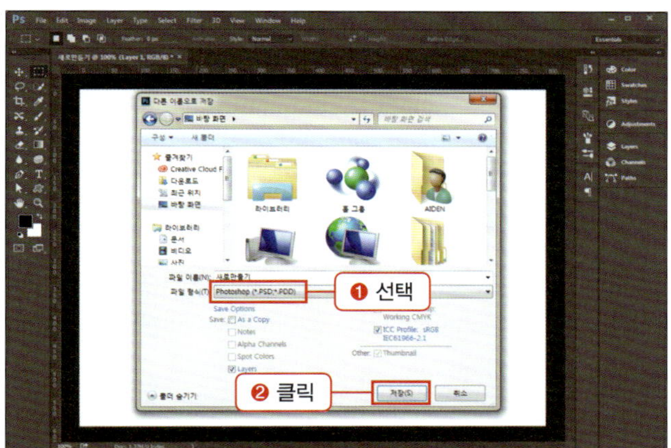

 **5 'PSD' 형식 옵션 설정하기**

'PSD' 형식의 옵션 대화상자가 나타납니다. [Maximize Compatibility]를 체크한 후 [OK] 버튼을 클릭하면 저장이 완료됩니다.

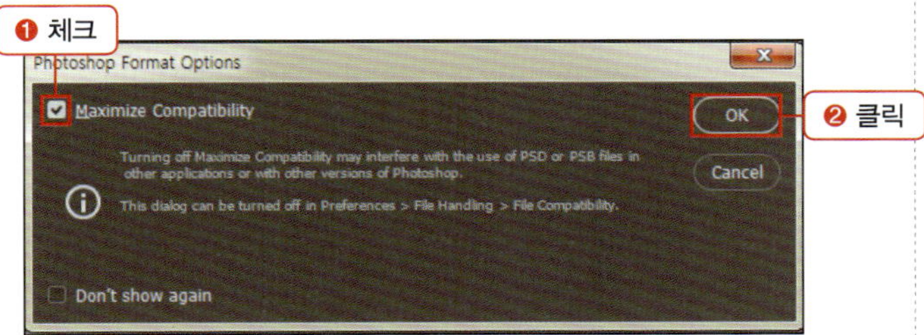

6 'JPEG' 형식으로 저장하기

이어서 'JPEG' 형식으로 저장해보겠습니다.
[File]−[Save as] 메뉴를 클릭합니다(Shift + Ctrl
+ S). 저장할 폴더에 들어간 후 [Format]을
'JPEG(*.JPG;*.JPEG;*.JPE)'로 설정하고 [저장]
버튼을 클릭합니다.

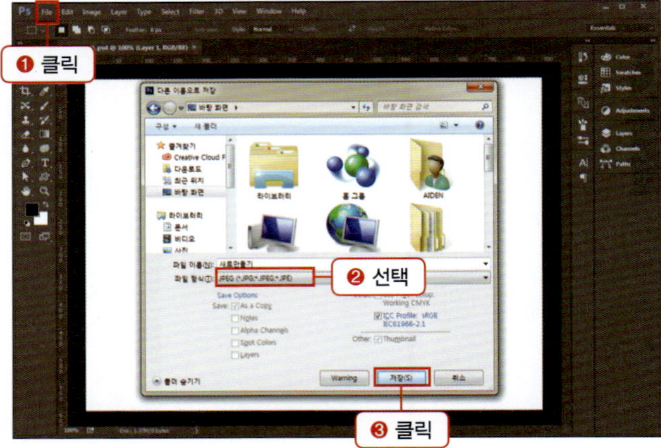

7 'JPEG' 형식 옵션 설정하기

'JPEG' 형식의 옵션 대화상자가 나타납니다.
[Quality]를 '12'로 설정한 후 [OK] 버튼을 클릭
하면 저장이 완료됩니다. [File]−[Close] 메뉴를
클릭하여 파일을 닫습니다(Ctrl + W).

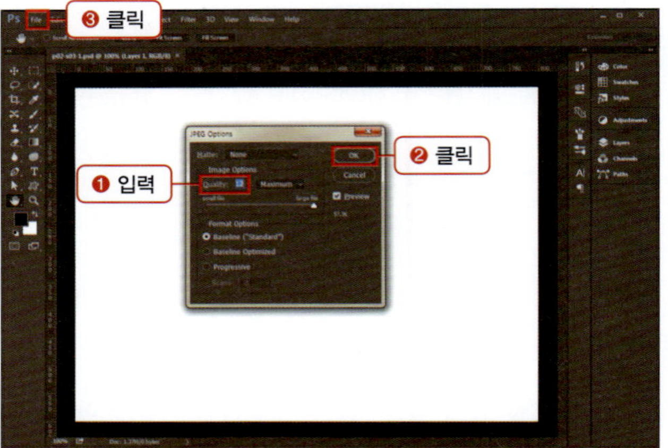

확대/축소/이동

4 전체 이미지를 한눈에 보기 위해 화면을 축소하거나, 정밀한 작업을 위해 화면을 확대할 수 있습니다. [Zoom Tool] 등으로 화면을 확대 및 축소하여 볼 수 있으며, 이때 이미지의 실제 크기가 변경되는 것은 아닙니다.

1 화면 축소하기

[Zoom Tool]을 선택한 후 옵션 바에서 Zoom Out(🔍)을 클릭합니다. 화면을 클릭할 때마다 계속해서 한 단계씩 축소됩니다.

2 화면 확대하기

옵션 바에서 Zoom In(🔍)을 클릭합니다. 화면을 클릭할 때마다 계속해서 한 단계씩 확대됩니다.

3 화면 이동하기

[Hand Tool]을 선택한 후 화면을 클릭한 채 드
래그합니다. 드래그하는 방향으로 화면이 이동
되어 해당 부분의 이미지가 나타납니다.

4 빠르게 이동하여 보기

H를 누르면서 화면을 클릭하면 일시적으로 비
율이 작업 창에 맞게 조정되고, 사각형이 나타
납니다. 이때 클릭한 채 드래그하여 사각형의
위치를 이동한 후 H와 마우스 버튼에서 손을
떼면 사각형이 위치했던 부분의 이미지로 바로
이동됩니다.

5 100% 비율로 조정하기

[View]-[100%] 메뉴를 클릭하면 100% 비율로
조정됩니다(Ctrl + 1).

★ 화면 확대 및 축소, 이동, 회전하는 방법 더 살펴보기

앞서 [Hand Tool], [Zoom Tool]을 이용한 방법 외에도 화면을 확대 및 축소하거나 이동하는 방법은 더 있습니다.

◉ **[View] 메뉴의 화면 다루기 관련 메뉴 살펴보기**

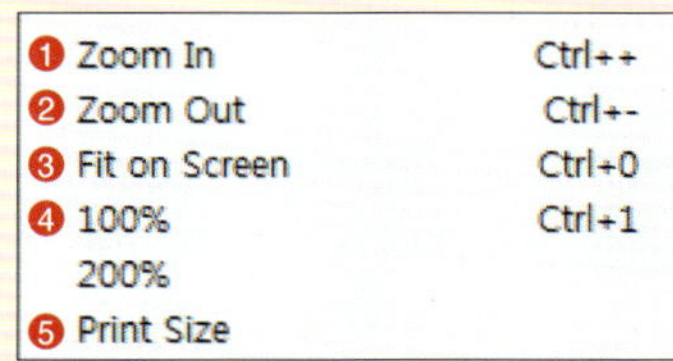

❶ **Zoom In** : 화면을 한 단계 확대합니다(Ctrl + +).

❷ **Zoom Out** : 화면을 한 단계 축소합니다(Ctrl + −).

❸ **Fit on Screen** : 작업 창에 가득 차는 비율로 조정합니다(Ctrl + 0). [Hand Tool]을 더블클릭해도 됩니다.

❹ **Actual Pixels** : 화면 비율을 100%로 조정합니다(Ctrl + 1). [Zoom Tool]을 더블클릭해도 됩니다.

❺ **Print Size** : 화면 비율을 인쇄 해상도로 조정합니다.

◉ **단축키를 이용하여 확대 및 축소하기**

❶ Alt 를 누르고 마우스 휠을 돌리면 확대 및 축소됩니다. 이때 Shift 를 함께 누르면 더 빠르게 확대 및 축소됩니다.

❷ Ctrl + Space Bar 를 눌러 커서 모양이 바뀔 때 화면을 클릭하면 1단계 확대됩니다. Alt + Space Bar 를 눌러 커서 모양이 바뀔 때 화면을 클릭하면 1단계 축소됩니다.

❸ 501% 이상 확대하면 픽셀 그리드가 나타납니다. 그리드를 보이지 않게 하거나, 다시 나타내려면 [View]–[Show]–[Pixel Grid] 메뉴를 클릭합니다.

❹ [Zoom Tool]이 선택된 상태에서 Alt 를 누르면 옵션 바 선택과 반대로 ' 🔍 ' 혹은 ' 🔍 '으로 전환됩니다.

◉ **단축키를 이용하여 화면 이동하기**

❶ 마우스 휠을 돌리면 화면이 위 아래로, Ctrl 을 누르고 휠을 돌리면 왼쪽 오른쪽으로 화면이 이동됩니다. 이때 Shift 를 함께 누르면 조금 더 빠르게 이동됩니다.

❷ Space Bar 를 눌러 마우스 포인터 모양이 바뀔 때 클릭한 채 드래그하면 화면이 이동됩니다.

❸ H 를 누르면서 화면에 클릭하면 일시적으로 Fit on Screen 비율로 조정됩니다. 드래그하여 사각형의 위치를 움직인 후 마우스에서 손을 떼면 해당 위치로 이동됩니다.

포토샵 선택 영역 알아보기

포토샵에서 부분적인 편집을 위해서는 선택 영역이 필요합니다. 선택 영역은 이미지의 일부 픽셀을 다른 픽셀과 분리하는 기능입니다. 선택 영역을 이용하면 해당 영역에만 효과를 적용하거나 색을 채우는 등의 작업을 할 수 있으며 선택되지 않은 영역에는 효과가 적용되지 않도록 할 수 있습니다. 선택 영역은 검은색과 흰색의 점선으로 표시됩니다.

1 Rectangular Marquee Tool

[Rectangular Marquee Tool](▢)을 이용하여 선택 영역을 만들고 안쪽 이미지에 효과를 주는 방법을 알아보겠습니다. 선택 영역이 있을 경우 적용하는 효과는 선택 영역 안쪽 이미지에만 적용됩니다.

예제 파일 Sample \ Part01 \ 벽돌.jpg   **완성 파일** Sample \ Part01 \ 벽돌-w.psd

예제 파일

완성 파일

1 선택 영역 지정하기

[Rectangular Marquee Tool](▢)을 선택합니다. 클릭한 채 드래그합니다. 사각형 선택 영역으로 지정됩니다.

TIP

선택 영역은 클릭한 위치를 시작으로 만들어지며 Alt 를 누르면 클릭한 위치가 선택 영역의 중심이 되어 만들어 집니다. 또한 선택 영역을 만드는 동안 Shift 를 누르면 가로 세로 크기가 같은 정사각형이나 정원을 만들 수 있습니다.

2 선택 영역 더하기

옵션 바의 [Add to selection]( )을 클릭합니다. 클릭한 채 드래그하면 드래그 한 영역이 기존 선택 영역과 합쳐집니다.

> **TIP**
>
> [New selection]( )이 활성화된 상태에서는 항상 새로운 선택 영역이 지정됩니다. 선택 영역이 이미 있는 경우에도 기존에 있던 선택 영역이 사라진 후 새로운 선택 영역이 지정됩니다.

3 선택 영역에 색상 변경하기

[Image]−[Adjustment]−[Hue/Saturation] 메뉴를 클릭합니다(Ctrl+U). [Hue]를 '165'를 입력하고, [Saturation]을 '−53'을 입력합니다. [Hue/Saturation] 대화상자의 [OK] 버튼을 클릭합니다.

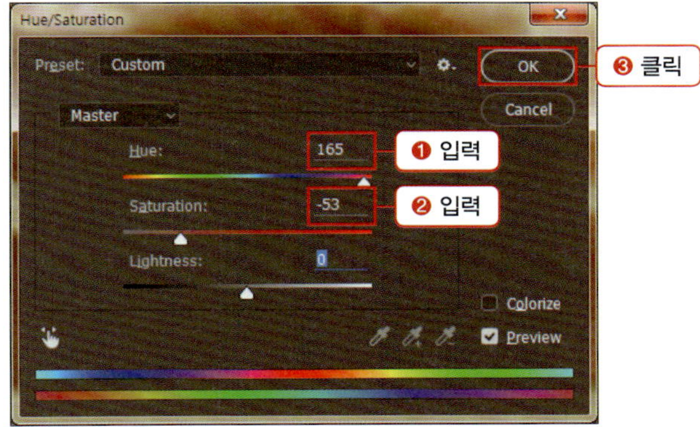

4 선택 영역 더하기

[Select]−[Deselect] 메뉴를 클릭하여 선택을 해제합니다(Ctrl+D). 선택 영역 안쪽으로 색상이 변경된 것을 확인합니다.

★ 선택 영역을 다루는 [Marquee Tool]의 옵션 바와 [Select] 메뉴 살펴보기

[Marquee Tool]의 옵션 바와 [Select] 메뉴 중에서 선택 영역과 관련된 메뉴들을 살펴보겠습니다.

● [Marquee Tool]의 옵션 바 살펴보기

[Rectangular/Elliptical/Single Row/Single Column Marquee Tool]의 옵션 바입니다.

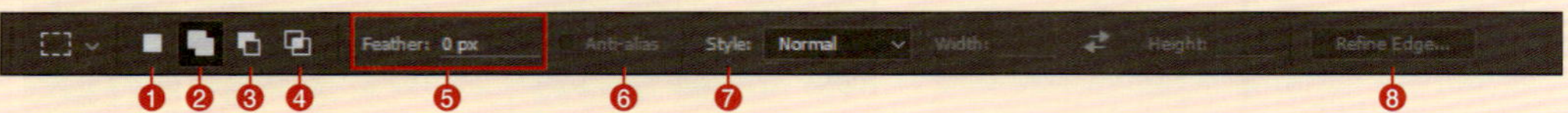

❶ **New Selection** : 기본 설정으로, 항상 새로운 선택 영역을 만드는 모드입니다. 선택 영역이 이미 만들어져 있을 경우에는 해당 선택 영역은 사라집니다.

❷ **Add to selection** : 기존 선택 영역과 새로 만드는 선택 영역을 합치거나 다중 선택합니다. 다른 모드에서 Shift를 누르면 일시적으로 해당 모드를 사용할 수 있습니다.

❸ **Subtract from selection** : 기존 선택 영역에서 새로 만드는 선택 영역을 뺍니다. 다른 모드에서 Alt를 누르면 일시적으로 해당 모드를 사용할 수 있습니다.

❹ **Intersect with selection** : 기존 선택 영역과 새로 만드는 선택 영역이 교차하는 부분을 선택합니다. 다른 모드에서 Alt + Shift를 누르면 일시적으로 해당 모드를 사용할 수 있습니다.

❺ **Feather** : '0~1000' 픽셀의 영역에서 값을 높게 설정할수록 선택 영역의 가장자리가 흐릿해집니다. 이 옵션은 선택 영역의 이미지를 오리거나 색을 채우는 등 추가 작업을 실행하면 제대로 확인할 수 있습니다.

Feater 0px

Feater 20px

Feater 40px

❻ **Anti-alias** : [Elliptical Marquee Tool]을 선택했을 때 사용할 수 있습니다. 체크한 후 선택 영역을 만들면 픽셀의 경계 부분을 부드럽게 처리합니다.

Anti-alias 체크(3200% 확대)

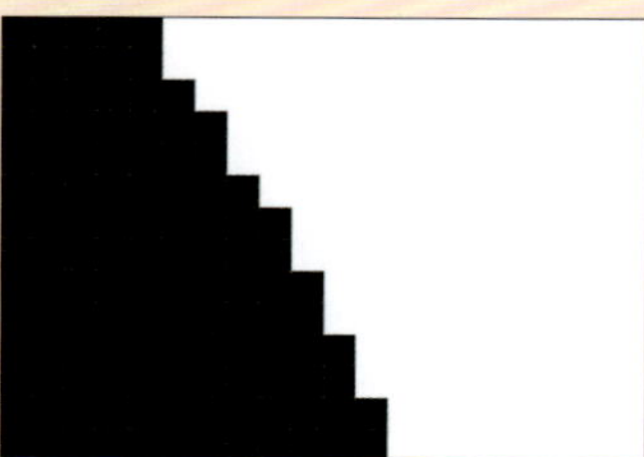

Anti-alias 체크 해제(3200% 확대)

❼ Style : 선택 영역의 크기를 설정합니다.

- Nomal : 크기의 제한 없이 자유롭게 선택 영역을 설정합니다.
- Fixed Ratio : 입력한 폭(Width), 높이(Height)의 비율을 유지하여 선택합니다. 예를 들어 가로 크기가 세로 크기보다 2배인 선택 영역을 만들고 싶다면 [Width]를 '2'로, [Height]를 '1'로 설정하면 됩니다.
- Fixed Size : 입력한 크기의 선택 영역을 만듭니다. 정확한 크기의 선택 영역을 만들 때 사용합니다. 단위를 직접 입력하여 다른 단위로 변경할 수 있습니다.

❽ Refine Edge : 선택한 영역의 가장자리를 다듬는 [Refine Edge] 대화상자를 불러옵니다.

◉ [Select] 메뉴 살펴보기

[Select] 메뉴들 중 선택 영역과 관련된 메뉴들을 살펴보겠습니다.

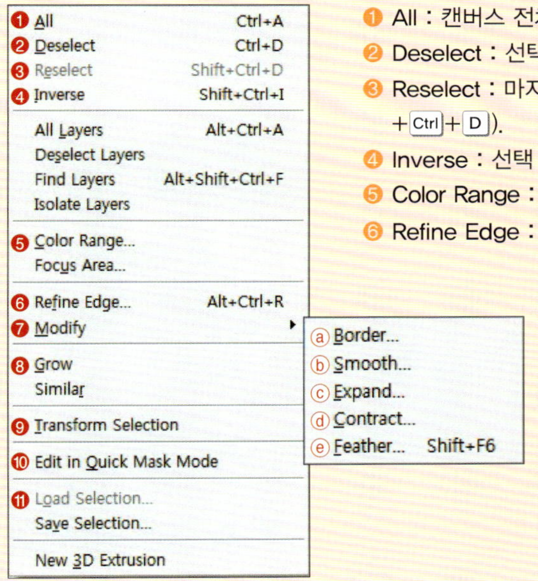

❶ All : 캔버스 전체를 선택 영역으로 설정합니다(Ctrl + A).
❷ Deselect : 선택 영역의 설정을 해제합니다(Ctrl + D).
❸ Reselect : 마지막으로 설정했던 선택 영역을 다시 설정합니다(Shift + Ctrl + D).
❹ Inverse : 선택 영역을 반전합니다(Shift + Ctrl + I).
❺ Color Range : 특정 색상 영역이나 밝기 영역을 쉽게 선택합니다.
❻ Refine Edge : 선택 영역의 가장자리를 다듬습니다(Alt + Ctrl + R).

❼ Modify : 선택 영역을 수정합니다.
ⓐ Border : 선택 영역을 테두리로 만듭니다.
ⓑ Smooth : 선택 영역의 모서리 부분을 매끄럽게 다듬습니다.
ⓒ Expand : 입력한 값만큼 선택 영역을 확장합니다.
ⓓ Contract : 입력한 값만큼 선택 영역을 축소합니다.
ⓔ Feather : 선택 영역에 페더 효과를 적용합니다(Shift + F6).
❽ Grow/Similar : 선택 영역의 이미지 색상과 비슷한 영역을 찾아서 확장합니다.
❾ Transform Selection : 선택 영역을 변형합니다.
❿ Edit in Quick Mask Mode : 퀵 마스크 모드에서 빠르게 선택 영역을 만듭니다.
⓫ Load/Save Selection : 선택 영역을 저장하거나 불러옵니다.

2 Elliptical Marquee Tool

[Elliptical Marquee Tool]()을 이용하여 선택 영역을 만들고 안쪽 이미지를 이동하는 방법을 알아
보겠습니다. 선택 영역이 있을 경우 적용하는 효과는 선택 영역 안쪽 이미지에만 적용됩니다.

예제 파일 Sample \ Part01 \ 커피.jpg, 책상.jpg   **완성 파일** Sample \ Part01 \ 책상-w.psd

예제 파일   완성 파일

1 선택 영역 지정하기

[Elliptical Marquee Tool](◉)을 선택해 그림
과 같이 접시 부분을 추가합니다. [Move Tool]
을 선택하여 선택 영역 안 쪽에서 클릭한 채 '책
상.jpg'로 드래그하여 이동합니다.

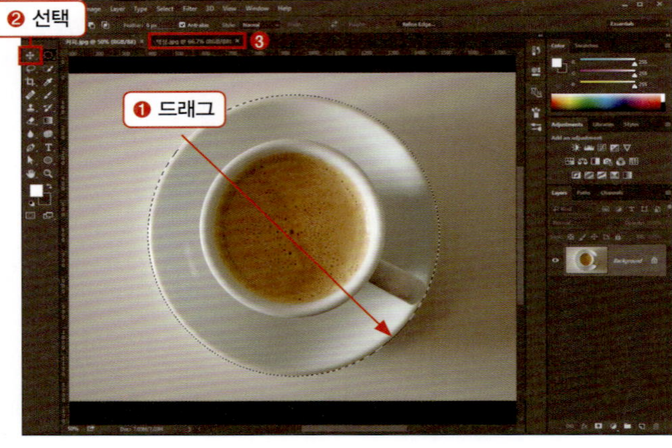

> **TIP**
>
> 선택 영역은 클릭한 위치를 시작으로 만들어지며
> Alt 를 누르면 클릭한 위치가 선택 영역의 중심이
> 되어 만들어 집니다. 또한 선택 영역을 만드는 동
> 안 Shift 를 누르면 가로 세로 크기가 같은 정사각
> 형이나 정원을 만들 수 있습니다. 그리고 선택 영
> 역을 만드는 동안 Space Bar 를 누르면 선택 영역
> 을 이동할 수 있습니다.

2 이동하기

선택 영역으로 지정한 이미지가 '책상.jpg'로 들
어온 것을 확인할 수 있습니다. Ctrl + T 를 눌러
이미지의 위치를 이동합니다.

> **TIP**
>
> [New selection](■)이 활성화된 상태에서는
> 항상 새로운 선택 영역이 지정됩니다. 선택 영역
> 이 이미 있는 경우에도 기존에 있던 선택 영역이
> 사라진 후 새로운 선택 영역이 지정됩니다.

3 크기 조절하기

모서리로 마우스 포인터를 옮겨 Shift를 누른 채
드래그해서 크기를 줄입니다.

4 선택 영역 이미지 배치하기

Enter를 눌러 크기를 적용한 뒤 [Move Tool]을
사용하여 원하는 위치에 배치합니다.

5 마무리하기

단순한 합성이 완성되었습니다. 크기와 위치가
적당한지 확인합니다.

포토샵 CC 설치부터 기본 도구 사용법 이해하기

3 Lasso Tool

[Lasso Tool]( )은 클릭 후 드래그하여 대략적인 선택 영역을 만드는 도구입니다. 정밀한 작업은 어렵지만 [Refine Edge] 대화상자를 통해 가장자리를 다듬는 방법과 선택 영역 안쪽 이미지를 이동하는 방법을 알아보겠습니다.

예제 파일 Sample \ Part01 \ blossom.jpg   **완성 파일** Sample \ Part01 \ blossom-w.psd

예제 파일

완성 파일

1 선택 영역 지정하기 ①

[Lasso Tool]( )을 선택합니다. 꽃의 이미지를 선택하기 위해 클릭 후 드래그하여 대략적인 선택 영역을 지정합니다.

 **2 선택 영역 지정하기 ②**

화면을 확대하여 Alt 를 누른 상태에서 클릭 후 드래그하여 불필요한 영역을 지정합니다. 선택 영역이 지정한 만큼 사라지게 되는 것을 확인할 수 있습니다.

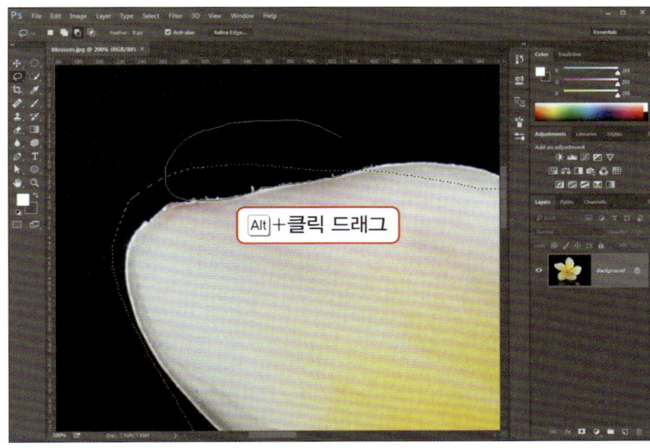

3 선택 영역 지정하기 ③

Shift 를 누른 상태에서 클릭 후 드래그하여 필요한 영역을 지정합니다. 선택 영역이 지정한 만큼 선택 영역 안에 추가되어지는 것을 확인할 수 있습니다. 두 번째와 세 번째 단계를 반복하며 선택 영역을 정리합니다.

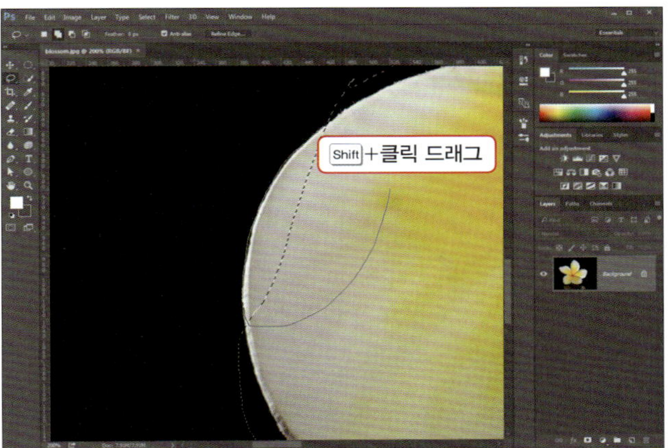

 **4 가장 자리 다듬기**

[Lasso Tool]이 선택되어 있는 상태에서 옵션 바에 [Refine Edge] 버튼을 선택합니다. [Refine Edge] 대화상자에서 〈view〉를 클릭합니다. 〈view〉를 클릭하여 'On Layers'를 선택하여 배경을 투명하게 지정합니다.

5 [Refine Edge]설정하기

〈Edge Detection〉의 [Radius]는 '3.2px'로 설정합니다. 〈Adjust Edge〉의 [Smooth]는 '31', [Feather]는 '0.5px', [Contrast]는 '30%', [Shift Edge]는 '−52%'로 설정합니다. 설정이 완료되면 [OK] 버튼을 클릭합니다.

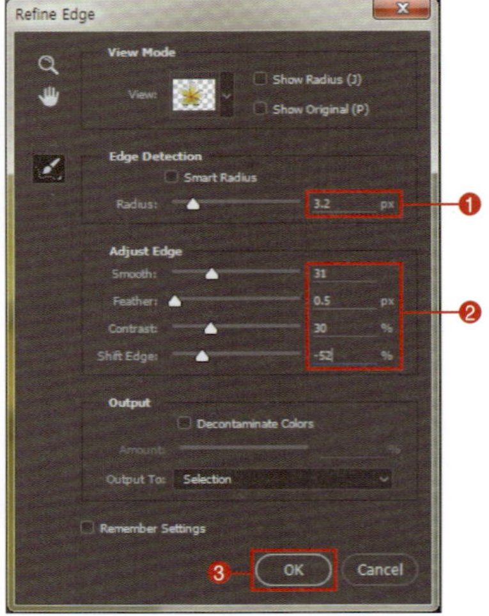

6 가장자리 확인하기

선택 영역이 깔끔하게 정리되었습니다.

7 새로운 작업 영역으로 꽃 이미지 옮기기

[File]−[New] 메뉴를 클릭합니다. 또는 Ctrl +N를 눌러 새로운 작업 영역을 만듭니다. 단위는 'pixels', [Width]는 '800', [Height]는 '600'으로 설정한 뒤 [OK] 버튼을 클릭합니다. [Move Tool]을 선택하여 꽃 이미지를 새로운 작업창으로 클릭 후 드래그하여 이미지를 옮겨 놓습니다.

8 이미지 크기 조절하기

꽃 이미지가 새로운 작업 영역 안으로 들어온 것을 확인할 수 있습니다. Ctrl+T를 눌러 꽃 이미지가 작업 영역 안으로 들어오도록 모서리 포인터에 마우스를 갖다 놓고 클릭 후 드래그하여 원하는 크기로 적용합니다. Enter를 눌러 크기 변형을 마무리 합니다.

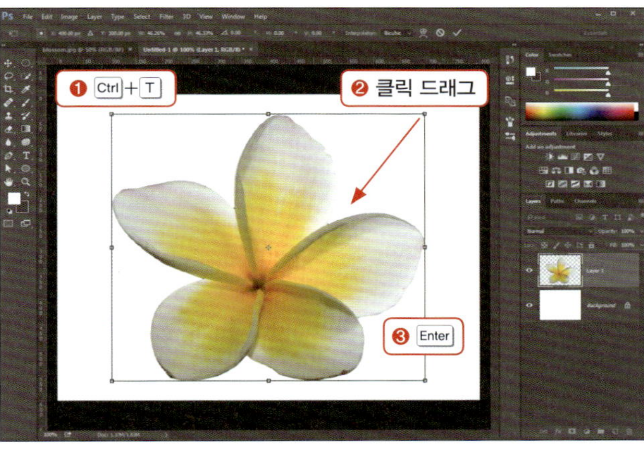

9 이미지 배치하기

[Move Tool]을 선택하여 크기를 조절한 꽃 이미지를 원하는 위치에 보이도록 설정합니다.

★ [Refine Edge] 대화상자 살펴보기

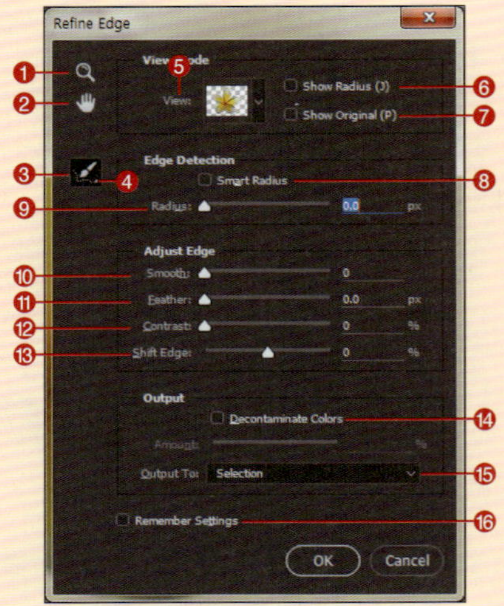

❶ **Zoom Tool( )** : 화면을 확대, 축소합니다.

❷ **Hand Tool( )** : 화면을 이동합니다.

❸ **Refine Radius Tool( )** : [Refine Edge] 대화상자로 다듬을 영역을 확장합니다. 도구를 선택한 후 캔버스에 클릭한 채 드래그하면 됩니다.

❹ **Erase Refinements Tool( )** : [Refine Edge Tool]( )을 1초 정도 누르면 나타나는 도구로 다듬어진 가장자리를 원래 이미지로 복원합니다. 도구를 선택한 후 캔버스에 클릭한 채 드래그하면 됩니다.

❺ **View** : 선택 영역의 표시 방법을 설정합니다. F를 누르면 표시 방법을 순서대로 교체하고, X를 누르면 임시로 모든 보기를 비활성화합니다.

- Marching Ants : 선택 영역이 검은색과 흰색의 점선으로 나타납니다.
- Overlay : 선택 영역이 퀵 마스크 모드에서 편집하는 것처럼 나타납니다.
- On White : 흰색 배경 위에 선택 영역이 나타납니다.
- Black & White : 선택 영역이 마스크로 나타납니다.
- On Layers : 선택 영역으로 마스크된 레이어가 나타납니다.
- Reveal Layer : 전체 레이어가 나타납니다.

❻ **Show Radius** : [Refine Radius Tool]( )이나 [Smart Radius]로 다듬어진 영역을 나타냅니다.

❼ **Show Original** : 수정하기 전의 처음 선택한 영역을 나타냅니다.

❽ **Smart Radius** : 체크하면 이미지의 가장자리를 자동으로 다듬어줍니다.

❾ **Radius** : 다듬어질 영역의 범위를 설정합니다.

❿ **Smooth** : 수치가 높을수록 가장자리의 픽셀을 매끄럽게 다듬습니다.

⓫ **Feather** : 가장자리에 페더를 적용하여 부드럽게 만듭니다.

⓬ **Contrast** : 수치가 높으면 가장자리의 대비가 심해져 선명해집니다.

⑬ **Shift Edge** : 선택 영역을 확대하거나 축소합니다. 가장자리에 원하지 않은 배경이 선택되었을 때 지정된 선택 영역을 축소하여 제거할 수 있습니다.

⑭ **Decontaminate Colors** : 가장자리 부분의 색상을 전체 선택된 픽셀 색으로 대체합니다.

⑮ **Output To** : 선택 영역의 이미지를 어떻게 만들 것인지 설정합니다.

- Selection : 선택 영역으로 지정합니다.
- Layer Mask : 현재 레이어의 마스크로 만듭니다.
- New Layer : 새 레이어로 만듭니다.
- New Layer with Layer Mask : 새 레이어의 마스크로 만듭니다.
- New Document : 새 파일로 만듭니다.
- New Document with Layer Mask : 새 파일의 레이어 마스크로 만듭니다.

⑯ **Remember Settings** : 체크하면 현재 옵션 설정을 저장합니다.

Polygonal Lasso Tool

4

[Polygonal Lasso Tool]은 클릭으로 기준점을 생성하여 직선의 형태로 선택 영역을 만드는 도구입니다. 그림과 같이 직선으로 이루어진 이미지를 선택할 때 유용하게 사용할 수 있습니다. [Polygonal Lasso Tool]( )을 이용하여 선택 영역을 만들고 안쪽 이미지를 복사하는 방법을 알아보겠습니다.

예제 파일 Sample \ Part01 \ building.jpg   **완성 파일** Sample \ Part01 \ building-w.psd

예제 파일

완성 파일

1 **Polygonal Lasso Tool 선택하기**

건물의 이미지를 선택하기 위해 Polygonal Lasso Tool( )을 선택합니다. [Polygonal Lasso Tool]를 선택하여 건물의 왼쪽 윗부분을 클릭하여 선택을 시작합니다.

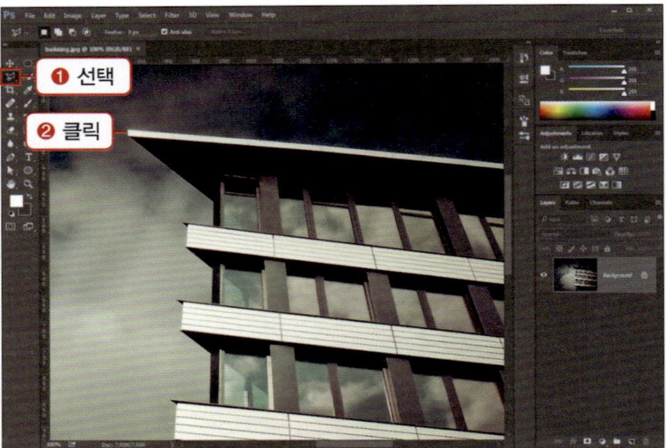

2 **경계 따라 선택하기**

건물의 외곽을 따라 클릭한 후 마우스를 움직여 패스선을 그립니다.

3 시작 위치에서 끝내기

건물의 가장자리를 패스 선으로 따라 그린 후,
그리기를 시작한 위치에 마우스 포인터를 가져
가 커서 모양이(동그라미)로 바뀌면 클릭합니다.

4 선택 영역 만들기

선택 영역이 만들어집니다.

5 선택 영역 복사하기

[Move Tool]( )을 선택하여 선택 영역 안쪽
에 Alt 를 누르고 마우스를 클릭한 후 왼쪽으로
드래그합니다.

6 이미지 반전하기

Ctrl+T를 눌러 마우스 오른쪽 버튼을 클릭합
니다. [Flip Horizontal]을 누르면 이미지가 좌우
반전된 것을 확인할 수 있습니다.

7 이미지 크기 조절하기

오른쪽 위 조절점을 클릭 후 드래그하여 이미지
의 크기를 조절합니다.

TIP

Ctrl+T를 실행한 상태에서 이미지 크기를 조절
할 때 Shift를 누르면 가로 세로 크기가 같은 정사
각형의 비율로 만들 수 있습니다.

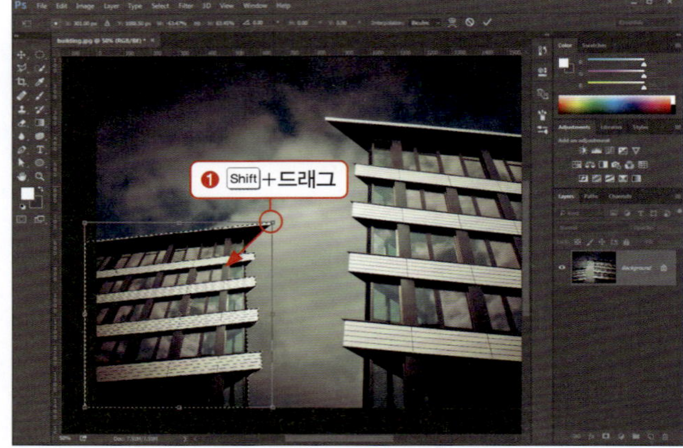

8 마무리하기

Enter를 눌러 크기변형을 완료합니다. 그 다음
Ctrl+D를 눌러 선택 영역을 해제합니다.

Magnetic Lasso Tool

5

[Magnetic Lasso Tool]( )을 이용하면 이미지에서 색상 차이가 있는 부분을 쉽게 선택할 수 있습니다. 반자동으로 선택 영역을 만들 수 있기 때문에 편리하지만 이미지마다 색상 인식이 어려울 수 있어 제어하기 힘들고 원하는 모양의 선택 영역을 만들기 어려울 수 있습니다. [Magnetic Lasso Tool]( ) 로 선택 영역을 만든 후 복사와 변형을 알아보겠습니다.

예제 파일 Sample \ Part01 \ mango.jpg　　**완성 파일** Sample \ Part01 \ mango-w.psd

예제 파일

완성 파일

1 [Magnetic Lasso Tool]( ) 선택하기

과일을 선택하기 위해 [Magnetic Lasso Tool]( )을 선택합니다.

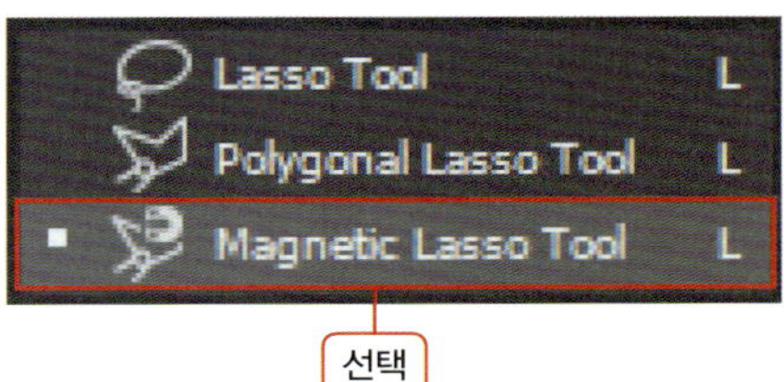

선택

2 경계 따라 드래그하기

과일 가장자리를 클릭한 후 마우스를 움직입니다. 패스 선이 자동으로 그려집니다.

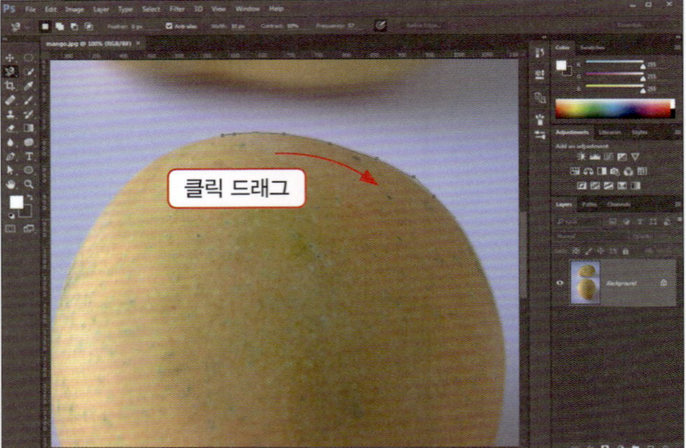

> **TIP**
>
> [Frequency]는 경계를 찾을 때 만들어지는 포인트의 빈도를 설정합니다(0~100).

3 시작 위치에서 끝내기

과일 가장자리를 패스 선으로 따라 그린 후 그리기를 시작 한 위치에 마우스 포인터를 가져가 커서 모양이 동그라미로 바뀌면 클릭합니다.

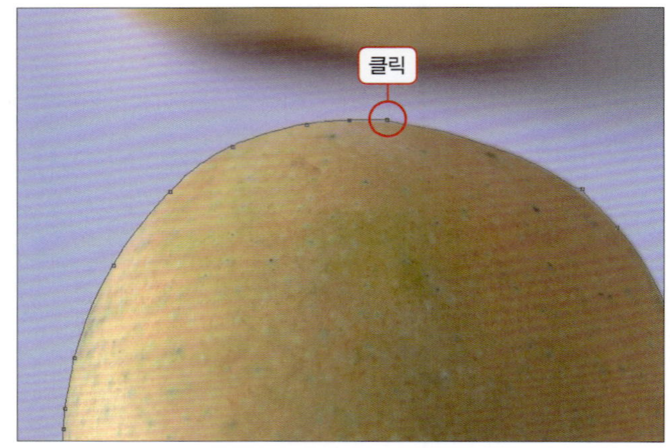

4 선택 영역 만들기

선택 영역이 만들어집니다.

5 선택 영역 복사하기

[Alt]를 누른 상태에서 선택된 이미지를 클릭 후 드래그하여 과일을 복사합니다. [Ctrl]+[T]를 누른 뒤 과일의 크기를 모서리로 마우스 포인터를 옮겨 [Shift]를 누른 채로 드래그해서 크기를 줄입니다. [Enter]를 눌러 작업을 완료합니다.

6 자유롭게 복사해서 배치하기

같은 방법으로 [Alt]를 누른 상태에서 선택 부분을 클릭 후 드래그하여 과일을 복사하여 화면에 배치합니다.

7 작업 종료하기

[Enter]를 눌러 작업을 종료합니다.

Quick Selection Tool

6

[Quick Selection Tool](   )은 선택 영역 도구들 중 클릭 후 드래그만으로 원하는 영역을 가장 빠르게 선택할 수 있는 도구입니다. [Quick Selection Tool](   )로 선택 영역을 만들어 복사하는 방법을 알아보겠습니다.

예제 파일 Sample \ Part01 \ quick.jpg   **완성 파일** Sample \ Part01 \ quick-w.psd

예제 파일

완성 파일

1 선택 영역 만들기

[Quick Selection Tool](   )을 선택합니다. 왼쪽 첫 번째 이미지를 클릭 후 드래그하여 선택 영역으로 지정합니다. 지정한 영역과 비슷한 색상의 영역이 한꺼번에 선택 영역으로 만들어집니다.

2 선택 영역 이미지 복사하기 ①

선택 영역이 지정되어 있는 상태에서 [Move Tool](   )을 선택합니다. Alt를 누른 상태에서 클릭 후 드래그하여 과일을 복사합니다. Ctrl +D를 눌러 선택 영역을 해제합니다.

3 선택 영역 이미지 복사하기 ②

[Quick Selection Tool]( )를 선택하여 같은 방법으로 나머지 과일도 선택 영역으로 지정해 줍니다.

4 이미지 자유롭게 배치하기

선택 영역이 지정되어 있는 상태에서 [Move Tool]( )을 선택 한 뒤, Alt 를 누른 상태에서 클릭 후 드래그하여 과일을 복사하여 자유롭게 배치합니다.

5 작업 종료하기

같은 방법으로 작업하여 과일을 복사해보고 작업을 종료합니다.

Magic Wand Tool

7

[Magic Wand Tool]( )은 클릭한 지점의 색상과 비슷한 색상 영역을 찾아 한꺼번에 선택하는 도구입니다. [Magic Wand Tool]( )로 선택 영역을 만드는 방법을 알아보겠습니다.

예제 파일 Sample \ Part01 \ magicwand.jpg   **완성 파일** Sample \ Part01 \ magicwand-w.psd

예제 파일

완성 파일

1 **선택 영역 만들기**

[Magic Wand Tool]( )을 선택합니다. 옵션 바에 [Tolerance]에 '32'를 입력합니다.

2 선택 영역 지정하기

배경이 되는 파란 하늘을 클릭하여 선택 영역으로 지정합니다. 지정한 영역과 비슷한 색상의 영역이 한꺼번에 선택 영역으로 만들어집니다. Ctrl + D 를 눌러 선택 영역을 해제합니다.

3 선택 영역 다시 지정하기

이번에는 옵션 바 [Tolerance]에 '80'으로 입력합니다. 2번 과정과 동일하게 파란 하늘을 클릭하여 선택 영역으로 지정합니다. Shift + Ctrl + I 를 눌러 선택 영역을 반전시킵니다.

4 작업 종료하기

2번 과정에서 선택되지 않았던 부분까지 한꺼번에 선택되어지는 것을 확인할 수 있습니다.

이동 복사 변형

[Edit]–[Free Transform] 메뉴를 이용하면 이미지의 크기를 조절하거나 방향을 회전할 수 있습니다. 이미지를 자유롭게 이동하거나 변형하는 방법을 단축키로 익혀 보겠습니다.

예제 파일 Sample \ Part01 \ 기구.psd   **완성 파일** Sample \ Part01 \ 기구-w.psd

예제 파일

완성 파일

1. 자유롭게 복사 이동하기

[Move Tool](▶⊕)을 이용하면 원하는 개체를 자유롭게 이동시키거나 복사 및 변형을 실행할 수 있습니다.

> **TIP**
>
> **작업 효율을 높이는 Layer**
> 위 예제의 '기구.psd'는 레이어를 이용하여 복사와 이동 편집을 합니다. 레이어는 이미지를 독립적인 개체로 작업하며 이미지 합성을 도와주는 역할을 합니다.

 ## 2 선택한 영역을 변형하기

[Edit]–[Transform] 메뉴를 이용하면 이미지 형태를 비틀어서 왜곡할 수 있습니다. 메뉴를 통한 다양한 왜곡을 단축키를 활용하여 살펴보겠습니다.

1 이미지 크기 조정하기

[Ctrl]+[T]를 누르고 마우스 포인터를 옮겨 열기 구의 크기를 알맞게 조정합니다.

2 이미지 회전하기

조절점에서 약간 떨어진 위치에 마우스를 놓으면 회전모양( )으로 커서 모양이 바뀝니다. 회전모양( )이 확인될 때 클릭 후 드래그하면 이미지를 회전할 수 있습니다. [Enter]를 눌러 작업을 완료합니다.

TIP

[Ctrl]+[T]를 누른 후 각 조절점들을 다음과 같은 단축키로 조정하여 변형할 수 있습니다.
- 조절점에 [Ctrl]을 누른 상태에서 [Alt]를 같이 누르면 이미지의 각도를 변형(Skew)할 수 있습니다.
- 조절점에 [Ctrl]을 누른 상태에서 [Alt]와 [Shift]를 같이 누르면 사다리꼴 모양으로 이미지를 변형시켜 원근감을 줍니다(Perspective).

3 이미지 자유롭게 복사하기

[Move Tool]( )이 선택되어 있는 상태에서
Alt를 클릭한 채 드래그하여 다시 한 번 열기구
이미지를 이동 복사합니다.

4 이미지 자유 변형하기

Ctrl+T를 누른 후 Ctrl을 누른 상태에서 마우스
포인터를 모서리에 놓은 후 조절점을 클릭 드래
그 하면 자유변형(Distort)이 가능합니다.

5 작업 종료하기

Enter를 눌러 작업을 마무리합니다.

[Transform] 메뉴 살펴보기

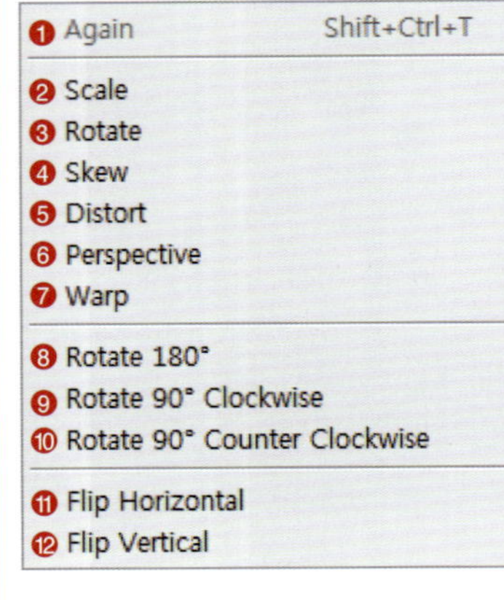

❶ Again : 이전에 적용했던 설정을 한 번 더 실행시킵니다.

❷ Scale : 이미지의 크기를 조절합니다.

❸ Rotate : 이미지를 회전시킵니다.

❹ Skew : 이미지의 각도를 조절합니다.

❺ Distort : 다양한 형태로 이미지를 조절 변형합니다.

❻ Perspective : 사다리꼴 모양으로 이미지를 변형시켜 원근감을 조절합니다.

❼ Warp : 조절점과 방향선을 모두 조정하여 이미지의 모양을 변형합니다.

❽ Rotate 180 : 이미지를 180도 회전시킵니다.

❾ Rotate 90 Clockwise : 이미지를 시계방향으로 90도 회전시킵니다.

❿ Rotate 90 Counter Clockwise : 이미지를 시계 반대 방향으로 90도 회전시킵니다.

⓫ Flip Horizotal : 수평방향으로 이미지를 반전시킵니다.

⓬ Flip Vertical : 수직방향으로 이미지를 반전시킵니다.

Lesson 05

작업창을 내 마음대로! 포토샵 도큐먼트 편집

이미지 및 캔버스의 크기를 변경하거나, 불필요한 이미지를 잘라내기, 회전 등 이미지 편집의 기본 기능들을 학습할 수 있습니다.

1 이미지 잘라내기 Crop

[Crop Tool]( )은 이미지의 일부를 잘라내는 도구입니다. 정확한 크기 지정은 어렵기 때문에 불필요한 부분을 간단히 잘라내는 용도로 적합합니다.

예제 파일 Sample \ Part01 \ crop.jpg　　　**완성 파일** Sample \ Part01 \ crop-w.psd, crop-Straighten-w.psd

예제 파일

완성 파일

 **1 자르기 상자 만들기**

이미지를 자르기 위해 [Crop Tool]( )을 선택합니다.

2 자르기 상자 확인하기

화면을 클릭한 채 드래그합니다. 해당 영역이 상자로 선택되고 나머지 부분은 반투명한 검은색으로 칠해진 것을 확인할 수 있습니다. 상자로 선택된 부분이 이미지로 남는 영역이고, 검은색으로 칠해진 부분은 버려지는 부분입니다.

3 자르기 상자 크기 조절하기

상자의 가장자리로 마우스 포인터를 가져가서 포인터 모양이 ↔ 로 변경되면 클릭한 채 드래그합니다. 상자의 크기가 변경되면 Enter 를 눌러 작업을 마무리합니다.

TIP

상자의 모서리에 마우스를 가져가 마우스 포인터가 ⤢ 로 바뀔 때 Shift 를 누르고 클릭한 채 드래그하면 상자의 비율을 유지하면서 크기를 조절할 수 있습니다.

4 이미지 확인하기

자르기 작업이 완료된 것을 확인합니다. 검은색으로 칠해져 있던 부분은 버려지고 상자 안쪽의 부분만 남았습니다.

5 자르기 상자 다시 만들기

Ctrl + Z 를 눌러 이전 상태로 돌아간 후 앞의 과정과 같이 [Crop Tool](ㅂ)을 이용하여 화면을 클릭한 채 드래그합니다. 2번의 과정처럼 해당 영역이 상자로 선택되고 나머지 부분은 반투명한 검은색으로 칠해진 것을 확인할 수 있습니다.

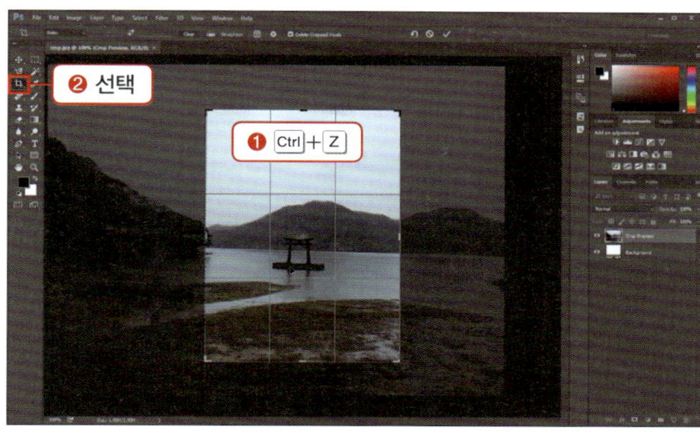

6 기울어진 사진의 수평 바로잡기

옵션 바의 [Straighten]( )을 누릅니다. 이미지에 보이는 기울어진 선을 따라 클릭한 채 드래그하여 직선을 그려 수평으로 이미지가 잘라질 수 있도록 바로잡아줍니다.

7 기울어진 사진의 수평 확인하기

이미지가 제대로 회전되었는지 확인합니다.

8 회전된 이미지 확인하기

Enter 를 눌러 작업을 완료합니다. 기울어져 있던 사진이 수평으로 회전되어 잘라졌는지 확인합니다.

원근감으로 이미지 잘라내기 Perspective Crop

[Perspective Crop Tool]( )은 선택한 부분의 이미지를 기울기와 원근감을 곧게 표현해 주며 불필요한 부분을 잘라내는 용도로 사용됩니다.

예제 파일 Sample \ Part01 \ 빌딩.jpg　　　**완성 파일** Sample \ Part01 \ 빌딩-w.psd

예제 파일

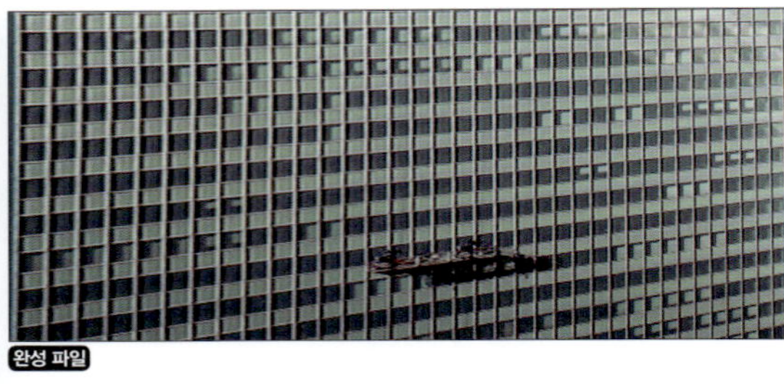
완성 파일

1 [Perspective Crop Tool] 선택하기

[File]-[Open] 메뉴를 클릭합니다. 또는 Ctrl +O를 눌러 '빌딩.jpg' 파일을 실행합니다. [Crop Tool]( )을 마우스로 1초 정도 누른 후 [Perspective Crop Tool]( )을 선택합니다.

2 조절점으로 원근감 상자 만들기 ①

Alt를 누른 상태에서 마우스 휠을 위로 올려 이미지를 확대합니다. 건물의 왼쪽 모서리 부분을 클릭하여 원근감 상자 첫 번째 조절점을 생성합니다.

3 조절점으로 원근감 상자 만들기 ②

마우스를 움직이면서 이미지 오른쪽 건물의 모
서리 부분을 클릭하여 건물의 외곽을 따라 그리
면서 조절점을 생성합니다.

4 조절점으로 원근감 상자 만들기 ③

건물의 우측하단의 모서리 부분을 클릭하여 조
절점을 만들어 줍니다.

5 원근감 상자 만들기

마지막으로 좌측 하단 건물의 모서리 부분을
클릭하면 원근감 자르기 상자 만들기가 완료됩
니다.

6 원근감 상자 확인하기

원근감 상자의 수정이 필요할 경우 조절점의 위치와 상자의 위치를 확인하여 각 조절점들의 정확한 위치를 클릭하여 움직이면서 수정하도록 합니다.

7 이미지 확인하기

Enter 를 눌러 자르기 작업을 완료됩니다. 상자 바깥쪽 부분은 버려지고 상자 안쪽 부분만 원근감이 무시되고 남아있는 것으로 확인됩니다.

3 캔버스 크기 변경하기 Canvas Size

[Canvas Size]는 작업 가능한 캔버스의 크기를 변경합니다. 캔버스의 크기를 늘리면 빈 공간이 추가되며 크기를 줄이면 일부 이미지가 잘립니다.

예제 파일 Sample＼Part01＼canvas.jpg　　　완성 파일 Sample＼Part01＼canvas-w.psd

예제 파일

완성 파일

1 파일 불러오기

[File]-[Open] 메뉴를 클릭합니다. 또는 Ctrl +O를 눌러 'canvas size.jpg' 파일을 실행합니다. [Image]-[Canvas Size] 또는 Alt+Ctrl +C를 눌러 실행합니다.

캔버스 크기 대화상자 입력하기

[Canvas Size] 대화상자의 [Current Size]에는 현재 이미지의 크기가 나타납니다. 캔버스 크기의 단위를 변경하기 위해 [New Size]의 단위를 [Pixels]로 설정한 후 [Width]에 '800', [Height]에 '1200'을 입력합니다. [OK] 버튼을 클릭합니다.

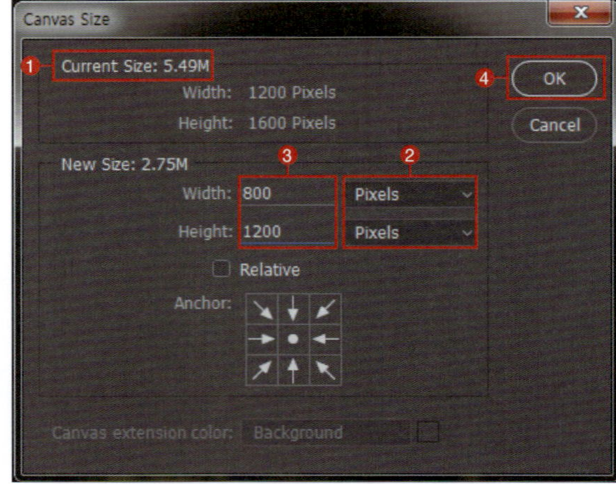

TIP

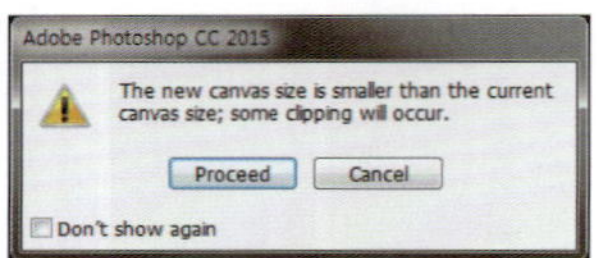

'새 캔버스 크기가 현재 캔버스보다 작습니다. 일부가 잘립니다.'라는 문구입니다. 'Proceed'를 클릭해 진행합니다.

캔버스 크기 변경하기

이미지의 크기가 가로 800픽셀, 세로 1200픽셀로 변경되었습니다. 캔버스의 가로 크기를 원본 크기보다 작게 변경하였으므로 이미지의 일부분이 잘리게 됩니다.

4 이미지 크기 변경하기 Image Size

[Image Size]는 이미지의 전체 크기를 변경합니다.

예제 파일 Sample\Part01\image size.jpg　**완성 파일** Sample\Part01\image size-w.psd

예제 파일

완성 파일

1 100% 비율로 보기

Ctrl+1을 누르면 이미지가 100%로 조정되어 사진이 원본 크기로 나타납니다. [Image]–[Image Size] 또는 Alt+Ctrl+I를 눌러 실행합니다.

2 이미지 크기 확인하기

[Image Size] 대화상자의 [Dimensions]를 확인합니다. 예제 파일의 크기가 나타납니다. 이미지 크기를 변경하기 전에 단위를 'Pixels'로 설정합니다. 해당 단위로 변환되어 나타납니다. [Width]에 '900'을 입력하면 [Height]가 '1200'로 자동 변경됩니다. [OK]버튼을 클릭합니다.

3 변경된 이미지 확인하기

이미지의 크기가 변경된 것을 확인합니다. [View]-[Fit on Screen] 또는 Ctrl + 0 을 눌러 전체 화면에 이미지를 확인합니다.

- [Constrain Proportions]( )는 원본 크기의 비율을 유지하면서 이미지의 크기를 조절하는 옵션입니다. 체크된 상태에서 [Width] 혹은 [Height] 수치를 변경하면 다른 수치가 자동으로 변경됩니다. 체크 해제하면 [Width]와 [Height]를 각각 설정할 수 있습니다.
- [Image Size] 대화상자에서 필요한 크기로 바로 변경하지 않은 이유는 원본 크기의 비율을 유지하기 위해서입니다. 비율을 유지하지 않고 크기를 변경할 경우 이미지가 한쪽으로 늘어나게 됩니다.

5 자유롭게 이미지 왜곡 Puppet Warp

[Edit]–[Puppet Warp] 메뉴를 이용하면 이미지를 자유롭게 왜곡할 수 있습니다. 예제 파일의 빌딩 이미지를 구부려 보겠습니다.

예제 파일 Sample \ Part01 \ puppet warp.jpg **완성 파일** Sample \ Part01 \ puppet warp–w.psd

예제 파일

완성 파일

1 선택 영역 만들기

[Quick Selection Tool]( )로 가운데 빌딩 이미지에 선택 영역을 만듭니다. [Layer]–[New]–[Layer Via Copy] 메뉴를 클릭합니다.

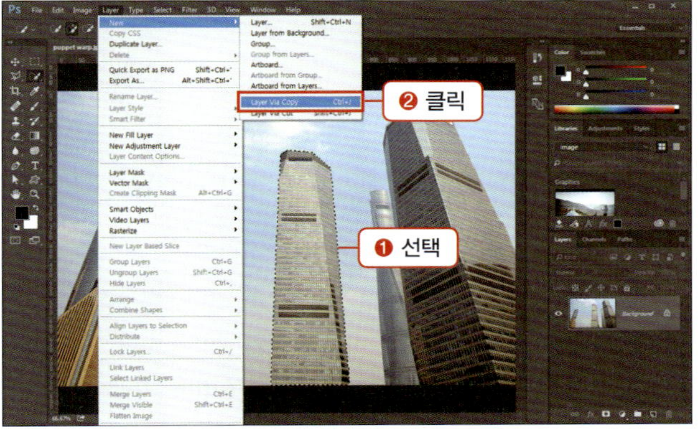

TIP

Ctrl + J 는 기본적으로 [Layer]–[New]–[Layer Via Copy] 메뉴의 단축키지만 선택 영역이 없을 경우에는 선택된 레이어를 복제합니다. 레이어는 Lesson 07에서 자세하게 다루겠습니다.

 **2** 레이어 복제하기

선택 영역의 이미지가 새 레이어로 복제됩니다.
[Move Tool]( )을 선택한 후 클릭한 채 드래
그하여 레이어의 위치를 이동합니다.

3 레이어 이미지 반전하기

Ctrl+T를 눌러 조절점이 생성되면 마우스 오
른쪽 버튼을 클릭합니다. [Flip Horizontal]을 클
릭하여 이미지를 좌우로 반전시킵니다. Enter를
눌러 이미지 반전을 마무리합니다.

 **4** 변형 포인트 만들기

[Edit]-[Puppet Warp] 메뉴를 클릭합니다. 선
택한 레이어의 이미지에 수많은 삼각형이 나타
납니다. 지정된 위치에 각각 클릭하여 변형 포
인트를 만듭니다.

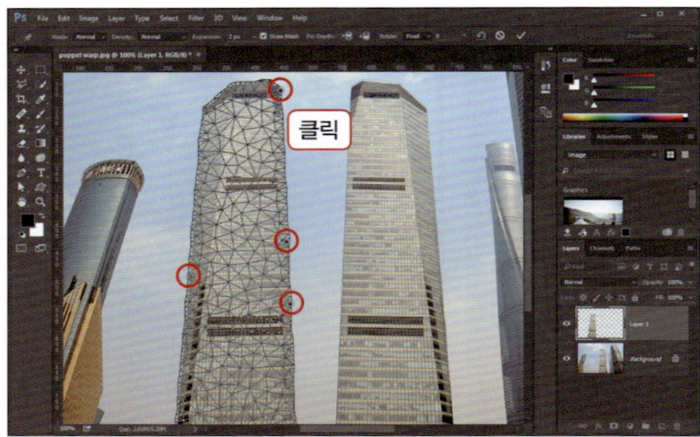

5 변형하기

변형 포인트를 클릭한 채 드래그하면 해당 포인트를 기준으로 변형됩니다. 빌딩의 고개를 숙이게 표현한 후 옵션 바에 ✔를 클릭하여 변형을 완료합니다.

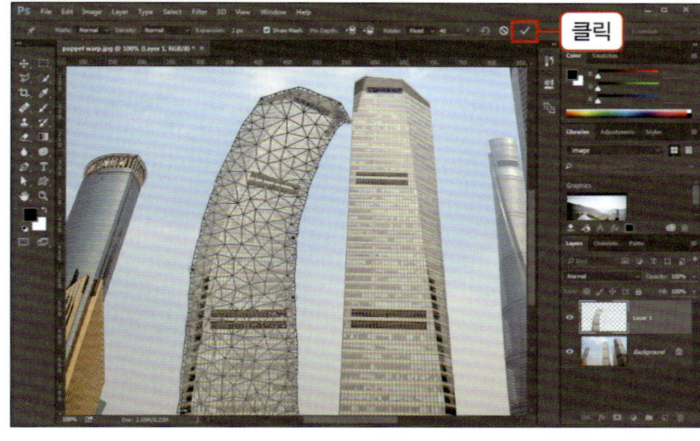

6 변형 확인하기

[Puppet Warp] 메뉴를 이용한 변형이 완료되었습니다.

원하는 색상을 입혀보자! 포토샵 COLOR

포토샵에서는 특정 색상이나 그레이디언트, 패턴의 세 가지 방법으로 페인팅할 수 있습니다. 그레이디언트는 여러 색상을 단계적으로 혼합한 것이고, 패턴은 이미지를 반복하여 붙이는 것입니다. 레이어나 선택 영역에 [Fill] 대화상자나 [Paint Bucket Tool]로 색상이나 그레이디언트, 패턴을 채우거나 [Brush Tool]로 색상이나 패턴을 특정 영역에 칠할 수 있습니다.

1 [Color Picker] 대화상자로 전경색/배경색 지정하기

포토샵에서 색상을 선택하는 방법은 여러 가지가 있습니다. [Color Picker] 대화상자를 이용하여 간단하게 색상을 선택하는 방법을 알아보겠습니다. 포토샵에서는 전경색과 배경색이라는 두 가지 색상을 설정하여 페인팅 작업을 합니다.

1 [Color Picker] 대화상자를 불러와 색상 선택하기

전경색 색상자를 클릭하면 [Color Picker] 대화상자가 나타납니다. 기본적으로 [H] 모드로 설정되어 있으며, 오른쪽 색상 슬라이더에서는 색상을, 왼쪽 색상 필드로 명도와 채도를 설정할 수 있습니다. 오른쪽 색상 슬라이더에서 원하는 색상을 클릭합니다. 클릭한 색상에 따라 왼쪽 색상 필드가 바뀐 것을 확인할 수 있습니다. 색상을 클릭하면 선택한 색상이 [New]에 나타납니다.

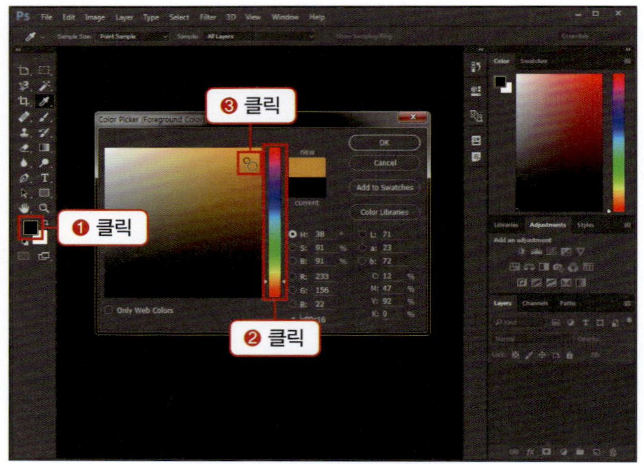

2 색상 선택하기

다른 방법으로 색상을 선택해보도록 하겠습니다. [H] 아래에 있는 [S]를 클릭합니다. [S] 모드에서는 오른쪽 색상 슬라이더에서는 채도를, 왼쪽 색상 필드에서 색상과 명도를 설정할 수 있습니다. 직접 해당되는 값을 입력하여 색상을 설정할 수 있습니다.

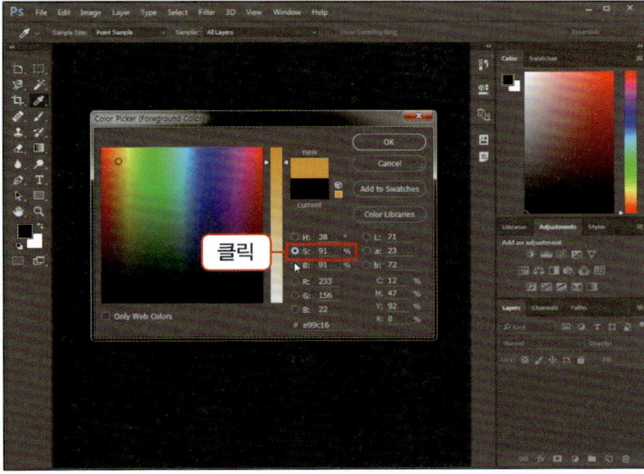

3 전경색 설정하기

이번에는 [S] 아래에 있는 [B]를 클릭합니다. [B] 모드에서는 오른쪽 색상 슬라이더에서는 명도를, 왼쪽 색상 필드에서는 색상과 채도를 설정합니다. [OK] 버튼을 클릭하여 색상 선택을 완료합니다.

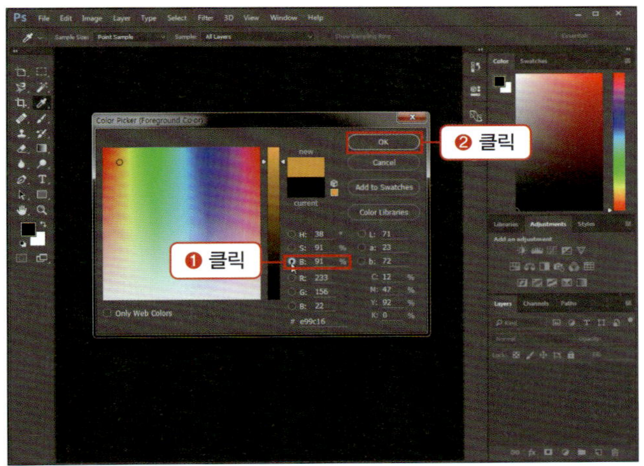

4 배경색 설정하기

배경색 색상자를 클릭하여 [Color Picker] 대화상자를 열어줍니다. [#]의 값을 '814add'로 설정한 후 [OK] 버튼을 클릭합니다. 해당 색상이 배경색으로 설정된 것을 확인할 수 있습니다.

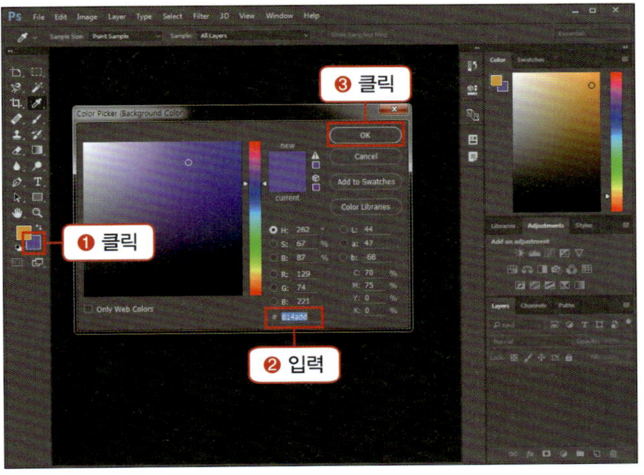

5 전경색을 화면 전체에 채우기

[File]–[New] 메뉴를 클릭합니다. 또는 Ctrl +N을 눌러 새로운 파일을 만듭니다. 설정값을 가로 [Width] '800px', 세로 [Height] '600px' 로 설정합니다. 전경색을 원하는 색상으로 먼저 선택해줍니다. 메뉴 바에 [Edit]–[Fill] 또는 Shift+F5를 실행합니다. 대화상자 [Contents] : Foreground Color를 선택해 [OK] 버튼을 클릭합니다(Alt+Delete). 화면 전체가 선택한 전경색으로 채워진 것을 확인할 수 있습니다.

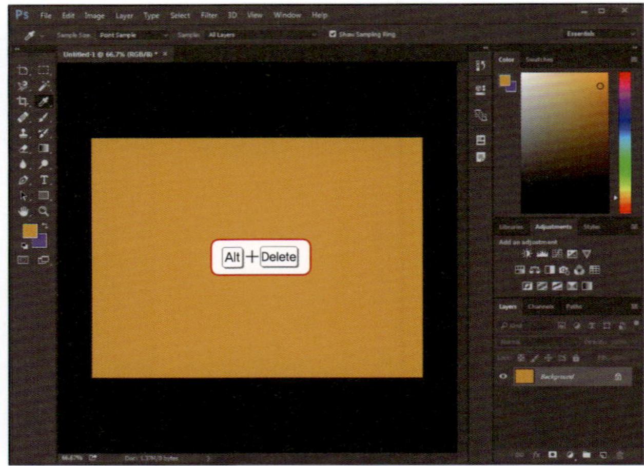

6 배경색을 화면 전체에 채우기

메뉴 바에 [Edit]–[Fill] 또는 Shift+F5를 실행합니다. 대화상자 [Contents] : Background Color를 선택해 [OK] 버튼을 클릭합니다(Ctrl +Delete). 화면 전체가 선택한 배경색으로 채워진 것을 확인할 수 있습니다.

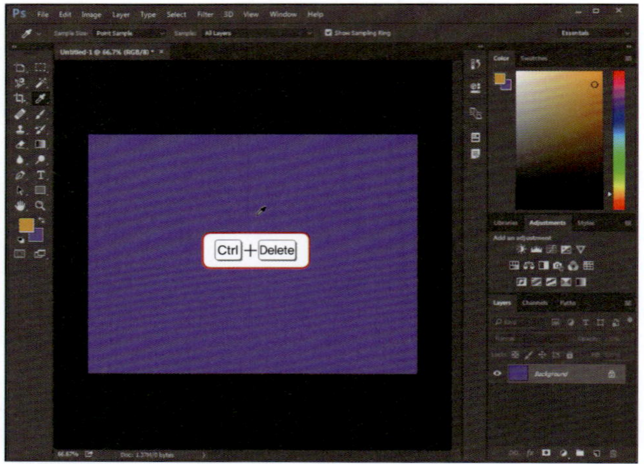

★ [Tool] 패널의 색상 설정과 [Color Picker] 대화상자, [Color] 패널 살펴보기

⊙ [Tool] 패널로 색상 설정하기

[Tool] 패널에서 설정된 색상을 확인할 수 있습니다. 앞의 색상자는 설정된 전경색을, 뒤의 색상자는 설정된 배경색을 표시하며, 클릭하면 [Color Picker] 대화상자가 나타나 색상을 변경할 수 있습니다.

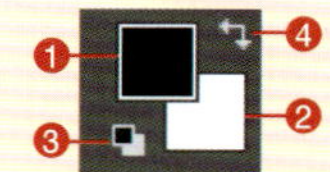

❶ **전경색** : 앞의 색상자를 전경색이라고 합니다. 주 작업에 기본적으로 사용되는 색상을 전경색이라 부르며 [Brush Tool]로 브러시를 사용할 때, [Paint Bucket Tool] 등으로 채색할 때 선택한 전경색이 색상으로 적용됩니다.

❷ **배경색** : 뒤의 색상자를 배경색이라 합니다. 캔버스가 늘어나면서 자동으로 채워지는 색상, [Eraser Tool]로 이미지를 지울 때 사용되는 색상입니다.

❸ D 를 누르면 전경색과 배경색을 기본 색상(검은색, 흰색)으로 재설정할 수 있습니다.

❹ 전경색과 배경색 사이에 있는 화살표를 클릭하면 전경색과 배경색을 서로 교체할 수 있습니다(X).

⊙ [Color Picker] 대화상자 살펴보기

[Tool] 패널의 색상자를 클릭하면 [Color Picker] 대화상자가 나타납니다. 스펙트럼에서 색상을 선택하거나 색상 코드를 입력하여 색상을 설정할 수 있습니다.

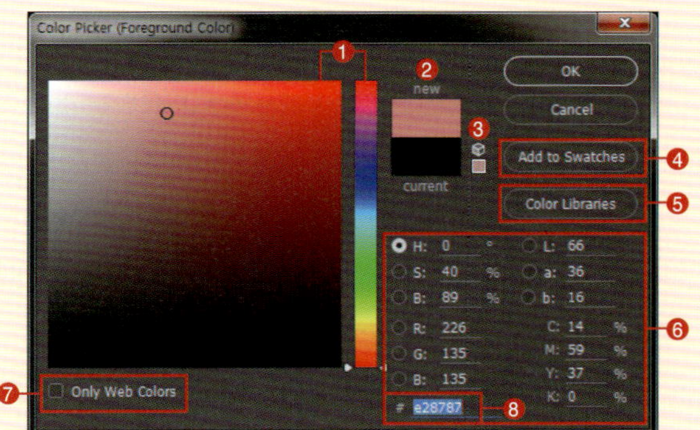

❶ 색상을 선택하는 색상 필드(왼쪽)와 색상 슬라이더(오른쪽)로 구성되어 있습니다.

❷ 선택한 색상은 [new]에, 선택되어 있던 색상은 [current]에 나타납니다.

❸ **경고** : ⬡ 가 나타나는 색상은 인쇄했을 때 제대로 출력되지 않을 수 있으며, ▨ 가 나타나는 색상은 웹에서 제대로 표현되지 않을 수 있습니다. 아래쪽 작은 색상자를 클릭하면 선택한 색상과 비슷하고 안전한 색상으로 교체됩니다.

❹ **Add To Swatches** : [new]의 색상을 [Swatches] 패널에 등록합니다.

❺ **Color Libraries** : [Color Libraries]를 이용하여 색상을 선택합니다.

❻ 특정 색상 모델로 색상을 선택할 수 있습니다. HSB, RGB, LAB, CMYK 등 선택한 색상의 색상 값을 색상 모델별로 확인하고 변경할 수 있습니다.

❼ Only Web Colors : 웹에서 안전하게 사용할 수 있는 색상만 나타납니다.

❽ # : 색상의 R, G, B 구성 요소를 정의하는 16진수 값을 입력하여 색상을 선택합니다. '000000'은 검은색이고 'ffffff'는 흰색입니다(예시에는 e28787로 설정되어 있습니다).

● **[Color] 패널 살펴보기**

슬라이더나 스펙트럼을 이용하여 색상을 선택하는 패널입니다. 목록 버튼(▼≡)을 클릭하여 슬라이더 및 스펙트럼의 색상 모델을 설정할 수 있습니다. 예를 들어, 현재 'RGB Color' 모드로 작업 중인 파일이더라도 'CMYK Color' 모델을 이용하여 색상을 선택할 수 있습니다.

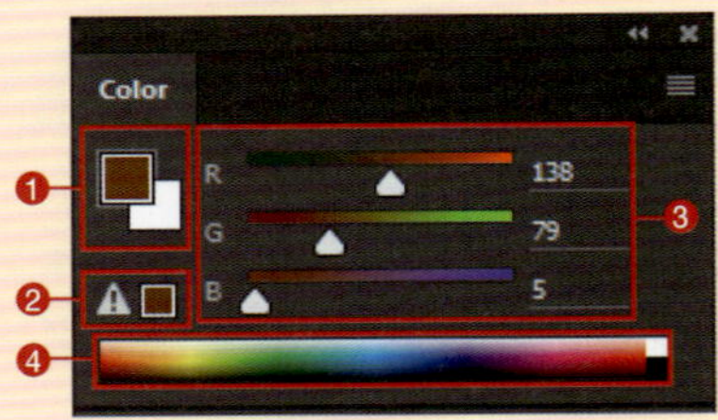

❶ 설정한 전경색과 배경색을 확인하고 변경합니다.

❷ [Color Picker] 대화상자와 마찬가지로 웹이나 인쇄에서 제대로 표현되지 않을 수 있다는 경고 표시가 나타납니다.

❸ 슬라이더를 움직이거나 입력 상자에 색상 값을 입력하여 색상을 설정할 수 있습니다. 설정한 색상 모델에 따라 슬라이더는 다르게 나타납니다.

❹ 색상 스펙트럼에서 선택한 색상이 바로 전경색이나 배경색으로 설정됩니다.

2 [Paint Bucket Tool]로 색상 넣기

[Paint Bucket Tool]을 이용하여 색상을 채우는 방법을 배워보겠습니다. 이 도구로 채색할 때는 클릭한 지점의 색상과 비슷한 색상 영역 전체에 색이 채워지게 됩니다.

예제 파일 Sample \ Part01 \ 이도.psd　**완성 파일** Sample \ Part01 \ 이도-w.psd

예제 파일

완성 파일

[Swatches] 패널 불러오기

[File]-[Open] 메뉴를 클릭합니다. 또는 Ctrl
+O 를 눌러 파일 '이도.psd'를 불러옵니다.
[Swatches] 패널을 클릭합니다. [Swatches]
패널이 보이지 않으면 메뉴 바에 [Windows]-
[Swatches]를 선택하여 패널을 열어줍니다.

 **2 클릭한 영역에 색 채우기 ①**

[Swatches] 패널에서 색상을 클릭하면 해당 색상이 전경색으로 설정됩니다. 도구상자에서 [Paint Bucket Tool]( )을 선택한 후, 이도 캐릭터 옷 부분의 비어있는 여백을 클릭합니다. 해당 색상이 클릭한 지점의 색상과 같은 흰색영역에 채워집니다.

3 클릭한 영역에 색 채우기 ②

[Swatches] 패널에서 색상을 클릭하여 해당 색상을 전경색으로 설정합니다. [Paint Bucket Tool]( )이 선택되어 있는 상태에서 이도 캐릭터 손에 든 물건의 흰색 부분을 클릭합니다. 해당 색상이 클릭한 지점의 색상과 같은 영역 전체에 채워집니다.

4 클릭한 영역에 색 채우기 ③

[Swatches] 패널에서 색상을 클릭하여 해당 색상을 전경색으로 설정합니다. [Paint Bucket Tool]( )이 선택되어 있는 상태에서 이도 캐릭터 옷 아랫부분 여백에 클릭합니다. 해당 색상이 클릭한 지점의 색상과 같은 영역 전체에 채워집니다.

3 색상 추출하기 [Eyedropper Tool]

포토샵은 비트맵 파일을 가공하는 대표적인 프로그램으로 각 픽셀의 색상 정보를 추출할 수 있습니다. [Eyedropper]( ) 도구를 이용해 원하는 색상을 추출해 보겠습니다.

1 색상 복사하고 색 채우기

[Eyedropper Tool]( )을 선택한 후 이도 캐릭터 귀 부분의 안쪽 밝은 색상을 클릭하여 추출합니다. 해당 지점의 색상이 전경색으로 설정된 것을 확인할 수 있습니다. [Paint Bucket Tool]( )을 선택한 후 캐릭터 얼굴에 클릭합니다.

[Eyedropper Tool]( )은 클릭한 지점의 색상을 전경색이나 배경색으로 설정하는 도구입니다. 배경색으로 설정하려면 Alt를 누르고 클릭하면 됩니다.

2 다른 영역에 색 채우기

[Paint Bucket Tool]( )을 선택한 후 단축키 Alt를 누르면 자동으로 [Eyedropper Tool]( )로 마우스 포인트가 바뀌는 것을 확인할 수 있습니다. Alt를 누른 채 캐릭터 머리의 검은색 부분을 클릭하여 전경색으로 추출합니다. Alt를 놓고, [Paint Bucket Tool]( )로 마우스 포인트가 돌아온 걸 확인한 후 머리의 여백을 클릭해 색상을 채워줍니다. 입 속(#a40000), 그림배경 색상(#a6937c) 수정도 같은 방법으로 색상을 채웁니다.

레이어를 사용해야 진짜 포토샵 유저!

레이어는 '층'을 의미합니다. 포토샵에서 작업은 '층'의 조각을 구성하며 완성해가는 과정이라 해도 과언이 아닐 정도로 레이어는 중요한 기능입니다. [Layers] 패널의 기능이 많아 초보자들이 어려워하는 부분이지만 원리를 정확히 이해하고 학습해 보겠습니다.

1 포토샵 레이어 활용과 운용

이미지 편집의 핵심 기능인 레이어에 대해 알아보겠습니다. 포토샵을 이용하여 만든 합성은 레이어를 이용한 것입니다.

1 레이어 알아보기

캔버스에는 레이어라 부르는 이미지 조각들을 가져오거나 만들 수 있습니다. 이러한 이미지 조각들을 순서대로 누적하면 합성한 것처럼 병합된 이미지가 화면에 나타납니다. 레이어에서 픽셀이 존재하는 불투명한 부분에는 해당 레이어가 표시되고 빈 공간(투명한 영역)에는 하위 순서의 레이어들이 상단 레이어들의 위치와 모양에 따라 일부분이나 전체가 가려져서 보이지 않습니다.

2 레이어 유지하면서 파일 저장하기

포토샵 전용 파일인 PSD 형식으로 저장하면 작업한 레이어들이 그대로 유지됩니다. 그 외에도 가이드라인, 분할 영역, 문자, 레이어 스타일 등 포토샵에서 작업한 모든 정보를 저장할 수 있습니다. JPEG, GIF, PNG 등 레이어를 지원하지 않는 형식으로 저장하면 레이어들이 모두 병합되므로 주의합니다.

> **TIP**
>
> 기본 설정이 Indexed Color 모드인 GIF 형식의 파일을 불러오거나 모드를 Indexed Color 혹은 Bitmap으로 설정한 경우 레이어 작업을 포함한 기타 여러 작업에 제한이 있습니다. [Image]–[Mode] 메뉴를 클릭하여 RGB Color 모드나 CMYK Color 모드로 변경하면 제한된 작업들이 가능해집니다.

3 배경(Background) 레이어 알아보기

기울기 속성의 자물쇠 아이콘(🔒)이 있는 레이어를 배경(Background) 레이어라고 부릅니다. 항상 최하위 순서로 존재하며 캔버스의 고정된 배경 역할을 합니다. 작업에 반드시 필요한 것은 아니지만 배경 레이어의 작업 제한을 알아두는 것이 좋습니다.

❶ 배경 레이어가 존재하는 경우와 그렇지 않은 경우

- JPEG 형식이나 BMP 형식의 파일을 불러올 경우 이미지는 배경 레이어로 존재합니다.
- 새 캔버스를 만들 때 [Background Contents]를 'White'나 'Background Color'로 설정할 경우 흰색이나 배경색으로 채워진 배경 레이어가 함께 만들어집니다.
- [Background Contents]를 'Transparent'로 설정할 경우 전체 영역이 투명한 빈 공간으로 만들어집니다.

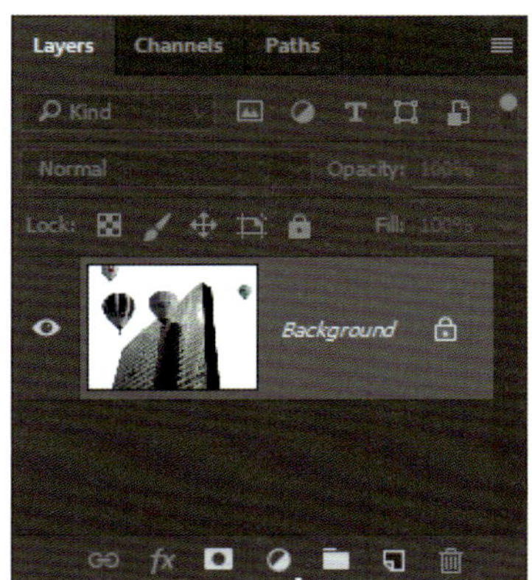
[JEPG or BMP 형식의 파일을 불러온 경우]

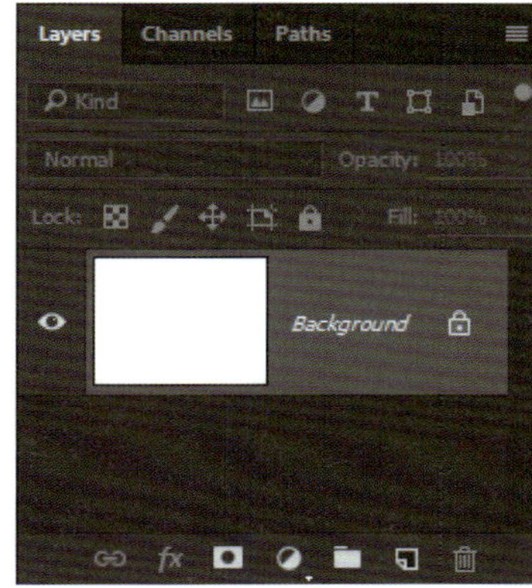
[배경을 흰색으로 설정하여 파일을 만든 경우]

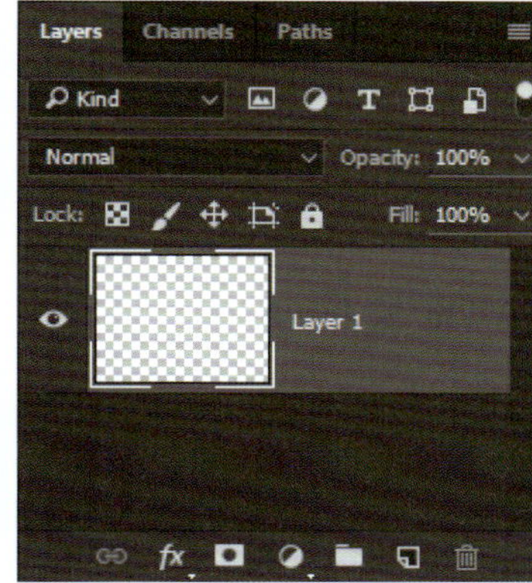
[배경을 투명으로 설정하여 파일을 만든 경우]

❷ 배경 레이어의 작업이 제한되는 경우

- 배경 레이어는 잠금 설정이 되어 있으므로 위치 이동이나 형태 변형, 누적 순서 변경, 레이어 스타일 설정 등 일부 작업이 불가능합니다.
- 고정된 배경의 역할을 하므로 이미지의 일부분을 오리더라도 배경색으로 채워질 뿐 투명한 배경을 만들 수 없습니다.

❸ 배경 레이어의 해제와 만들기

- [Layer]-[New]-[Layer from Background] 메뉴를 클릭하고 대화상자에서 [OK] 버튼을 클릭합니다. 배경 레이어가 일반 레이어로 변환됩니다. 변환된 후에는 제한된 작업을 실행할 수 있습니다. 대화상자 없이 빠르게 변환하려면 Alt 를 누르고 자물쇠 아이콘( )을 더블클릭합니다.
- 배경 레이어가 없는 경우에는 선택한 일반 레이어를 배경 레이어로 만들 수 있습니다. [Layer]-[New]-[Background from Layer] 메뉴를 클릭하면 배경 레이어로 만들어집니다. 레이어의 투명한 부분(빈 공간)에는 설정된 배경색이 채워집니다. 배경 레이어는 파일 당 한 개만 존재합니다.

 **[Layer] 패널 살펴보기**

[Layers] 패널은 작업 중인 파일에 존재하는 레이어들을 확인 및 선택하고 관리하는 패널입니다.

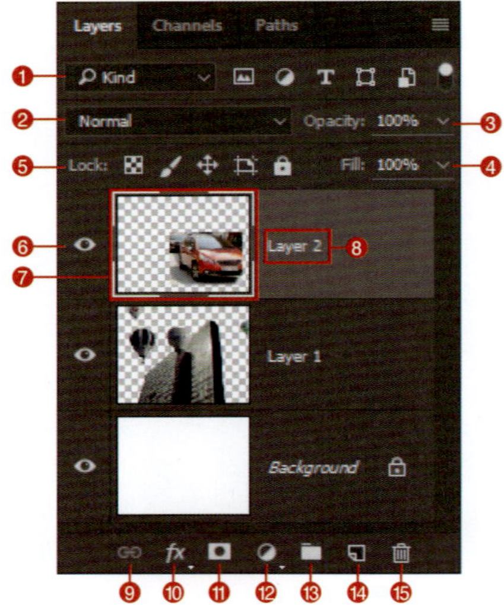

❶ 레이어를 종류별로 분류하여 보거나 검색하여 찾을 수 있습니다. 여러 레이어를 작업할 때 유용합니다.

❷ 레이어에 블렌드 모드를 지정하여 아래 레이어와 혼합합니다.

❸ **Opacity(불투명도)** : 레이어와 레이어에 적용된 스타일 효과의 불투명도를 설정합니다.

❹ **Fill(칠)** : 스타일 효과를 제외한 레이어 이미지의 불투명도를 설정합니다.

❺ **Lock(잠그기)** : 레이어를 잠금 설정하여 작업 중의 실수를 방지할 수 있습니다.

❻ 클릭하여 해당 레이어를 나타내거나 숨깁니다. 화면에 보이는 레이어는( ), 화면에 보이지 않는 레이어는 ( )로 나타납니다. 클릭한 채 드래그하여 여러 레이어들을 한꺼번에 숨기거나 나타낼 수 있습니다.

❼ 레이어 이미지를 썸네일 이미지(축소 이미지)로 보여줍니다.

❽ 레이어의 이름입니다. 더블클릭하면 이름을 변경할 수 있습니다. 선택한 레이어는 활성화 됩니다.

❾ **Link layers( )** : 선택한 두 개 이상의 레이어를 연결합니다. 연결된 후에는 하나의 레이어처럼 함께 이동하거나 변형할 수 있습니다.

❿ **Add a layer style( )** : 선택한 레이어에 레이어 스타일 효과를 적용합니다.

⓫ **Add layer mask( )** : 선택한 레이어에 레이어 마스크를 만듭니다.

⓬ **Create new fill or adjustment layer( )** : 칠(Fill) 레이어나 조정(Adjustments) 레이어를 만듭니다.

⓭ **Create a new group( )** : 레이어를 담아서 정리할 수 있는 그룹을 만듭니다.

⓮ **Create a new layer( )** : 새 레이어를 만듭니다.

⓯ **Delete layer( )** : 선택한 레이어나 그룹을 삭제합니다.

 **5** ## 레이어 선택하기

❶ **[Layers] 패널에서 선택**

· [Layers] 패널에서 레이어를 클릭하면 해당 레이어가 선택되고 활성화 되어 표시됩니다.

· 특정 레이어들을 동시에 선택하려면 Ctrl 을 누르고 클릭하면 됩니다. Shift 를 누르고 클릭하면 선택된 레이어와 클릭한 레이어 사이의 모든 레이어들이 동시 선택됩니다.

❷ **[Move Tool]( )로 선택**

· [Move Tool]( )을 선택한 후 옵션 바에서 [Auto-Select] 항목을 체크합니다. 캔버스의 특정 위치에 클릭하면 해당 위치에 존재하는 레이어들 중 최상위 순서의 레이어가 [Layers] 패널에서 자동으로 선택됩니다. 여러 레이어를 동시에 선택하려면 Shift 를 이용합니다.

· [Move Tool]( )이 선택된 상태에서 특정 위치에 마우스 오른쪽 버튼을 클릭합니다. 해당 위치에 존재하는 레이어 목록이 모두 나타납니다. 메뉴를 클릭하면 [Layers] 패널의 해당 레이어가 선택됩니다.

❸ **단축키로 선택**

· Alt +] 를 누르면 선택한 레이어의 1단계 상위 레이어가, Alt + [를 누르면 1단계 하위 레이어가 선택됩니다. 단축키를 누를 때마다 순서대로 하나씩 선택됩니다.

· Alt + Shift +] 를 누르면 선택한 레이어와 1단계 상위 레이어가, Alt + Shift + [를 누르면 1단계 하위 레이어가 동시 선택됩니다. 단축키를 누를 때마다 순서대로 누적되어 동시 선택됩니다.

· Alt + . 를 누르면 최상위 레이어가, Alt + , 를 누르면 최하위 레이어가 선택됩니다.

 **6** ## 새 레이어 만들기

· [Layers] 패널에서 [Create a new layer]( )를 클릭하면 상위 순서로 새 레이어가 만들어집니다. 하위 순서로 만들려면 Ctrl 을 누르고 [Create a new layer]( )를 클릭합니다.

· [Layer]-[New]-[Layer] 메뉴를 클릭합니다. 나타나는 대화상자에서 설정 후 [OK] 버튼을 클릭하면 새 레이어가 만들어집니다.

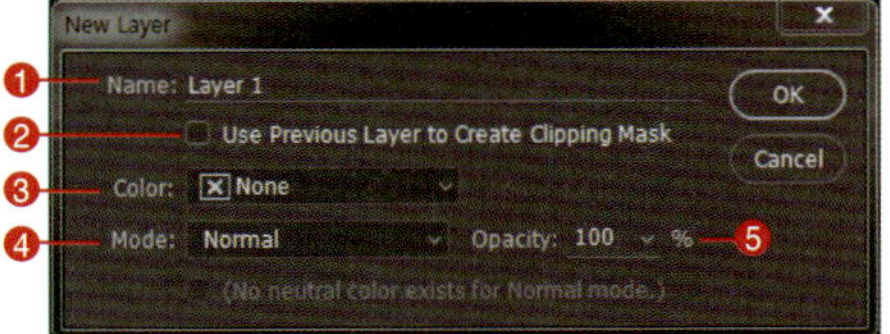

❶ **Name** : 레이어의 이름을 입력합니다.

❷ **Use Previous Layer to Create Clipping Mask** : 체크하면 클리핑 마스크로 만듭니다.

❸ **Color** : 색상 레이블을 설정합니다.

❹ **Mode** : 블렌드 모드를 설정합니다.

❺ **Opacity** : 불투명도를 설정합니다.

 ### 7 레이어 삭제하기

• [Layer]−[Delete]−[Layer] 메뉴를 클릭하거나 [Layer] 패널에서 [Delete layer](🗑)를 클릭합니다. 확인 메시지 창에서 [OK] 버튼을 클릭하면 선택한 레이어가 삭제됩니다.

• [Layer]−[Delete]−[Hidden Layers] 메뉴를 클릭하면 화면에 보이지 않는 레이어(■)가 모두 삭제됩니다.

 ### 8 레이어 누적 순서 변경하기

[Layer]−[Arrange] 메뉴를 클릭하여 선택한 레이어의 누적 순서를 변경할 수 있습니다.

❶ Bring to Front	Shift+Ctrl+]
❷ Bring Forward	Ctrl+]
❸ Send Backward	Ctrl+[
❹ Send to Back	Shift+Ctrl+[
❺ Reverse	

❶ Bring to Front : 최상위 순서로 변경합니다.

❷ Bring Forward : 1단계 상위 순서로 변경합니다.

❸ Send Backward : 1단계 하위 순서로 변경합니다.

❹ Send to Back : 최하위 순서로 변경합니다.

❺ Reverse : 2개 이상의 레이어를 선택했을 때 활성화됩니다. 누적 순서를 서로 바꿉니다.

 ### 9 레이어 복제하기

• [Layer]−[Duplicate Layer] 메뉴를 클릭합니다. 대화상자에서 [OK] 버튼을 클릭하면 선택한 레이어가 복제됩니다.

• [Layer] 패널에서 레이어를 클릭하고 [Create a new layer](▣)로 드래그한 후 마우스 버튼에서 손을 떼면 상위 순서로 복제됩니다.

• [Layer] 패널에서 Alt를 누르고 레이어를 클릭한 채 드래그하면 마우스 포인터가 바뀝니다. 계속 드래그하여 진한 선이 나타날 때 마우스 버튼에서 손을 떼면 해당 순서로 복제됩니다. 이 명령은 원하는 순서로 복제할 수 있어 편리합니다.

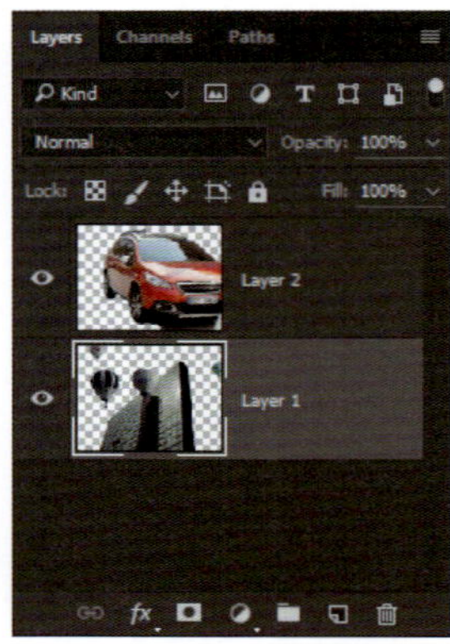

Layer 1을 [Creative a new layer](▣)로 클릭 후 드래그합니다.

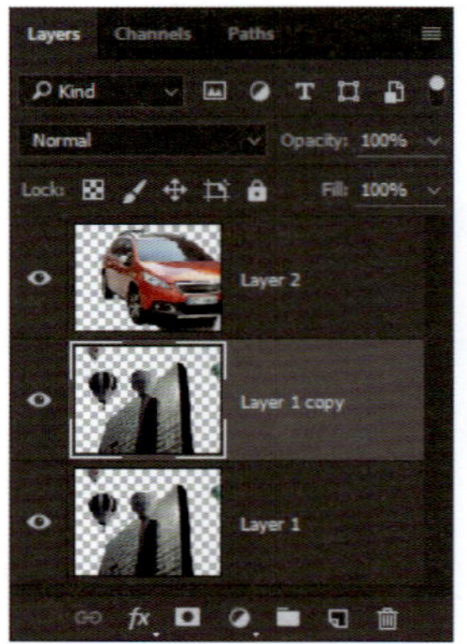

레이어가 복제된 모습(Layer 1 copy)을 확인할 수 있습니다.

2 레이어를 이용하여 캐릭터 그리기

종이에 그림을 그리듯이 레이어를 활용해 캐릭터를 그리는 과정을 살펴보겠습니다.

완성 파일 Sample \ Part01 \ 곰-w.psd

완성 파일

1 새 도큐먼트 열기

[File]-[New] 메뉴를 클릭합니다. 또는 Ctrl
+ N 을 눌러 새로운 파일을 만듭니다. 설
정 값을 가로 [Width] '800px', 세로 [Height]
'600px', 해상도 [Resolution] '72px', 컬러모
드 [Color Mode] 'RGB', 백그라운드 컨텐츠
[Background Contents] 'White'로 설정합니다.

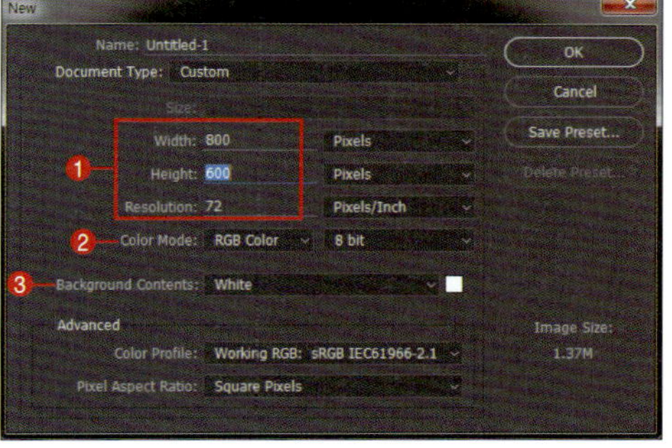

2 선택 툴로 캐릭터 얼굴 그리기

레이어 패널에서 [Create new layer]()를
클릭하여 새 레이어를 생성합니다. 레이어의 이
름에 마우스를 가까이 대고 더블클릭하여 '얼굴'
로 변경합니다. [Eliptical Marquee Tool](◯)
을 클릭하여 Shift 를 눌러 그림과 같이 정원을
그립니다.

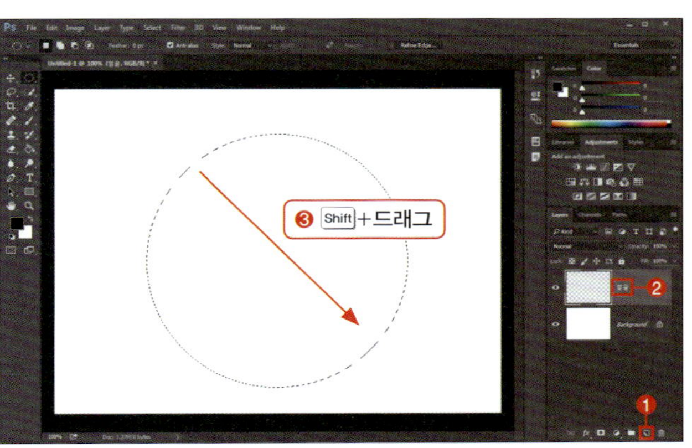

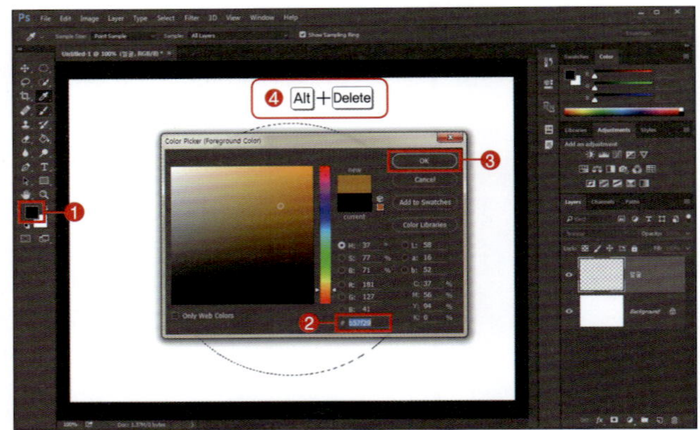

3 캐릭터 얼굴 색칠하기

전경색을 클릭하여 [Color Picker] 대화상자
를 엽니다. 컬러 설정 값에 '#b57f29'를 입력하
고 [OK] 버튼을 클릭하여 전경색을 지정합니다.
Alt+Delete를 눌러 선택 영역 안쪽에 전경색으로
색을 채웁니다. 선택 영역을 해제(Ctrl+D)하여
작업을 완료합니다.

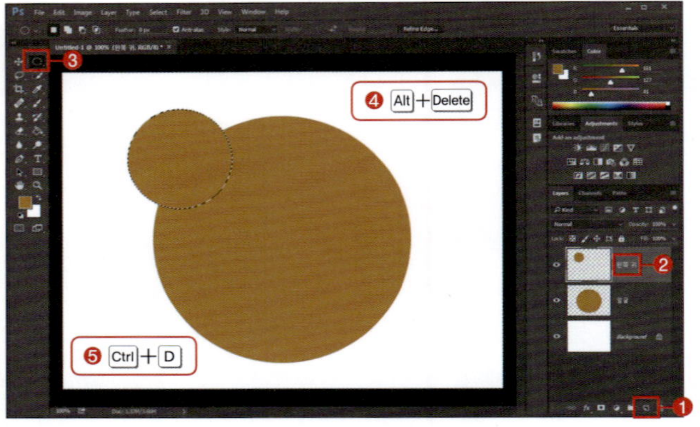

4 캐릭터 귀 그리기

레이어 패널에서 [Create new layer](   )를
클릭하여 새 레이어를 생성합니다. 레이어의 이
름을 더블클릭하여 '왼쪽 귀'로 변경합니다.
[Eliptical Marquee Tool](   )을 클릭하여
Shift를 눌러 정원을 그린 후 Shift를 누른 상태
에서 Space Bar를 함께 눌러 귀 부분에 정원을 그
립니다. Alt+Delete를 눌러 선택 영역 안쪽에 전
경색으로 색을 채웁니다. 선택 영역을 해제(Ctrl
+D)하여 작업을 완료합니다.

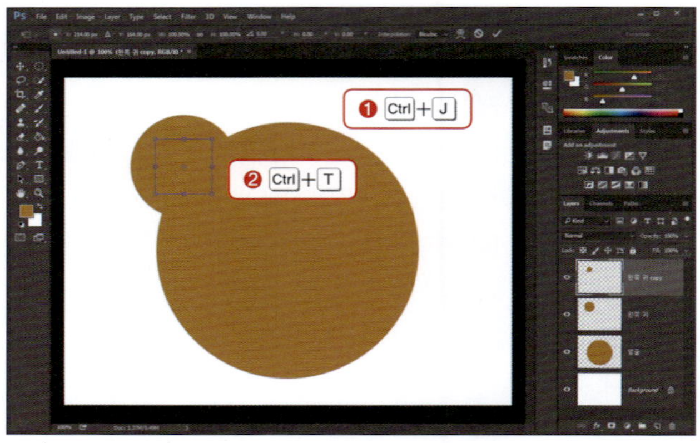

5 레이어 복제하기

'왼쪽 귀' 레이어를 선택하고 메뉴 바에
[Layer]-[Duplicate Layer] 메뉴를 클릭합니
다. 대화상자에서 [OK] 버튼을 클릭하면 선택한
레이어가 복제됩니다(Ctrl+J). 복제된 레이어
가 선택되어 있는 상태에서 Ctrl+T를 눌러 크
기를 작게 조절한 후 Enter를 눌러 변형합니다.

6 캐릭터 귀 완성하기

'왼쪽 귀 copy' 레이어가 선택되어 있는 상태에서 레이어 패널의 [Lock]-[Lock Trans parent pixels]()를 클릭하여 레이어의 투명한 영역을 잠금 설정합니다. 배경색을 클릭하여 [Color Picker] 대화상자를 엽니다. 컬러 설정 값에 '#60410c'를 입력하고 [OK] 버튼을 클릭하여 배경색을 지정합니다. Ctrl+Delete를 눌러 배경색을 채웁니다.

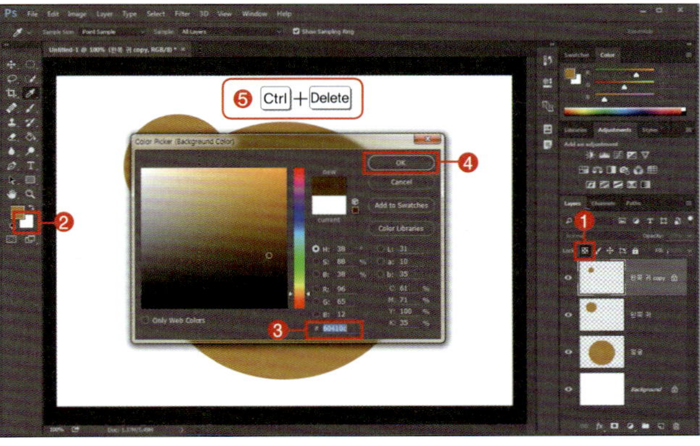

7 레이어 관리하기

'왼쪽 귀 copy' 레이어와 '왼쪽 귀' 레이어를 Ctrl을 누른 상태에서 클릭하여 중복 선택 해줍니다. 레이어 패널에서 [Create a new group]()으로 드래그한 후 마우스 버튼에서 손을 떼면 그룹으로 폴더가 생성되면서 레이어를 그룹으로 관리할 수 있습니다(Ctrl+G). 그룹의 이름을 더블클릭하여 '왼쪽 귀'로 변경합니다.

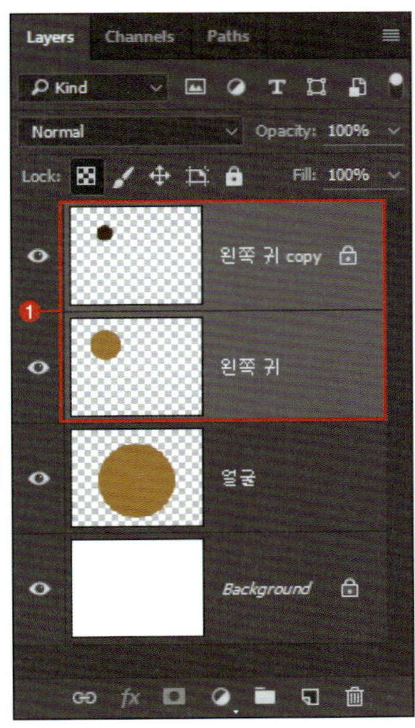

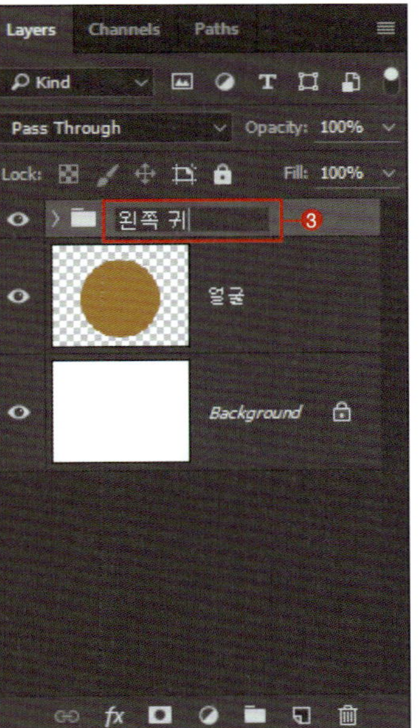

8 레이어 그룹 복사하기

[Move Tool]을 클릭하여 '왼쪽 귀' 그룹 폴더가
선택된 상태에서 Alt 를 누르고 클릭 후 드래그
하여 오른쪽으로 이동 복사합니다. 레이어 패널
에서 '왼쪽 귀 copy2' 그룹 폴더가 복사된 것을
확인한 후 그룹 이름을 더블클릭하여 '오른쪽
귀'라고 변경합니다.

9 캐릭터 눈 그리기

다시 레이어 패널에서 [Create new layer](□)
를 클릭하여 새 레이어를 생성합니다(Ctrl + Alt
+ Shift + N). 레이어의 이름을 더블클릭하여 '왼
쪽 눈'으로 변경합니다. [Eliptical Marquee Tool]
(○)을 클릭하여 그림과 같이 캐릭터의 눈에
알맞은 크기로 선택 영역으로 원을 그린 후, 배
경색을 채워 넣습니다(Ctrl + Delete). 선택 영역을
해제(Ctrl + D)하여 작업을 완료합니다.

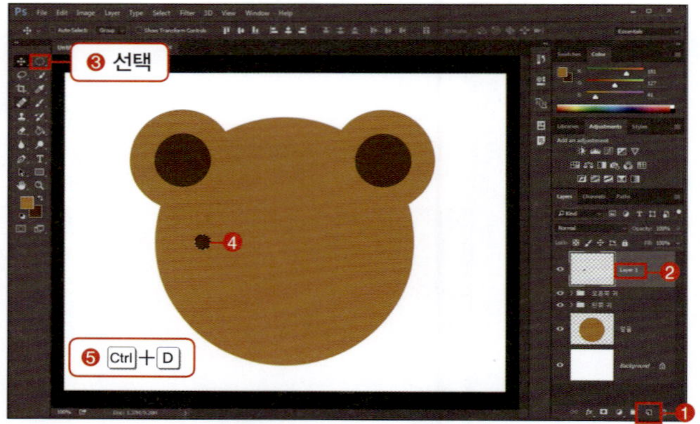

10 레이어 복사하기

이번에는 도구상자에서 [Move Tool](▶+)을 클
릭합니다. Alt 를 누른 상태에서 '왼쪽 눈' 레이어
를 클릭 후 드래그하여 오른쪽으로 복사 이동하
여 레이어를 복사합니다. 레이어가 복사된 것을
확인한 후 레이어의 이름을 더블클릭하여 '오른
쪽 눈'으로 변경합니다.

11 캐릭터 코 그리기

레이어 패널에서 [Create new layer]( )를 클릭하여 새 레이어를 생성합니다(Ctrl+Alt+Shift+N). 레이어의 이름을 더블클릭하여 '코'로 변경합니다. [Eliptical Marquee Tool]( )과 [Rectangular Marquee]( )을 사용하여 옵션 바에 [add to selection]( )으로 지정한 후, 그림과 같은 모양의 선택 영역을 추가로 만듭니다. 전경색을 클릭하여 [Color Picker] 대화상자의 설정 값을 '#f3c67f'로 지정한 후 영역 안쪽에 채워 넣습니다(Alt+Delete). 선택 영역을 해제(Ctrl+D)하여 작업을 완료합니다.

12 캐릭터 입 그리기

같은 방법으로 새로운 레이어를 생성한 후, 레이어의 이름을 '코2'로 변경합니다(Ctrl+Alt+Shift+N). [Eliptical Marquee Tool]( )과 [Rectangular Marquee]( )로 옵션 바의 [add to selection]( )으로 지정하여 추가하여 그림과 같은 모양의 선택 영역을 만듭니다. Ctrl+Delete를 눌러 배경색을 영역 안쪽에 채워 넣습니다. 선택 영역을 해제(Ctrl+D)하여 작업을 완료합니다.

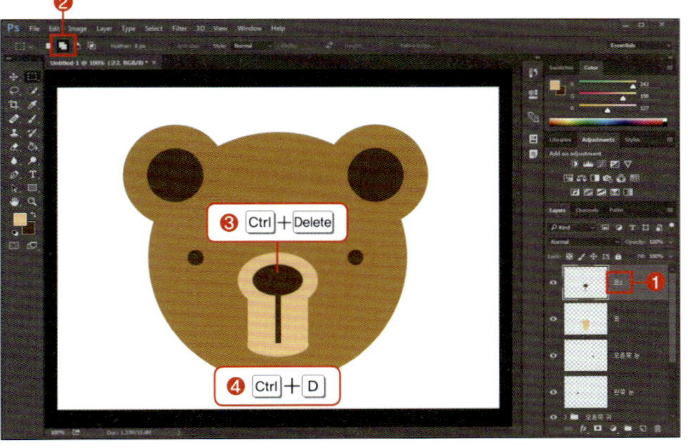

 **레이어 관리 및 운용하기**

'눈' 레이어들을 Ctrl 을 누른 상태에서 클릭하여 중복 선택해 그룹화 합니다(Ctrl + G). 마찬가지로 '코' 레이어들도 중복 선택해 그룹으로 만듭니다(Ctrl + G). '오른쪽 귀' 그룹과 '왼쪽 귀' 그룹을 Ctrl 을 누른 상태에서 하나의 그룹으로 관리할 수 있도록 그룹으로 지정합니다(Ctrl + G).

배경 색상 변경하고 마무리하기

'귀' 레이어 그룹을 '얼굴' 레이어 밑으로 클릭 후 드래그하여 위치를 바꿔 줍니다. 'Background' 레이어를 선택한 후 전경색을 클릭하여 [Color Picker] 대화상자의 설정 값을 '#95f37f'로 바꿔 채워주고(Alt + Delete) 작업을 완료합니다.

PART 02

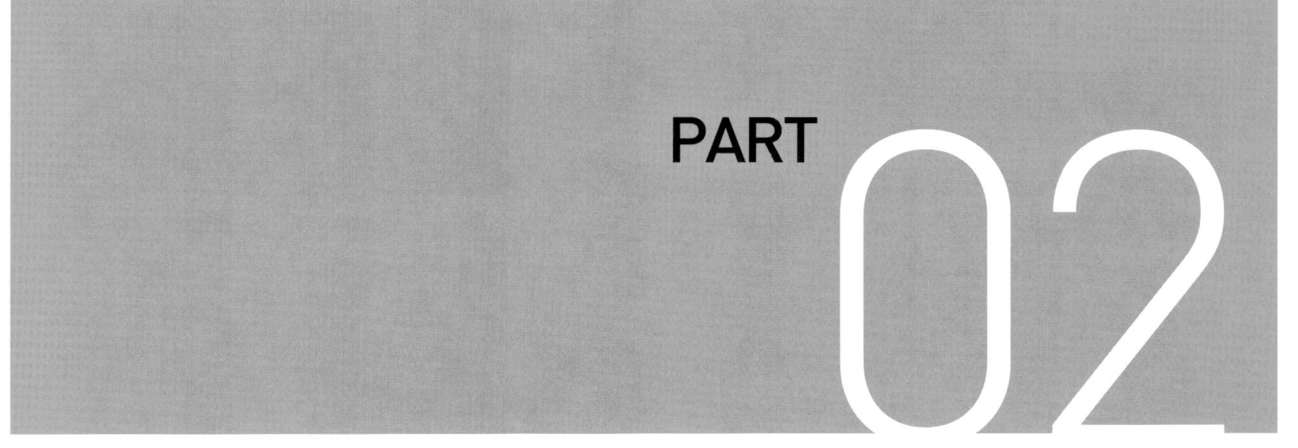

사용자 정의 도구로 등록하여 활용해 보기

포토샵은 사용자가 정의한 모양이나 패턴, 브러시의 형태를 등록하여 사용할 수 있습니다. 원하는 형태를 제작하여 등록한 후 반복적으로 사용할 수 있으며 일정한 패턴의 활용과 독특한 브러시를 제작할 수 있습니다. 사용자가 정의할 수 있는 세 가지의 기능을 알아보겠습니다.

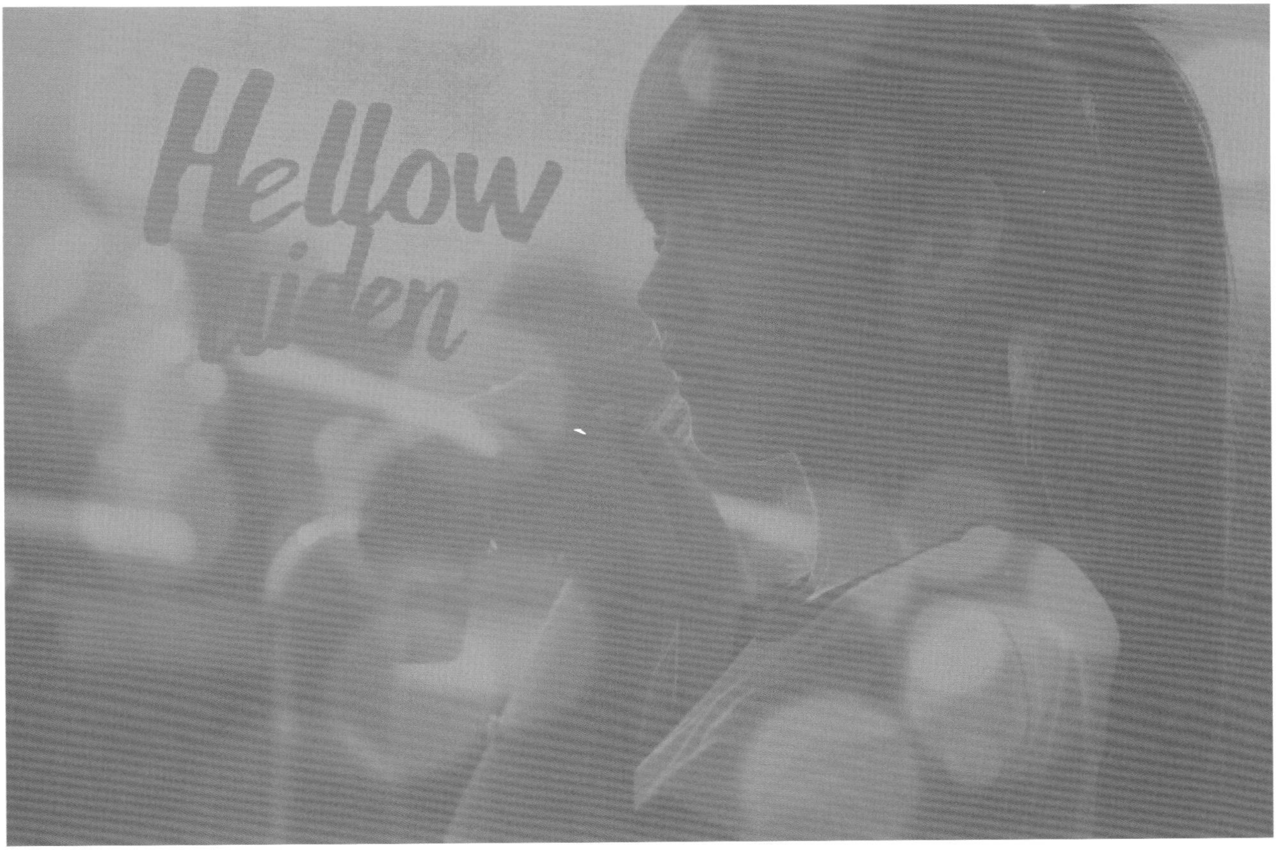

반복의 미학 포토샵 Pattern

패턴은 하나의 특정 이미지를 일정한 간격으로 붙여주는 작업입니다. 주기적인 반복 작업을 쉽게 작업해주는 역할을 하며 단순하지만 손이 많이 가는 작업을 쉽고 편리하게 정갈한 느낌을 표현할 수 있습니다.

1. 포토샵에서 제공하는 패턴 사용하기

패턴은 특정 이미지를 반복하여 붙이는 페인팅 방법입니다. 작은 이미지도 패턴으로 만들어 페인팅하면 새로운 느낌을 만들 수 있습니다. 패턴은 다양한 이미지를 등록하여 사용할 수 있으며, 포토샵에서 제공하는 패턴 프리셋을 사용해도 됩니다.

완성 파일 Sample \ Part02 \ pattern1-w.psd

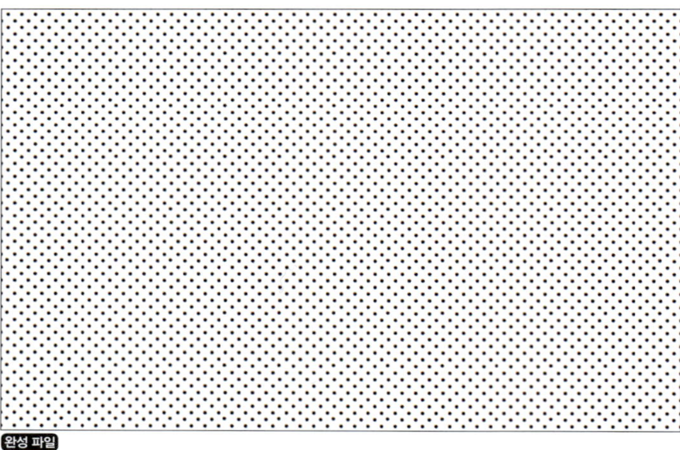

완성 파일

1 새 파일 만들기

Ctrl + N 을 클릭하고 [Width]는 '800px', [Height]는 '600px' 크기의 새 캔버스를 만듭니다. [OK] 버튼을 클릭합니다.

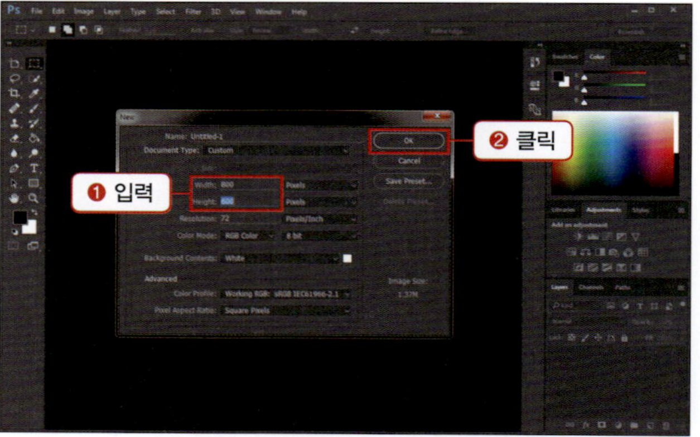

 **패턴 적용할 레이어 만들기**

레이어 패널에서 [Create new layer]( )를 클릭하여 새 레이어를 생성합니다(Ctrl + Alt + Shift + N). 레이어의 이름을 더블클릭하여 '패턴'으로 변경합니다.

 **패턴 채우기**

[Edit]-[Fill] 메뉴를 클릭하거나 또는 Shift + F5 를 누릅니다. [Contents]를 'Pattern'으로 설정한 후 [Custom Pattern]을 'Dots1'로 설정합니다. [OK] 버튼을 클릭합니다.

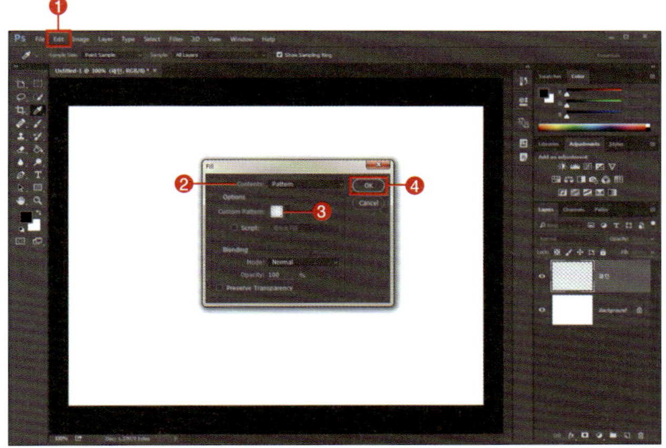

 **패턴 확인하기**

앞 과정에서 만든 패턴이 적용됩니다.

사용자 정의 도구로 등록하여 활용해 보기

[Fill] 대화상자 살펴보기

[Edit]–[Fill] 메뉴를 클릭하면 [Fill] 대화상자가 나타납니다. 대화상자를 이용하여 선택한 레이어 및 만들어진 선택 영역 내부에 색상, 패턴 등으로 채색할 수 있습니다.

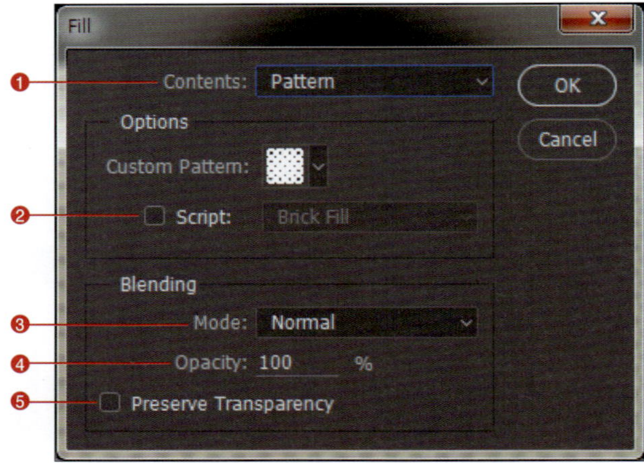

❶ **Contents** : 채울 색상 또는 패턴을 설정하거나 자동으로 채우기 기능을 선택할 수 있습니다.
- Foreground/Background Color : 설정된 전경색이나 배경색으로 채웁니다.
- Color : [Color Picker] 대화상자로 설정한 색상을 채웁니다.
- Content–Aware : 선택 영역 근처의 비슷한 이미지를 자동으로 인식하여 채웁니다.
- Pattern : 선택한 패턴으로 채웁니다.
- History : 해당 파일을 처음 불러왔을 때의 상태로 복원합니다.
- Black : 검은색(#000000)으로 채웁니다.
- 50% Gray : 중간 회색으로 채웁니다.
- White : 흰색(#ffffff)으로 채웁니다.

❷ **Scrip** : 스크립트 패턴을 적용합니다. 패턴을 다양한 방식으로 페인팅할 수 있는 기능입니다.

❸ **Mode** : 블랜드 모드를 설정합니다.

❹ **Opacity** : 불투명도를 설정합니다.

❺ **Preserve Transparency** : 체크하면 레이어의 투명한 영역에는 페인팅 효과를 적용하지 않습니다.

2 내가 만든 패턴 등록하기

포토샵에서 지원하는 패턴이 아닌 사용자가 직접 패턴의 요소를 제작해 등록하는 방법을 알아보겠습니다.

완성 파일 Sample \ Part02 \ pattern2-w.psd

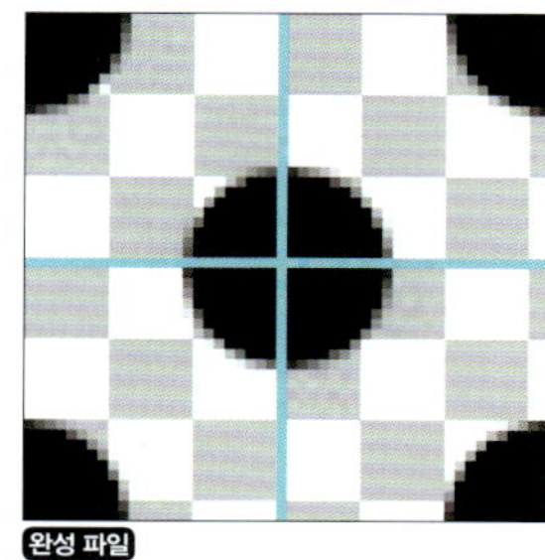

완성 파일

1 새 파일 만들기

[File]-[New] 메뉴를 클릭하여 [Width] '50px', [Height] '50px' 크기의 새 캔버스를 만듭니다. [Background Contents]는 'Transparent'로 설정해야 합니다. [OK] 버튼을 클릭합니다.

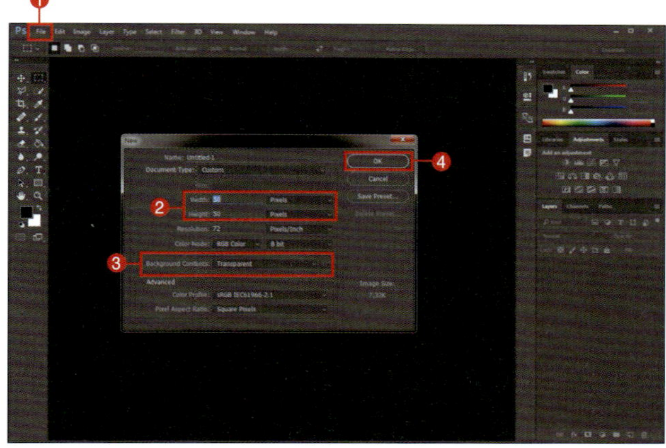

2 안내선 만들기

[View]-[Ruler] 메뉴를 클릭하여(Ctrl+R) 눈금자를 불러옵니다. 가로 눈금자를 클릭한 채 캔버스의 가운데로 드래그하여 가로 가이드라인을 만듭니다. 세로 눈금자를 클릭한 채 캔버스의 가운데로 드래그하여 세로 가이드라인을 만듭니다.

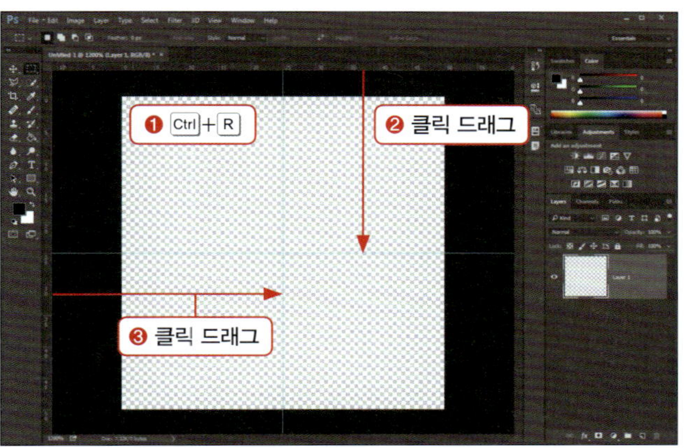

> **TIP**
>
> 눈금자에서 마우스 오른쪽 버튼을 클릭하면 단위를 변경할 수 있습니다.

3 선택 영역 만들고 색 채우기

[Elliptical Marquee Tool]()을 선택합니다.
옵션 바에서 [Style]을 'Fixed Size'로, [Width]
와 [Height]를 '20px'로 설정한 후 도큐먼트에
클릭하여 선택 영역을 만듭니다. Alt+Delete를
눌러 전경색으로 채운 후 Ctrl+D를 눌러 선택
을 해제합니다.

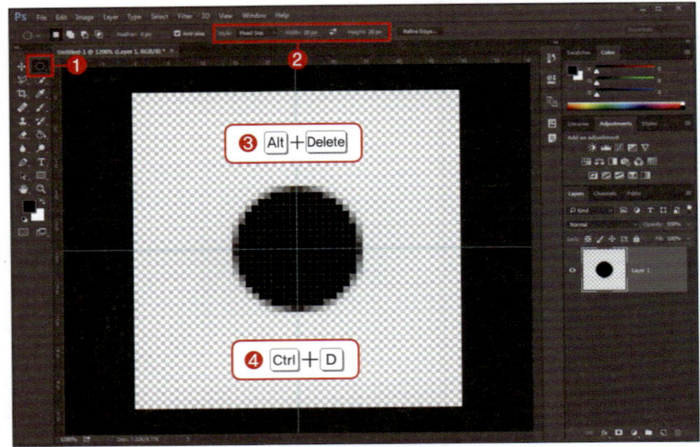

4 선택 영역의 이미지를 새 레이어로 복제하기

[Rectangular Marquee Tool]()을 선택한
후 안내선에서 나누어진 영역들 중 왼쪽 상단
영역을 클릭한 채 드래그하여 선택 영역으로 만
듭니다. [Layer]-[New]-[Layer Via Copy] 메
뉴를 클릭합니다(Ctrl+J).

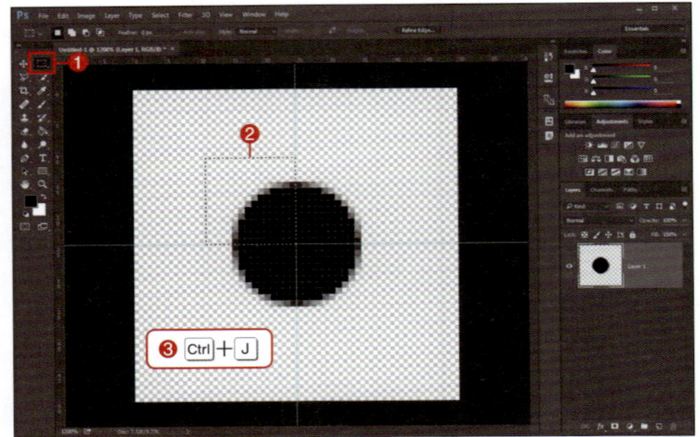

5 선택 영역 이미지 이동하기

선택 영역의 이미지가 새 레이어로 복제됩니다.
[Move Tool]()을 선택한 후 클릭한 채 드래
그하여 위치를 이동합니다. 'Layer 1' 레이어를
선택한 후 [Rectangular Marquee Tool]()
을 선택합니다. 오른쪽 상단 영역을 클릭한 채
드래그하여 선택 영역으로 만들고 [Layer]-
[New]-[Layer Via Copy] 메뉴를 클릭합니다
(Ctrl+J).

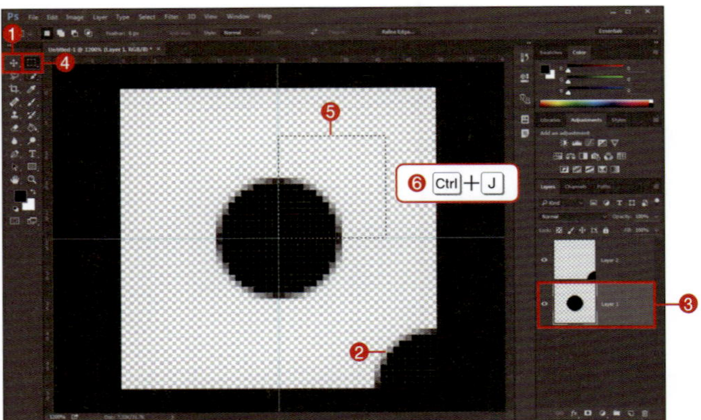

6 선택 영역의 이미지를 새 레이어로 복제하여 이동하기

선택 영역의 이미지가 새 레이어로 복제됩니다. [Move Tool]( )을 선택한 후 클릭한 채 드래 그하여 위치를 이동합니다. 'Layer 1' 레이어를 선택합니다.

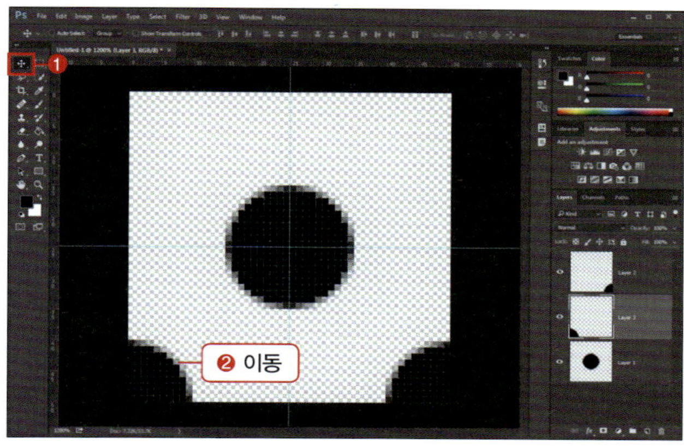

7 반복하여 만들기

앞의 과정을 반복하여 다음 그림과 같이 만듭 니다.

> **TIP**
>
> 복제할 소스가 존재하는 레이어('Layer 1' 레이 어)가 선택된 상태에서 [Layer]−[New]−[Layer Via Copy] 메뉴를 클릭하여야 합니다.

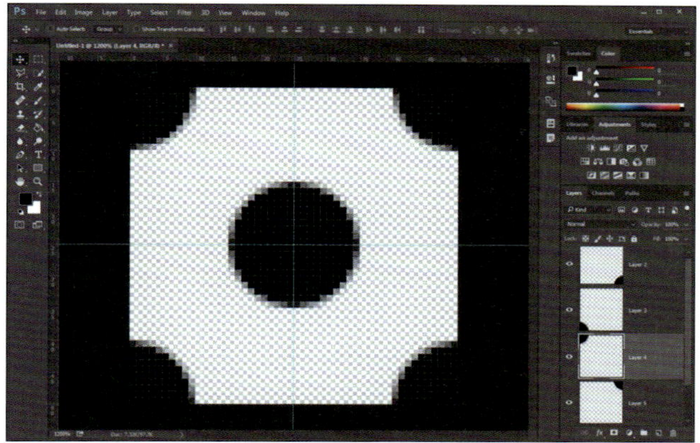

8 패턴으로 등록하기

[Edit]−[Define Pattern] 메뉴를 클릭합니다. 대 화상자에서 등록할 패턴의 이름을 입력한 후 [OK] 버튼을 클릭합니다. 해당 이미지가 새 패 턴으로 등록됩니다.

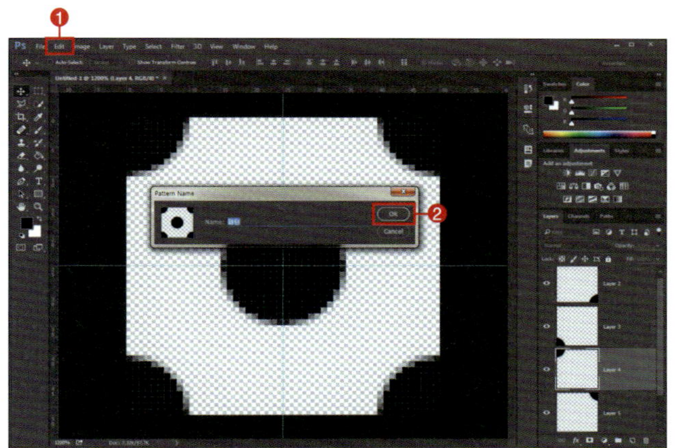

3 내가 만든 패턴 적용하기

사용자가 등록한 패턴의 요소를 적용해 보겠습니다.

완성 파일 Sample \ Part01 \ pattern3-w.psd

완성 파일

1 새 파일 만들기

[File]-[New] 메뉴를 클릭하여 [Width] '800px', [Height] '640px' 크기의 새 도큐먼트를 만듭니다. [Background Contents]는 'White'로 설정해야 합니다. [Create a new layer]()를 클릭하여 새 레이어를 만듭니다.

2 내가 만든 패턴 채우기

[Edit]-[Fill] 메뉴를 클릭합니다. [Contents]를 'Pattern'으로 설정한 후 [Custom Pattern]을 등록한 패턴으로 설정합니다. [OK] 버튼을 클릭합니다.

3 패턴 색상 변경하기

앞 과정에서 만든 패턴이 적용됩니다. [Lock transparent pixels]()을 클릭하여 레이어를 잠금 설정합니다. [Swatches] 패널에서 색상을 선택한 후 Alt+Delete를 눌러 색을 채웁니다. 투명 부분을 제외한 패턴의 색상이 변경된 걸 확인합니다.

4 패턴 색상 자유롭게 변경하기

[Elliptical Marquee Tool](◯)을 선택합니다. 클릭 후 드래그하여 자유롭게 선택 영역을 만듭니다. [Swathes] 패널에서 색상을 선택한 후 Alt+Delete를 눌러 색을 채웁니다. Ctrl+D를 눌러 선택 영역을 해제합니다.

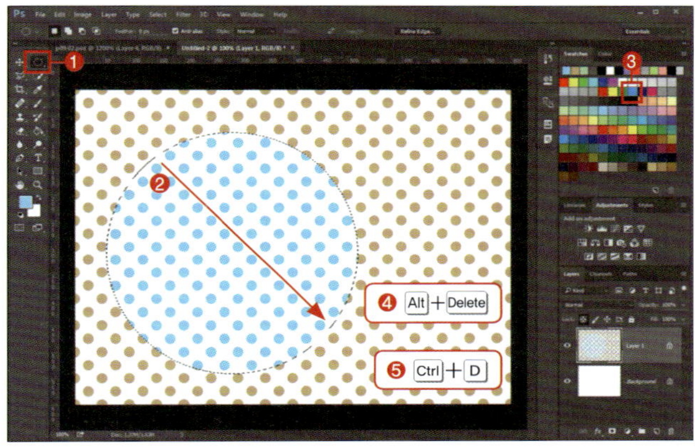

5 자유롭게 색상 변경하기

[Elliptical Marquee Tool](◯)을 선택합니다. 클릭 후 드래그하여 자유롭게 선택 영역을 만듭니다. [Swathes] 패널에서 색상을 선택한 후 Alt+Delete를 눌러 색을 채웁니다. 자유롭게 색상을 지정하여 변경합니다.

포토샵에서 벡터를 지원하는 Shape

벡터 도형은 사각형, 둥근 사각형, 원형, 다각형, 선, 사용자 정의 모양이 있으며 포토샵에서 제공하는 사용자 정의 모양으로 패스 도형을 응용하여 변형등록과 사용이 가능합니다.

1 포토샵에서 제공하는 Shape 사용하기

[Shape Tool]은 사각형, 둥근 사각형, 원형, 다각형, 선 등 다섯 가지 기본 도구를 포함하여 사용자 정의 모양 도구까지 포토샵에서 제공하는 형태를 쉽게 그릴 수 있습니다.

 **[Shape Tool] 살펴보기**

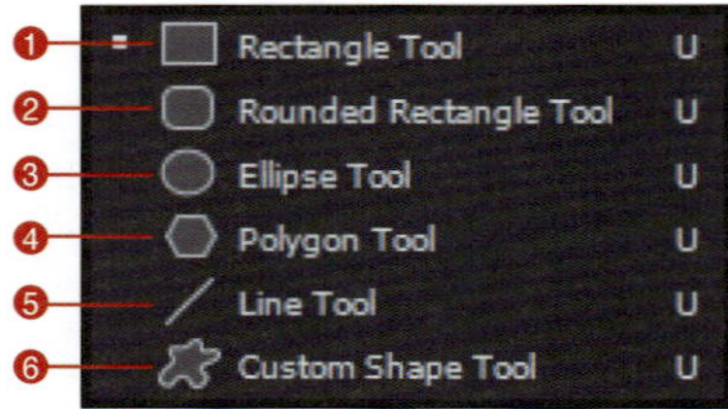

❶ [Rectangle Tool] : 정사각형, 직사각형을 쉽게 Shape로 만들 수 있습니다.

❷ [Rounded Rectangle Tool] : 둥근 사각형 도구는 모서리 부분을 둥글게 그릴 수 있습니다. 옵션 바의 [Radius]의 수치를 모서리의 둥근 정도를 설정 값으로 입력합니다. 수치 값이 커질수록 둥근 정도가 커집니다.

❸ [Ellipse Tool] : 원형 모양을 만들 수 있습니다.

❹ [Polygon Tool] : 마름모, 오각형, 별 모양 등을 만들 수 있습니다. 옵션 바의 [Sides]에서 모서리의 개수를 설정합니다.

❺ [Line Tool] : 선을 그릴 때 사용합니다. 옵션 바의 [Weight]에서 선의 굵기를 설정할 수 있습니다. 다양한 굵기의 화살표를 만들 수 있습니다. Shift 를 누른 채 드래그하면 수직과 수평 그리고 45도 기울기로 직선을 그릴 수 있습니다.

❻ [Custom Shape Tool] : 포토샵에서 제공하는 형태를 골라 사용할 수 있으며 사용자가 제작한 형태도 등록할 수 있습니다.

2 Shape [Properties] 패널 살펴보기

[Rectangle Tool]이나 [Rounded Rectangle Tool]을 선택하고 도큐먼트에서 실행하면 [Properties] 패널이 나타납니다. 사각형 모서리나 둥근 형태를 다르게 조절할 수 있기 때문에 직관적인 작업을 보다 쉽게 가능하게 합니다.

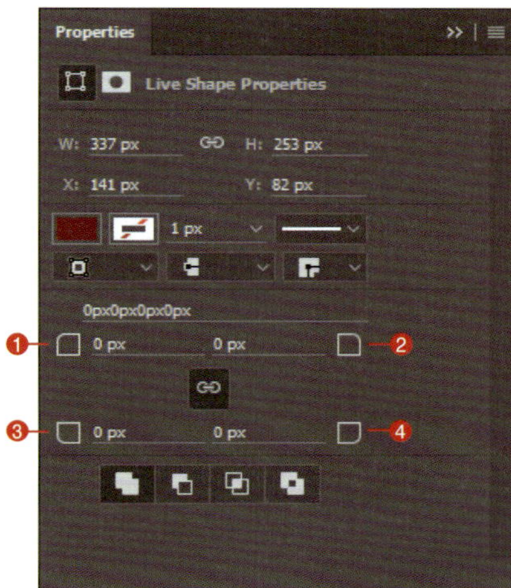

❶ Top left corner radius : 좌측 상단 모서리 둥근 값을 설정합니다.

❷ Top right corner radius : 우측 상단 모서리 둥근 값을 설정합니다.

❸ Bottom left corner radius : 좌측 하단 모서리 둥근 값을 설정합니다.

❹ Bottom right corner radius : 우측 하단 모서리 둥근 값을 설정합니다.

3 [Shape Tool] 옵션 바 살펴보기

패스를 만들 수 있는 도구를 선택한 후 [Pick tool mode]의 형식에 따른 결과와 옵션 바의 설정 팝업창, 대화상자들을 살펴보겠습니다.

❶ Pick tool mode : Shape, Layer, Pixels 세 가지 옵션으로 모양의 결과가 달라집니다.

• Shape : 패스를 만들면 전경색으로 영역이 채워집니다. [Layer] 패널에 자동으로 새 레이어가 생성되며, [Paths] 패널에는 그려진 모양이 'Shape Path'로 생성됩니다.

• Path : [Layer] 패널에는 변화가 없으며, [Paths] 패널에는 그려진 모양이 'Work Path'로 생성됩니다.

• Pixels : 전경색을 기준으로 모양이 그려지며, 레이어와 패스는 만들어지지 않습니다.

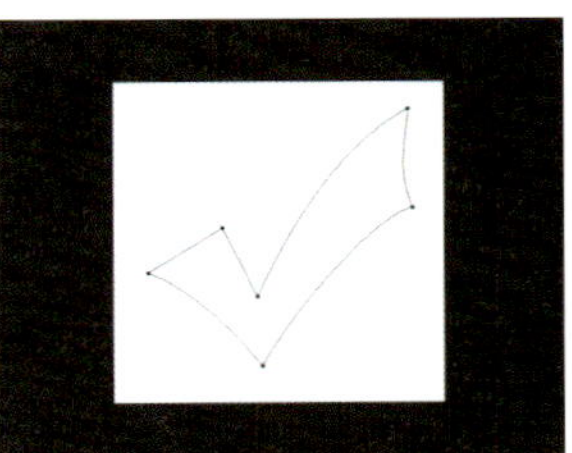

❷ Fill : 패스의 안쪽에 색상이나 그레이던트, 패턴을 채색합니다.

ⓐ 투명하게 만듭니다.

ⓑ 선택한 색상으로 채색합니다.

ⓒ 선택한 그레이디언트로 채색합니다.

ⓓ 선택한 패턴으로 채색합니다.

ⓔ 클릭하면 [Color Picker] 대화상자가 나타나 색상을 선택할 수 있습니다.

ⓕ 색상이나 그레이디언트, 패턴 프리셋을 불러오거나 프리셋을 관리합니다.

ⓖ [Swatch] 패널에 등록되어 있는 색상들이 나타납니다.

❸ Stroke : 패스의 외곽선을 색상이나 그레이디언트, 패턴으로 채색합니다.

❹ 외곽선의 굵기를 설정합니다.

❺ 외곽선의 스타일을 설정합니다.

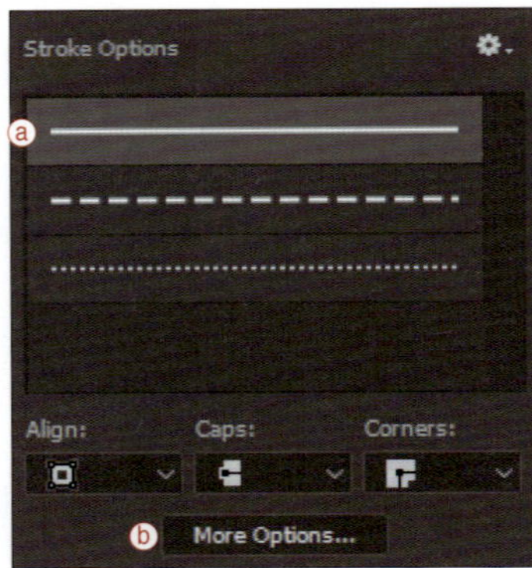

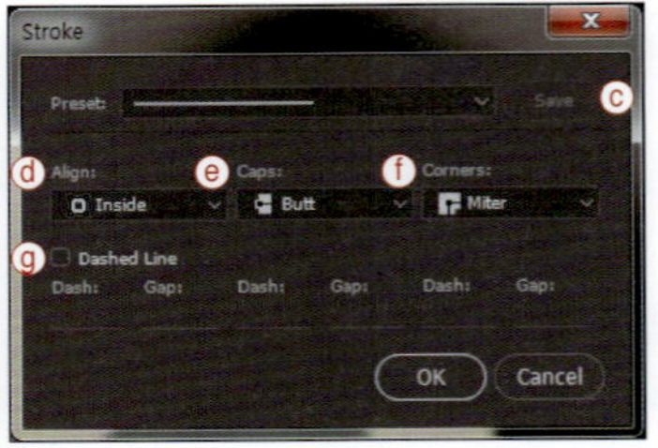

ⓐ Preset : 외곽선 스타일의 목록입니다. 기본적으로 세 가지 스타일이 등록되어 있으며, 사용자가 만든 스타일을 등록할 수도 있습니다. 클릭하면 해당 스타일이 적용됩니다.

ⓑ More Option : 클릭하면 외곽선의 세부 옵션을 설정할 수 있는 [Stroke] 대화상자가 나타납니다.

ⓒ Save : 대화상자에서 설정한 외곽선을 저장하여 목록에 등록합니다.

ⓓ Align : 패스의 위치를 기준으로 외곽선을 정렬합니다.

ⓔ Caps : 외곽선의 끝 모양을 설정합니다.

ⓕ Corners : 모서리의 모양을 설정합니다.

ⓖ Dashed Line : 체크 표시하여 점선을 만들 수 있습니다. [Dash]는 선의 길이, [Gap]은 선 사이의 여백 길이입니다.

❻ W/H : 만들어진 모양의 가로 너비와 세로 높이를 확인하고 변경할 수 있습니다.

2 내가 만든 Shape 등록하기

자주 사용하는 도형을 사용자가 직접 제작해 포토샵에 등록하는 방법을 알아보겠습니다.

완성 파일 Sample \ Part02 \ shape2-w.psd

완성 파일

1 새 파일 만들기

[File]-[New] 메뉴를 클릭하여 [Width] '500px'.
[Height] '500px' 크기의 새 캔버스를 만듭니다.
[Background Contents]는 'White'로 설정합니다. [OK] 버튼을 클릭합니다.

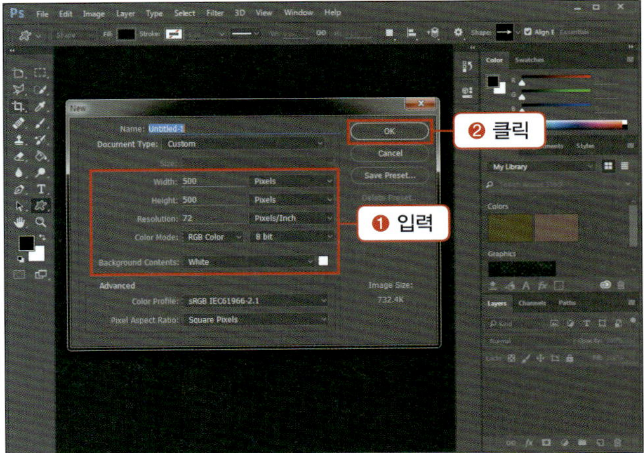

2 도형 선택하기

[Custom Shape Tool]을 클릭한 후 옵션 바에 [Custom Shape Picker]를 클릭하여 도형의 종류를 확인할 수 있습니다.

 를 클릭하여 팝업 메뉴창의 [All]을 클릭합니다. [OK] 버튼을 클릭합니다.

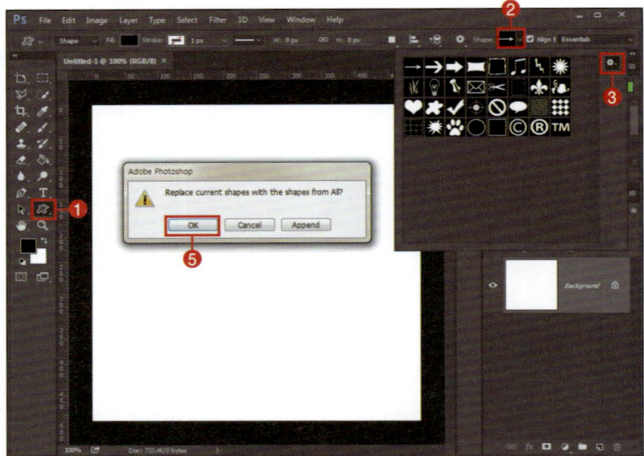

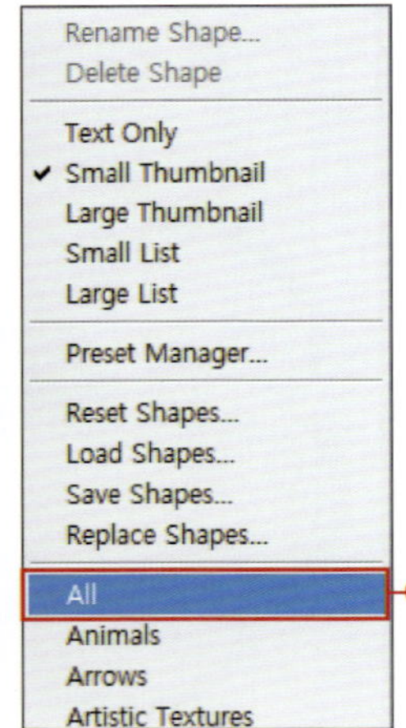

포토샵에서 지원하는 전체 도형의 종류를 볼 수 있습니다.

를 클릭하여 팝업 메뉴창의 [Reset Shapes..]을 클릭하면 초기화가 됩니다.

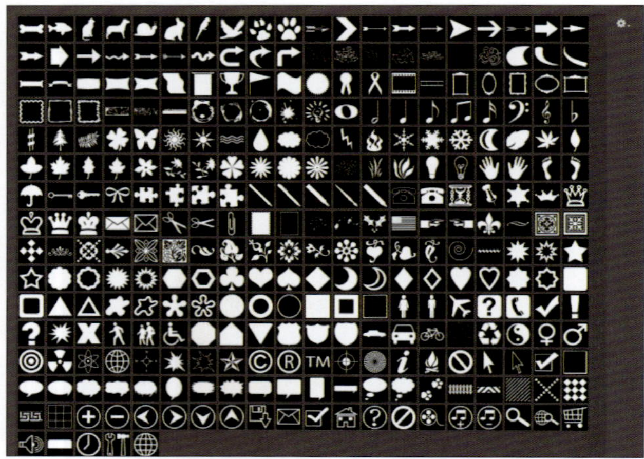

선택한 도형그리기

[Cloud 2]를 클릭 선택합니다. 전경색을 클릭하여 대화상자에 '#b3d465'로 입력하고 [OK] 버튼을 클릭합니다. Shift를 누른 상태로 클릭 후 드래그하여 구름모양의 도형을 그려줍니다. 레이어가 생성되었는지 확인합니다.

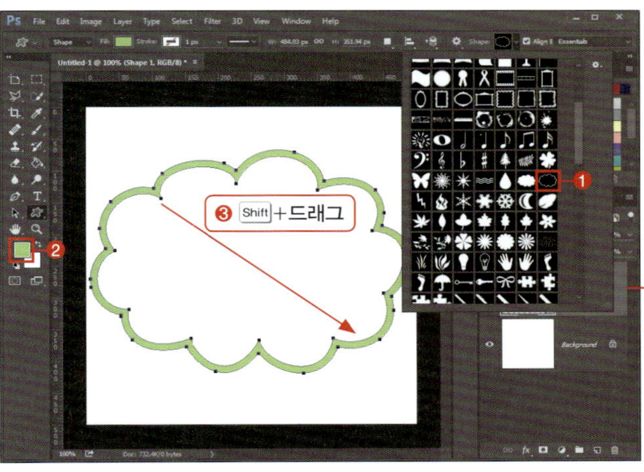

도형 추가하기

[Umbrella]를 클릭 선택합니다. 옵션 바의 [Combine Shapes]로 클릭합니다. Shift를 누른 상태로 클릭 후 드래그 하여 구름 안쪽에 그려줍니다. 하나의 레이어에 도형이 추가되어 그려졌는지 확인합니다.

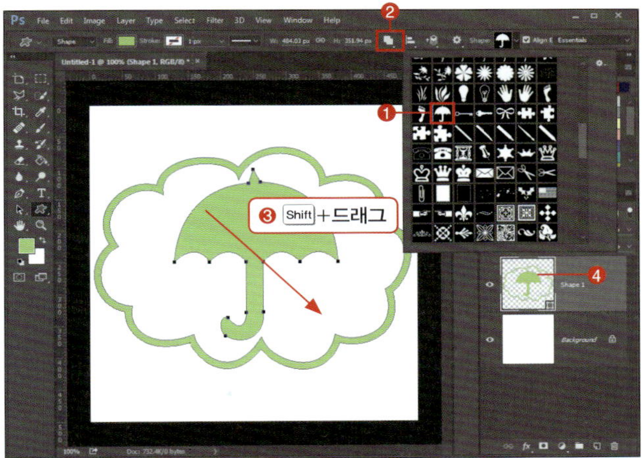

내가 만든 도형 등록하기

[Edit]-[Define Custom Shape..]을 클릭합니다. [Shape Name] 대화상자가 나타나면 이름을 '우산'이라고 입력하고 [OK] 버튼을 클릭합니다.

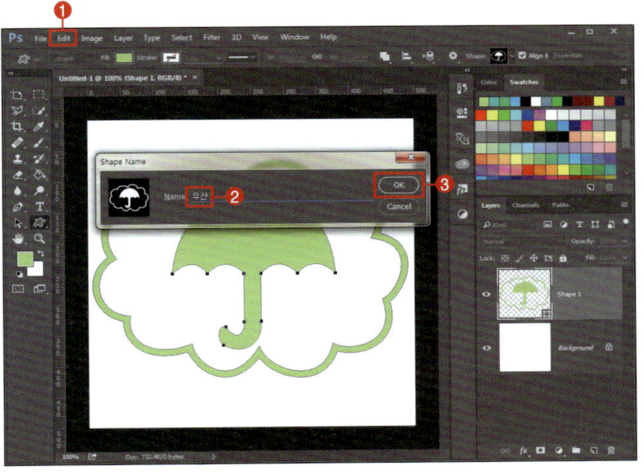

내가 만든 Shape 적용하기

등록한 도형은 언제든 필요에 따라 사용할 수 있습니다. 벡터 도형은 크기에 제한 없이 그릴 수 있기 때문에 여러 크기를 적용할 때 효과적입니다.

예제 파일 Sample \ Part02 \ shape3.jpg   **완성 파일** Sample \ Part02 \ shape3-w.psd

예제 파일

완성 파일

 **파일 불러오기**

[File]-[Open]을 클릭하여 'shape3.jpg' 파일을 불러옵니다. [Custom Shape Tool]을 클릭하여 옵션 바에 [Custom Shape Picker] 버튼을 클릭합니다. 등록한 도형은 항상 맨 아래에 위치하고 있습니다. 클릭하여 선택합니다.

2 도형 적용하기

전경색을 흰색 '#ffffff'으로 입력합니다. 자유롭게
클릭 후 드래그하여 도형을 그립니다.

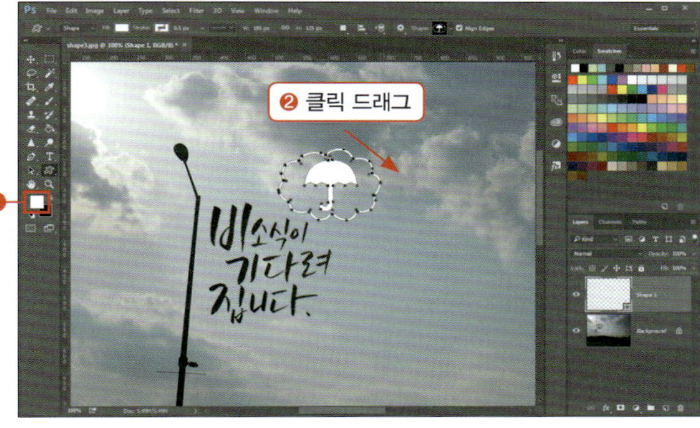

3 도형 색상지정 하기

크기에 관계없이 자유롭게 클릭 후 드래그하여
도형을 그려줍니다. 각 레이어를 선택하여 옵션
바에 [Fill]을 클릭하여 대화상자에서 색상을 지
정해 줍니다.

화가의 도구 포토샵 브러시

일반적인 붓은 형태가 단순하지만 포토샵에서 브러시는 다양한 형태를 제작할 수 있어 상상할 수 있는 거칠거나 부드러운 느낌의 질감표현과 유화나 수채화의 질감 먹물을 사용하는 캘리그라피의 느낌 등을 연출할 수 있습니다.

1 포토샵 브러시 사용하기

[Brush Tool]( )은 그림을 그리거나 색을 칠하는 데 사용하는 도구입니다. 사용하는 브러시의 모양이나 [Brush] 패널 설정에 따라 다양한 모양 및 스타일을 페인팅 및 드로잉 할 수 있습니다.

예제 파일 Sample \ Part02 \ 소녀.jpg　　**완성 파일** Sample \ Part02 \ 소녀-w.psd

예제 파일

완성 파일

1 브러시 선택하기

Ctrl+O를 클릭하여 '소녀.jpg' 파일을 불러옵니다. [Brush Tool]( )을 선택합니다. 옵션 바에서 13 를 클릭한 후 둥근 모양의 브러시를 선택합니다. [Size]를 '250px'로 설정하고 [Hardness]를 '70%'로 설정합니다. 옵션 바에서 를 클릭합니다. [Brush] 패널이 불러와 집니다.

 **[Shape Dynamics] 설정하기**

[Shape Dynamics]를 클릭한 후 [Size jitter]를 '100%'로 설정합니다. 설정되어 있는 브러시의 원래 크기부터 축소된 크기까지 랜덤으로 캔버스에 찍히게 됩니다.

 **[Scattering] 설정하기**

[Scattering]를 클릭한 후 [Scatter]를 '350%'로 설정합니다. 설정되어 있는 브러시의 간격을 넓혀줍니다.

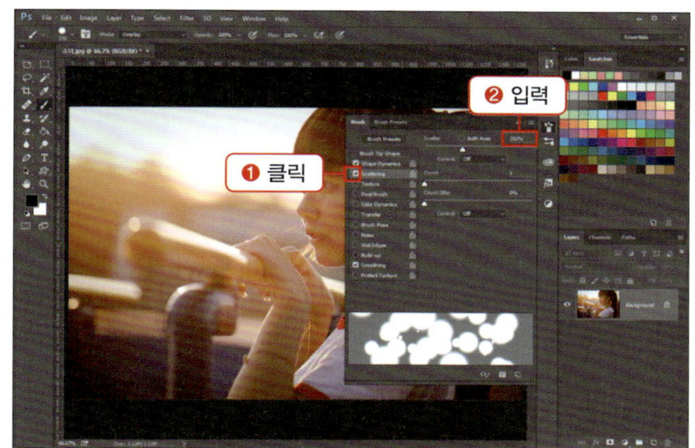

[Color Dynamics] 설정하기

[Color Dynamics]를 클릭합니다. [Apply Per Tip]을 체크 표시한 후 [Foreground/Background Jitter]를 '100%'로 설정하여 전경색과 배경색이 고루 칠해질 수 있도록 입력합니다. [Hue Jitter]를 '100%'로 설정하여 색상의 변화를 줍니다. [Saturation Jitter]를 '30%'로 설정하면 채도의 변화를 랜덤으로 찍게 됩니다.

5 브러시 찍기

옵션 바에서 블렌드 모드를 [Overlay]로 설
정합니다. 전경색을 '#bafd84'로, 배경색을
'#eda5a5'로 설정합니다. 클릭한 채 드래그하여
브러시를 찍습니다. 브러시의 크기와 간격, 색상
이 랜덤으로 캔버스에 찍히게 됩니다.

6 브러시 프리셋 초기화하기

옵션 바에서 250 을 클릭한 후 나타나는 팝업
창에서 를 클릭합니다. [Reset Brushes] 메뉴
를 클릭합니다.

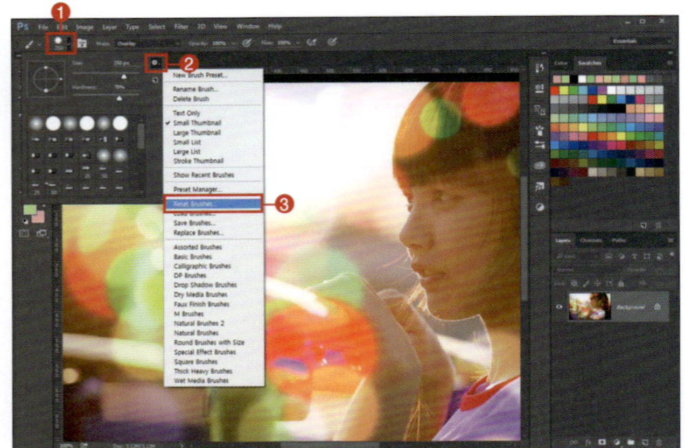

7 브러시 선택하기

브러시 프리셋이 초기화 됩니다. 기본 브러시를
선택합니다. [Size]를 '13px'로 설정하고, 옵션 바
에서 블렌드 모드를 'Nomal'로 설정합니다.

 **8 간단한 문자 입력하기**

전경색을 '#16e500'으로 설정합니다. 클릭한
채 드래그하면 연속된 선이 그려집니다. 브러시
의 사이즈를 조절해가며 간단한 문자를 입력합
니다.

★ [Brush Tool]의 옵션 바, [Brush] 패널 살펴보기

[Brush Tool]의 옵션 바를 살펴보겠습니다. [Brush Tool] 옵션 바는 [Pencil Tool]의 옵션 바와 동일합니다. 또
한 [Brush] 패널을 살펴보겠습니다.

◉ [Brush Tool]의 옵션 바 살펴보기

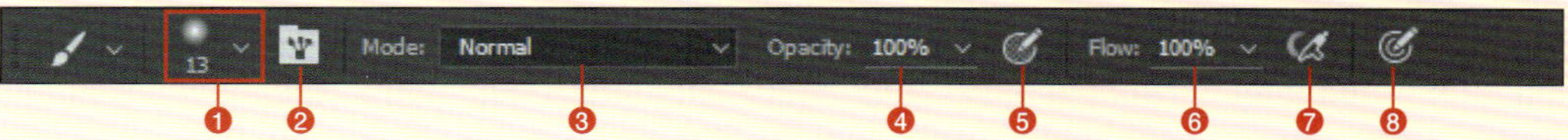

❶ : 브러시의 모양을 선택하고 크기를 설정합니다.

❷ : 브러시를 설정하는 [Brush] 패널을 불러옵니다.

❸ Mode : 블렌드 모드를 적용합니다.

❹ Opacity : 불투명도를 설정합니다. 수치가 낮아질수록 점점 더 투명해집니다.

❺ : 활성화하면 태블릿 압력으로 불투명도를 조절할 수 있습니다. 조절할 수 있는 불투명도의 최대치는
현재 설정되어 있는 수치입니다. [Brush] 패널의 설정은 무시합니다.

❻ Flow : 클릭한 채 드래그하여 브러시가 겹쳐질 때 덧칠해지는 정도를 조절합니다.

❼ : 활성화하면 마우스 포인터 및 태블릿의 압력을 감지하는 에어브러시를 사용합니다. 캔버스에 클릭
한 채 움직이지 않고 가만히 있을 경우 시간 경과에 따라 브러시가 겹쳐집니다.

❽ : 활성화하면 태블릿 압력으로 브러시의 크기를 조절할 수 있습니다. 조절할 수 있는 사이즈의 최대치
가 현재 설정되어 있는 브러시의 크기입니다.

◉ 브러시 선택 팝업 창 살펴보기

옵션 바의 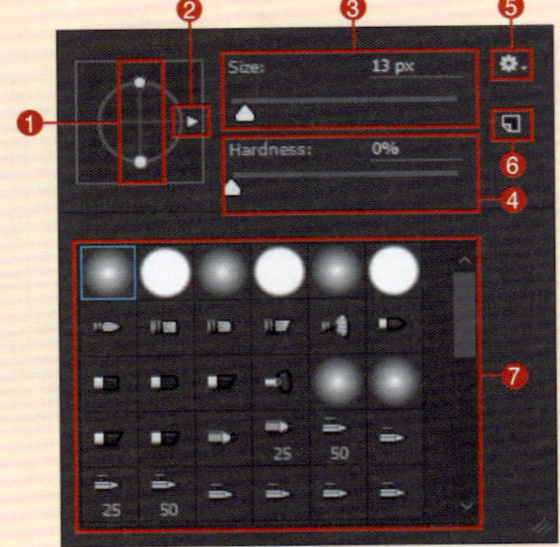을 클릭하면 나타나는 팝업 창입니다. 브러시의 크기와 모양을 설정하고 프리셋을 관리합니다. 브러시 관련 도구나 프리셋을 사용하는 다른 도구들의 팝업창 조작법도 다음과 같습니다.

❶ 브러시의 폭을 설정합니다.

❷ 브러시의 각도를 설정합니다.

❸ Size(크기) : 브러시 크기를 설정합니다.

❹ Hardness : 수치가 낮을수록 'Anti-aliasing'이나 'Feather'를 적용한 것처럼 경계선이 부드러워집니다. 수치가 높을수록 또렷하고 선명해집니다. '100%'로 설정하면 가장 선명한 브러시로 페인팅 할 수 있지만 부드러운 느낌이 없어집니다. [Pencil Tool]을 사용하면 선명하게 페인팅 할 수 있습니다.

❺ : 클릭하면 브러시 프리셋을 관리하는 메뉴가 나타납니다.

❻ : 현재 설정되어 있는 브러시를 목록에 등록합니다.

❼ 브러시 목록 : 등록되어 있는 브러시를 확인합니다. 클릭하면 해당 브러시가 선택됩니다.

◉ 프리셋 관리하기

브러시 선택 팝업창의 를 클릭하면 나타나는 메뉴입니다. 목록 보기 방식을 선택하거나 프리셋을 불러오거나 저장합니다.

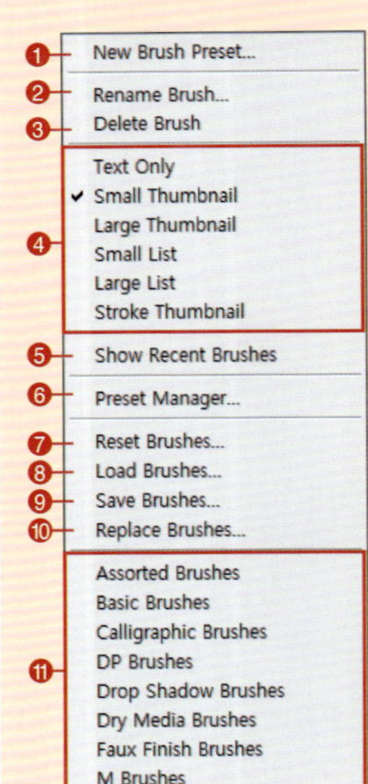

❶ New Brush Preset : 현재 브러시를 새로 등록합니다.

❷ Rename Brush : 브러시의 이름을 새로 지정합니다.

❸ Delete Brush : 선택한 브러시를 삭제합니다.

❹ 목록 보기 설정 : 목록을 어떻게 보여줄지 설정합니다(텍스트 전용, 작은 축소판, 큰 축소판, 작은 목록, 큰 목록, 획 축소판).

❺ Show Recent Brushes : 최근에 사용한 브러시를 보여줍니다.

❻ Preset Manager : 프리셋을 관리하는 [Preset Manager] 대화상자를 불러옵니다.

❼ Reset Brushes : 브러시 목록을 초기화합니다.

❽ Load Brushes : 외부 브러시 파일을 불러옵니다.

❾ Save Brushes : 목록에 있는 브러시들을 모두 외부 파일로 저장합니다(원하는 항목만 개별적으로 저장하려면 [Preset Manager] 대화상자를 이용해야 합니다).

❿ Replace Brushes : 브러시를 다른 브러시로 교체합니다.

⓫ 브러시 목록 : 포토샵에서 제공하는 브러시 프리셋과 사용자가 저장한 브러시 프리셋 목록입니다. 클릭하면 해당 브러시들이 목록으로 불러와집니다.

■ [Brush] 패널 살펴보기

[window]–[Brush] 메뉴를 클릭하거나 옵션 바에서 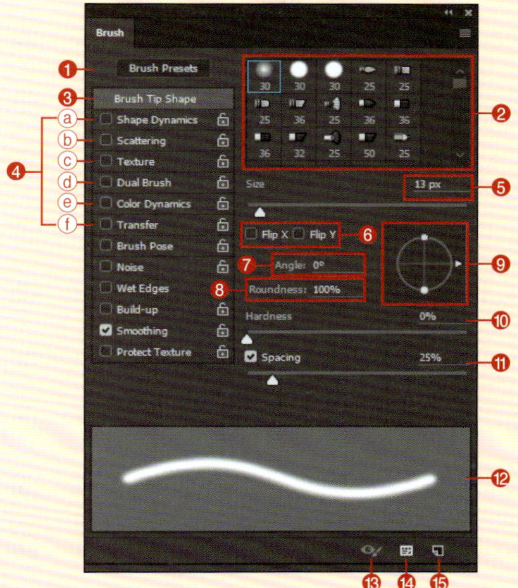 를 클릭하면 [Brush] 패널이 나타납니다(F5).

❶ **Brush Presets** : [Brushes Preset] 패널을 불러옵니다.

❷ **목록** : 프리셋에 등록되어 있는 브러시 목록입니다. 클릭하여 선택합니다.

❸ **Brush Tip Shape** : 브러시의 기본적인 모양을 설정합니다.

❹ 브러시의 스타일을 설정하거나 다양한 효과를 줄 수 있는 옵션입니다.

  ⓐ Shape Dynamics : 브러시의 크기와 각도 등을 설정합니다.

  ⓑ Scattering : 브러시의 간격을 설정합니다.

  ⓒ Texture : 브러시에 텍스쳐를 적용합니다.

  ⓓ Dual Brush : 선택한 브러시와 다른 브러시를 혼합합니다.

  ⓔ Color Dynamics : 브러시의 색상을 설정합니다.

  ⓕ Transfer : 브러시의 투명도를 설정합니다.

❺ Size : 브러시의 크기를 설정합니다.

❻ Flip : 체크하면 브러시를 좌우로, 상하로 뒤집습니다.

❼ Angle : 설정하는 각도로 회전합니다.

❽ Roundness : 둥근 정도를 설정합니다.

❾ 클릭하거나 클릭한 채 드래그하여 각도와 원형율을 조절합니다.

❿ Hardness : 수치가 낮을수록 부드러워집니다. '100%'일 경우 가장 선명하게 나타납니다.

⓫ Spacing : 클릭하거나 클릭한 채 드래그하여 브러시를 그릴 때 획 당 간격을 설정합니다.

⓬ **미리 보기** : 적용될 모습을 미리 확인합니다.

⓭ : 라이브 팁 브러시 미리 보기를 표시하거나 숨깁니다.

⓮ : [Preset Manager] 대화상자를 불러옵니다.

⓯ : 설정한 브러시를 새로 등록합니다.

2 나만의 브러시 만들고 등록, 사용하기

포토샵에서 지원하는 브러시 이외에도 사용자가 직접 제작한 이미지를 브러시로 등록하여 사용할 수 있습니다.

예제 파일 Sample \ Part02 \ 손글씨.png, 페인트브러시.jpg   **완성 파일** Sample \ Part02 \ 페인트브러시-w.psd

1 파일 불러오기

[File]−[Open] 메뉴를 클릭하여 '손글씨.png' 파일을 불러옵니다(Ctrl + O).

2 브러시 등록하기

[Edit]−[Define Brush Preset]을 클릭해 [Brush Name] 대화상자의 이름을 정해줍니다. [OK] 버튼을 클릭해 브러시로 등록합니다.

3 파일 불러오기

[File]-[Open] 메뉴를 클릭하여 '페인트브러시.jpg' 파일을 불러옵니다(Ctrl+O). [Brush Tool]()을 선택합니다.

4 브러시 설정하기

옵션 바에서 13 를 클릭해 나타나는 팝업 창 맨 아래 앞에 등록했던 브러시를 더블클릭하여 선택합니다.

5 브러시 적용하기

[Layer] 패널에서 [Create a new layer]를 클릭해 새 레이어를 생성합니다. 전경색을 '#fff45c'로 설정합니다. 클릭하여 이미지에 적용합니다.

 **6 브러시 등록하기 ①**

다른 방법으로 브러시를 등록 후 화면을 확대해 보겠습니다. [Lasso Tool(⟋)]을 클릭 후 드래 그하여 그림과 같이 선택 영역을 만듭니다.

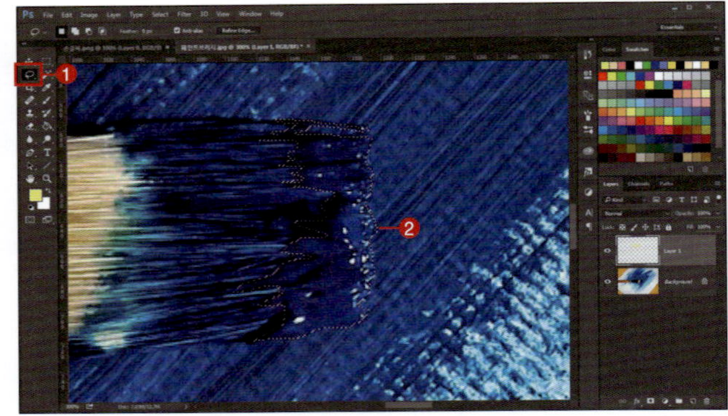

 **7 브러시 등록하기 ②**

[Edit]−[Define Brush Preset]을 클릭해 [Brush Name] 대화상자의 이름을 '페인트브러시'로 정 해줍니다. [OK] 버튼을 클릭해 브러시로 등록합 니다. Ctrl+D를 눌러 선택 영역을 해제합니다.

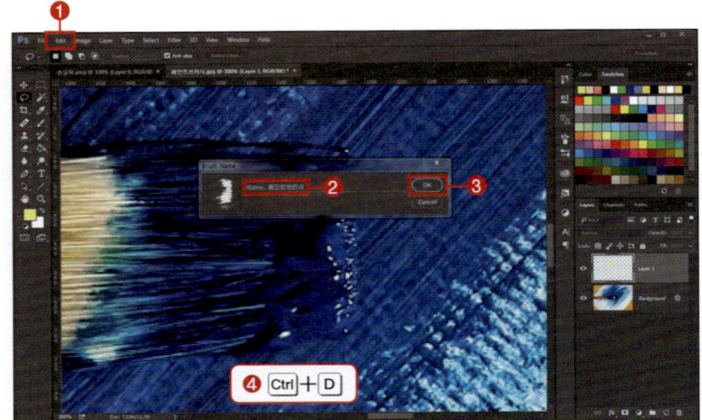

 **8 브러시 적용하기**

[Layer] 패널에서 [Create a new layer]를 클릭 해 새 레이어를 생성합니다. [Tool] 패널에서 [Brush Tool](🖌)을 클릭합니다. 전경색을 다 양한 색상으로 설정합니다. 옵션 바의 Opacity 를 '80%'로 설정합니다. 클릭 후 드래그하여 그 림과 같이 이미지에 적용합니다. 붓 모양의 형 태를 브러시로 등록해 붓으로 칠한 듯 연출할 수 있습니다.

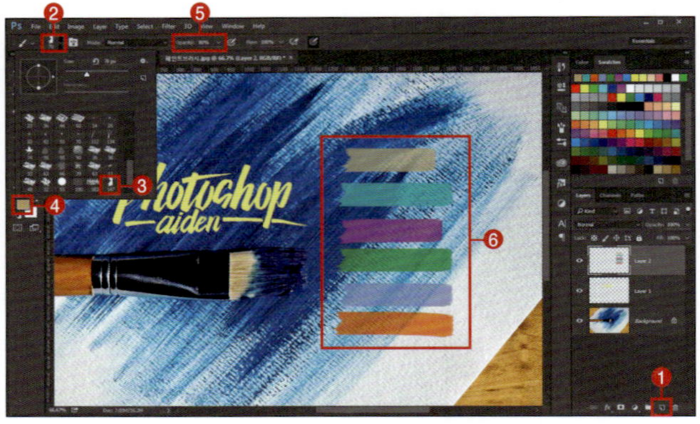

PART 03

"뽀샵"이라 부르는 이미지 리터칭

사진을 보정하는 작업은 포토샵에서 가장 많이 사용하는 기능 중 하나입니다. 보정을 위한 도구를 사용하는 방법과 [Adjustments] 패널과 메뉴로 보정하는 방법을 알아보겠습니다. 종류가 많고 응용이 광범위하므로 개념을 충분히 파악하며 학습하는 것이 중요합니다.

도구를 사용한 이미지 리터칭

디지털 카메라나 스마트폰 카메라로 촬영한 사진을 리터칭 도구로 사진의 일부분을 복제하거나 결함 제거, 색상 변경, 흐리거나 선명하게 만드는 등의 수정하는 방법을 알아보겠습니다.

1 포커스를 마음대로 [Blur]/[Sharpen] 이미지 리터칭

[Blur Tool](🌑)과 [Sharpen Tool](🔺)은 브러시로 칠하는 영역에 흐림 효과를 주거나, 선명 효과를 주는 도구입니다. [Sharpen](🔺)을 무리하게 사용할 경우 픽셀이 깨질 수 있으므로 주의합니다.

예제 파일 Sample \ Part03 \ blur.jpg   **완성 파일** Sample \ Part03 \ blur-w.psd

예제 파일

완성 파일

 **1 선택 영역 만들기**

[Elliptical Marquee Tool](⬭)을 선택하고 옵션 바에서 [Feather]를 '50px'로 설정합니다.

Shift 를 누르고 클릭한 채 드래그하여 원형의 선택 영역을 만듭니다.

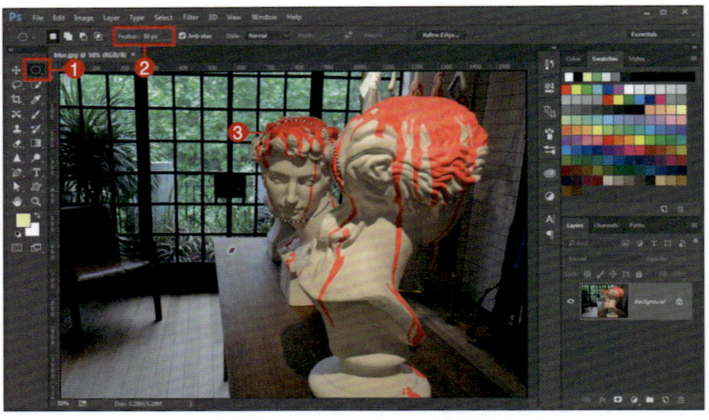

2 옵션 바 설정하기

[Select]–[Inverse] 메뉴를 클릭하여 선택 영역
을 반전합니다(Shift+Ctrl+I). [Blur Tool]
( )을 선택하고 옵션 바에서 브러시 크기를
'400px', [Strength]를 '50%'로 설정합니다.

> **TIP**
>
> [Strength]는 효과가 적용되는 강도를 설정합니
> 다. 수치를 높게 설정할수록 높은 강도로 효과가
> 적용됩니다(1–100).

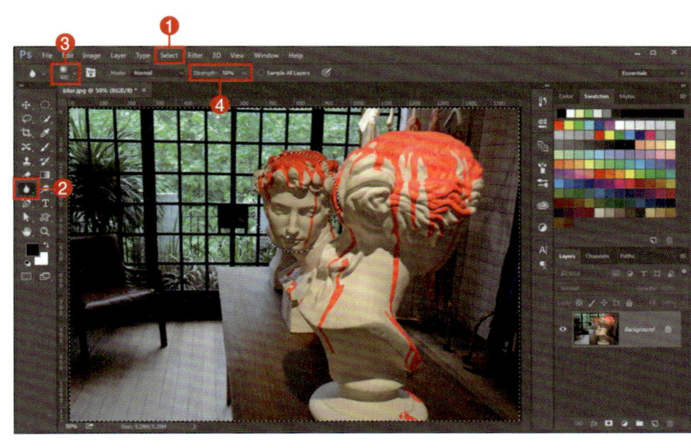

3 흐림 효과 적용하기

클릭한 채 드래그하면 해당 부분에 흐림 효과가
적용됩니다. 선택 영역 전체에 흐림 효과를 적
용합니다. 옵션 바에서 [Strength]를 '100%'로
설정한 후 사진의 가장자리 부분에 클릭한 채
드래그하여 효과를 추가로 적용합니다. 마우스
버튼에서 손을 떼고 다시 클릭한 채 드래그 할
때마다 효과가 계속해서 더해집니다.

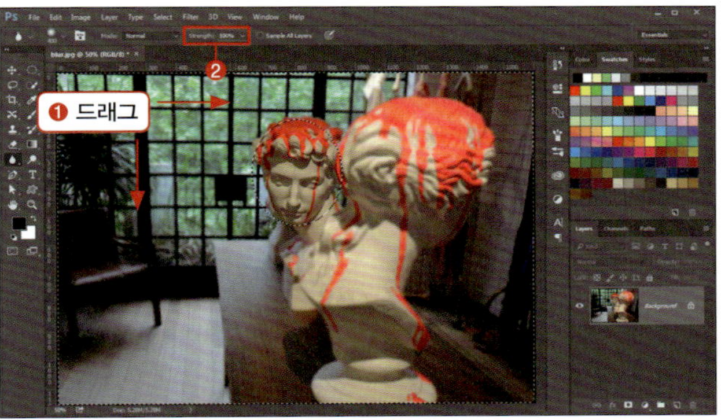

 **4 선명 효과 적용하기**

단축키 Shift+Ctrl+I를 눌러 선택 영역을 다
시 반전합니다. [Sharpen Tool]( )을 선택하
고 옵션 바에서 브러시의 크기를 '200px',
[Strength]를 '20%'로 설정하고 [Protect Detail]
을 체크 표시합니다. 클릭한 채 드래그하면 해
당 부분의 픽셀이 선명해집니다.

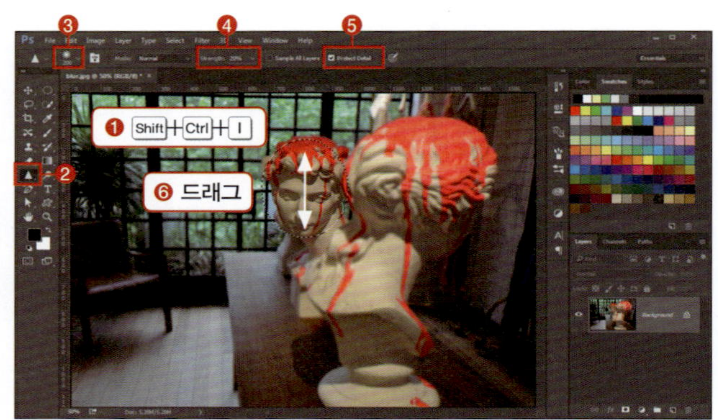

5 수정된 사진 확인하기

[Select]-[Deselect] 메뉴를 클릭하여 선
택 해제하고(Ctrl+D) 수정된 사진을 확인합
니다.

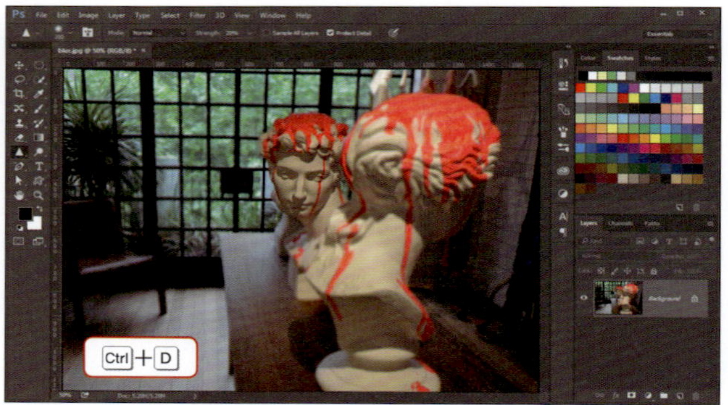

2 손으로 문질러 표현하자! [Smudge Tool] 리터칭

[Smudge Tool]은 손가락으로 문지르는 듯한 표현을 해주는 도구입니다. 이미지의 픽셀을 밀어내는
기능으로 사용자가 드래그하여 원하는 왜곡을 쉽게 할 수 있습니다.

예제 파일 Sample \ Part03 \ candle.jpg　　　　**완성 파일** Sample \ Part03 \ candle−w.psd

예제 파일

완성 파일

1 옵션 바 설정하기

[Smudge Tool](　)을 선택하고 옵션 바에서
브러시 크기를 '45px', [Strength]를 '30%'로 설
정합니다.

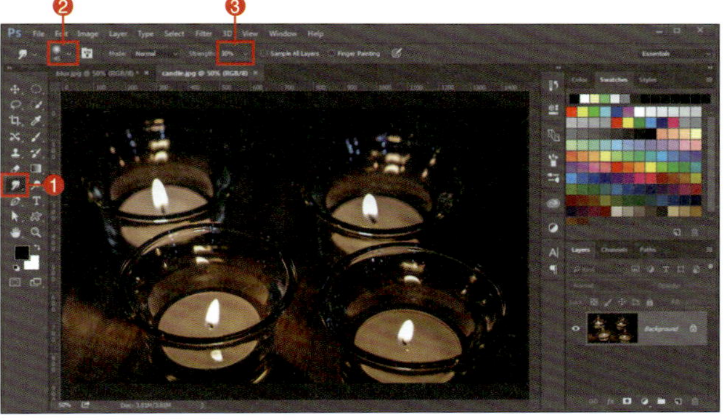

2 이미지 왜곡하기

촛불 이미지를 클릭 후 드래그하여 문자처럼 이
미지를 변형시킵니다.

3 옵션 바 설정하기

옵션 바의 [Finger Painting]을 체크합니다. 전경
색을 [Swatch] 패널에서 클릭하여 선택한 후 클
릭과 드래그를 반복하여 색상을 적용시킵니다.

> **TIP**
>
> [Finger Painting] 옵션을 체크하게 되면 손가락
> 에 물감을 찍어 바르는 듯한 표현을 만듭니다.

4 마무리하기

다른 불꽃도 다른 색상을 적용시키고 마무리 합
니다.

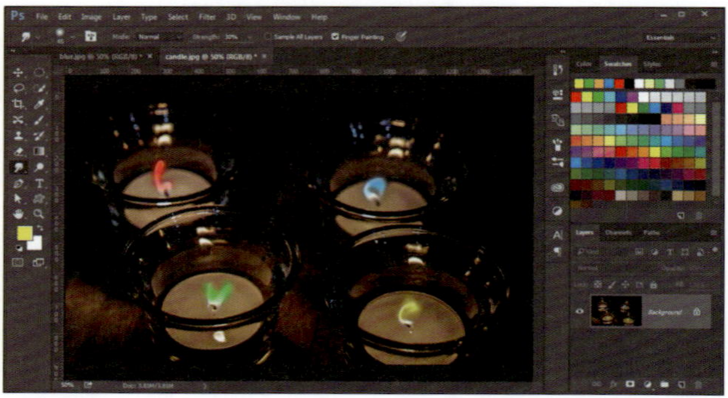

3 [Healing Brush Tool]로 인물 사진 잡티 제거하기

[Healing Brush Tool]( )은 샘플 소스를 복제할 때 기존 이미지의 텍스처(질감), 밝기, 투명도와 동일하게 혼합됩니다. [Clone Stamp Tool]( )보다 자연스러운 복제가 가능합니다.

예제 파일 Sample＼Part03＼face.jpg　　**완성 파일** Sample＼Part03＼face-w.psd

예제 파일

완성 파일

1 옵션 바 설정하고 소스 지정하기

[Healing Brush Tool]( )을 선택합니다. 옵션 바에서 브러시 크기를 '20px'로 설정하고 [Mode]는 'Nomal', [Source]는 'Sampled'로 설정되어 있습니다. Alt 를 누르고 클릭하여 소스를 지정합니다.

 **잡티 제거하기 ①**

클릭하면 해당 부분의 이미지와 소스 이미지가
자연스럽게 합성됩니다.

 **잡티 제거하기 ②**

다른 부분도 각각 클릭합니다. 잡티가 제거됩
니다.

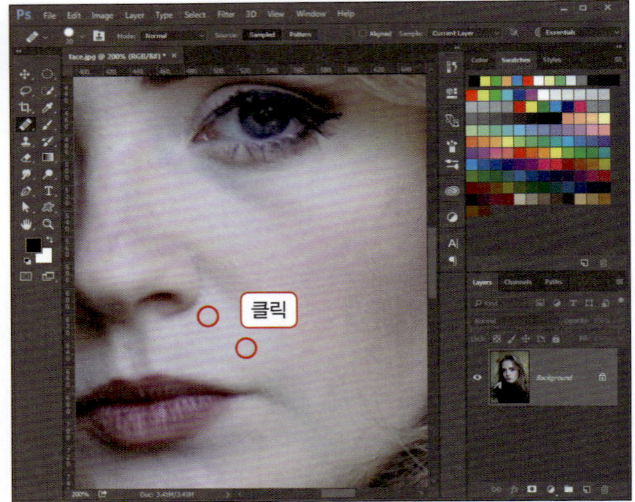

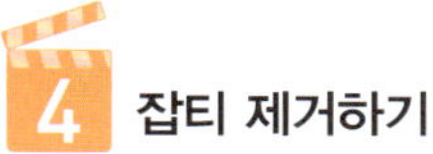 **잡티 제거하기 ③**

같은 방법으로 남은 잡티를 제거합니다.

 **흐림 효과 적용하기**

[Blur Tool]( )을 선택한 후 옵션 바의 브러시 크기를 '60px'로 설정합니다. 클릭한 채 드래그 하여 흐림 효과를 적용합니다.

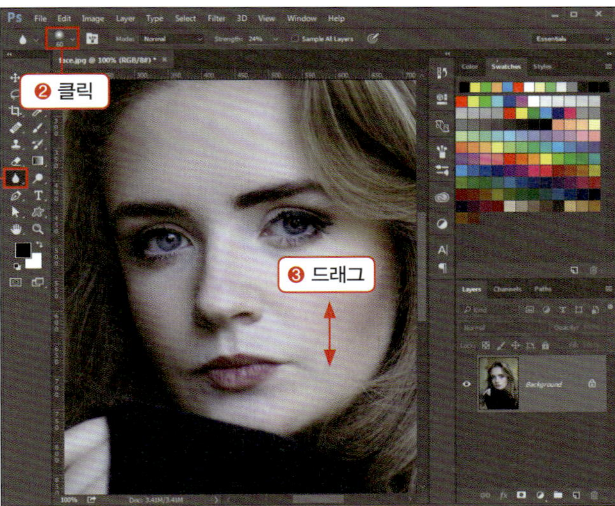

TIP

브러시 크기를 조절하려면 단축키 [,] 를 눌러 키우거나, 줄일 수 있습니다.

[Spot Healing Brush Tool]로 불필요한 부분 자동으로 수정하기

4

[Spot Healing Brush Tool]( )은 샘플 소스를 설정할 필요 없이 주변의 이미지를 자동으로 샘플링하여 사진의 결함을 신속하게 제거하는 도구입니다. 자동으로 수정되므로 원하는 결과가 나오지 않을 수 있습니다.

예제 파일 Sample \ Part03 \ 스팟힐링.jpg　　**완성 파일** Sample \ Part03 \ 스팟힐링-w.psd

1 메뉴 선택하기

[File]-[Open] 메뉴를 이용하여 예제 파일을 불러옵니다. 아래쪽 아이콘 하나를 지워보겠습니다. [Spot Healing Brush Tool]( )을 선택합니다. 브러시 크기를 '150px'로 설정하고, 옵션바에서 [Type]을 'Content-Aware'로 설정합니다.

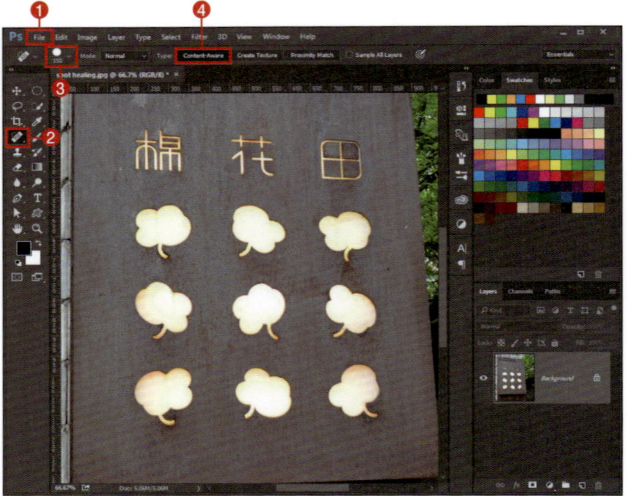

2 수정할 부분 칠하기 ①

그림과 같이 클릭한 채 드래그하여 반투명한 검은색으로 칠합니다.

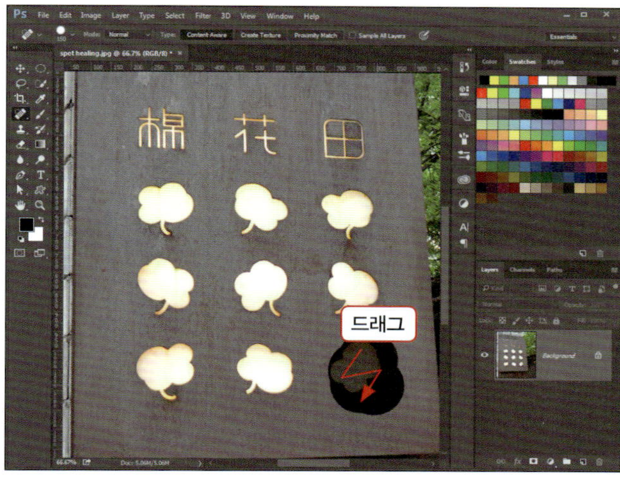

3 수정할 부분 칠하기 ②

마우스 버튼에서 손을 떼면 해당 영역의 이미지가 자동으로 수정됩니다. 원하는 결과가 나오지 않을 경우 한 번 더 클릭한 채 드래그하여 칠합니다.

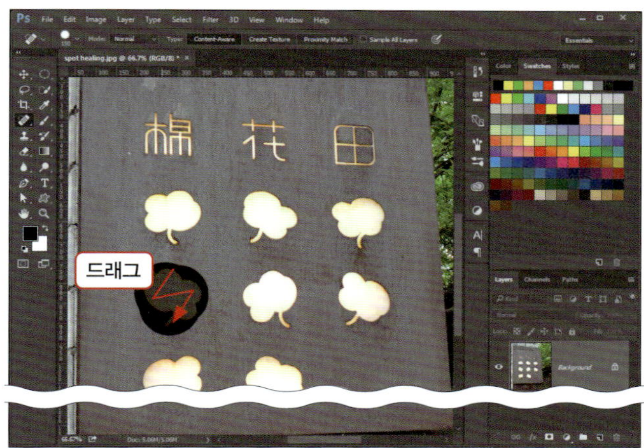

4 마무리하기

어색한 부분이나 다른 아이콘도 같은 방법으로 수정하여 그림과 같이 만듭니다.

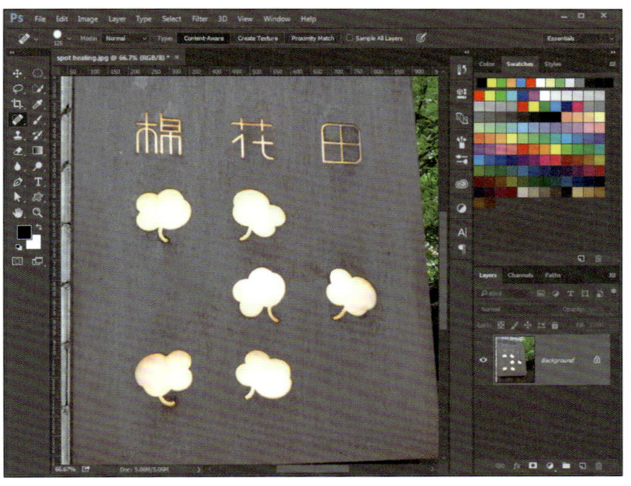

5 [Patch Tool]로 제거와 복제를 자연스럽게 하기

[Patch Tool]()은 지정한 선택 영역의 이미지를 소스 및 대상으로 사용하여 수정하는 도구입니다.
[Healing Brush Tool]( )과 같은 효과를 내지만 선택 영역을 이용하는 차이가 있습니다.

예제 파일 Sample \ Part03 \ patch.jpg   **완성 파일** Sample \ Part03 \ patch-w.psd

예제 파일

완성 파일

1 옵션 바 설정하고 선택 영역 만들기

이미지 아래 'YUAN' 문자를 선택 영역으로 만
들기 위해 [Patch Tool]( )을 선택하고 옵션
바에서 [Patch]를 'Nomal'로 설정하고
[Source]를 클릭합니다. [Transparent]를 체크
해제합니다. 클릭한 채 드래그하여 영역을 선택
합니다.

TIP

[Patch Tool]( )은 [Lasso Tool]( )과 사용 방법이 같습니다.

2 소스 이미지 지정하기

선택 영역을 클릭한 후 아래로 드래그하여 기존 선택 영역 안의 글자가 보이지 않도록 합니다. 마우스 버튼에서 손을 떼면 지정한 이미지가 기존 선택 영역 안으로 자연스럽게 합성됩니다. Ctrl+D를 눌러 선택 영역을 해제합니다.

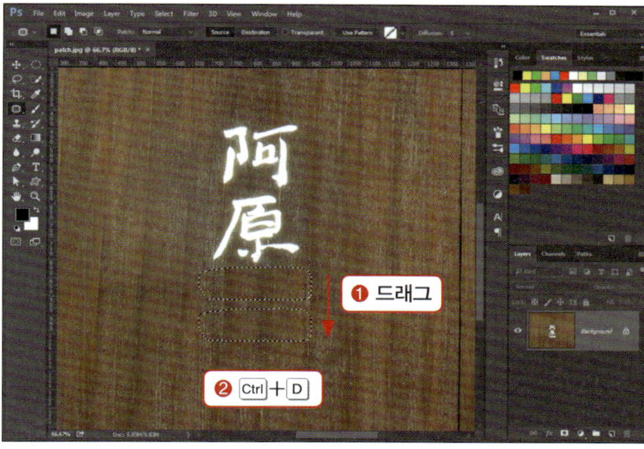

TIP

옵션 바에서 'Source'를 활성화하면 마우스를 클릭한 채 드래그하여 가져다 놓는 곳의 이미지가 선택 영역 안으로 자연스럽게 붙여넣기 됩니다. 사진의 결함을 제거할 때 주로 사용합니다.

3 소스 이미지 복제하기

[Patch Tool]()을 선택하고 옵션 바에서 'Destination'을 활성화합니다. 선택 영역을 만든 후 클릭한 채 드래그 한 후 마우스 버튼에서 손을 떼면 선택 영역 내부의 이미지가 해당 위치로 복제됩니다. Ctrl+D를 눌러 선택 영역을 해제합니다.

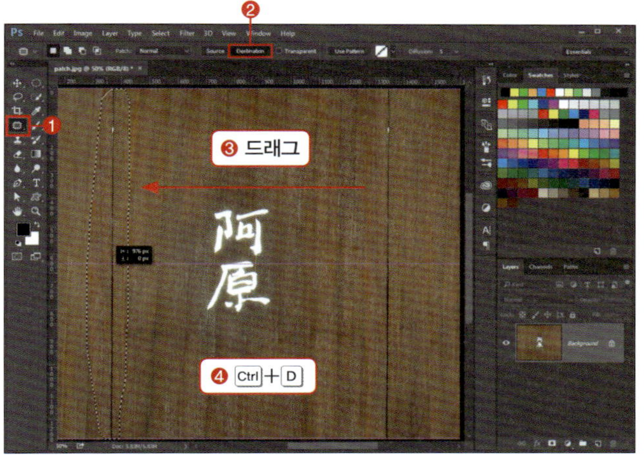

[Content-Aware Move Tool]로 선택 영역의 이미지 위치 이동하기

[Content-Aware Move Tool]( )은 선택 영역의 이미지를 다른 위치로 이동하는 도구입니다. 이동되면서 비는 공간에는 주변 픽셀이 자동으로 메워집니다.

예제 파일 Sample \ Part03 \ 컨텐트어웨어.jpg **완성 파일** Sample \ Part03 \ 컨텐트어웨어-w.psd

예제 파일

완성 파일

1 선택 영역 만들기

[Content-Aware Move Tool]( )을 선택합니다. 옵션 바에서 [Mode]를 'Move'로 설정하고 클릭한 채 드래그하여 선택 영역을 만듭니다.

2 선택 영역 이미지 이동하기

클릭한 채 드래그 하면 선택 영역의 이미지가 이동됩니다. 을 클릭해 이동을 완료합니다. 선택 영역의 이미지가 해당 위치로 이동되며, 원래 위치하던 곳은 자동으로 수정됩니다. Ctrl +D를 눌러 선택 영역을 해제합니다.

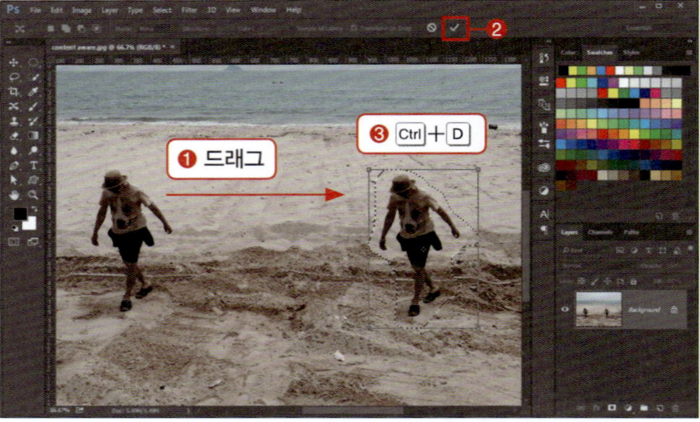

예제 파일

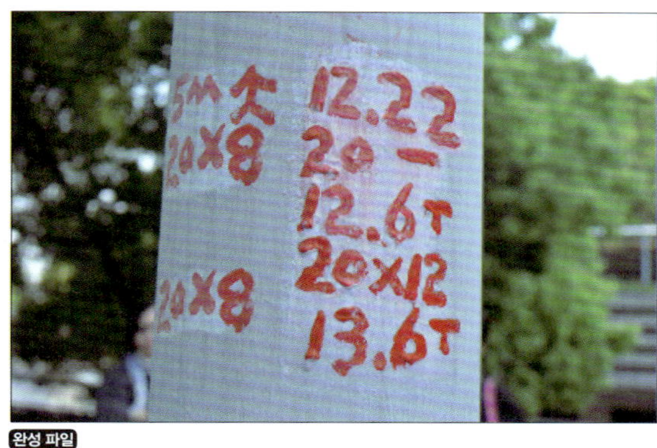

완성 파일

3 선택 영역 만들고 옵션 바 설정하기

파일을 불러와 [Content-Aware Move Tool] ()을 선택합니다. 옵션 바에서 [Mode]를 'Expend'로 설정하고 클릭한 채 드래그하여 선택 영역을 만듭니다.

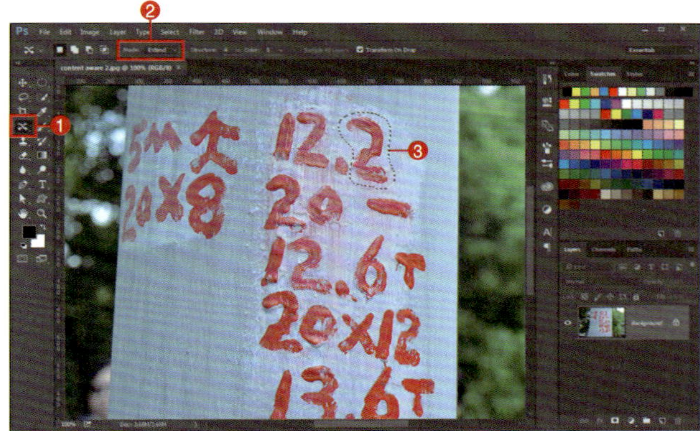

4 선택 영역 이미지 복제하기

클릭한 채 드래그하면 선택 영역의 이미지가 복제됩니다. 클릭한 채 드래그하여 다른 곳에도 복제를 합니다. Ctrl+D를 눌러 선택 영역을 해제합니다.

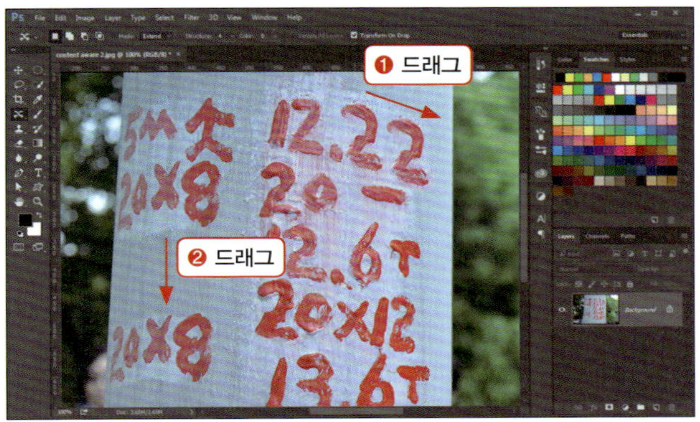

7 [Dodge Tool]/[Burn Tool]로 명도 보정하기

[Dodge Tool]( )과 [Burn Tool]( )은 이미지의 특정 부분을 밝게, 혹은 어둡게 보정하는 도구입니다. 이미지의 밝기 영역을 세 가지(밝은 영역, 중간 밝기 영역, 어두운 영역)로 나눠서 효과가 적용될 범위를 선택할 수 있습니다.

예제 파일 Sample \ Part03 \ dodge burn.jpg　　　**완성 파일** Sample \ Part03 \ dodge burn—w.psd

1 옵션 바 설정하기

[Dodge Tool]( )을 선택하고 옵션 바에서 브러시 크기를 '250px'로 설정하고 [Range]를 'Midtones', [Exposure]를 '50%'로 설정합니다. [Protect Tones]를 체크 표시합니다. 사진의 상단 부분 조명을 클릭한 채 드래그하여 밝게 보정합니다.

밝게 보정하기

브러시 크기와 [Exposure] 값을 조절해가며 빛을 받는 부분 등을 더 밝게 보정합니다.

옵션 바 설정하기

[Burn Tool]( )을 선택합니다. 옵션 바에서 브러시 크기를 '250px'로 설정하고 [Range]를 'Midtones', [Exposure]를 '70%'로 설정합니다. [Protect Tones]를 체크 표시합니다.

어둡게 보정하기

사진의 어두운 부분을 클릭한 채 드래그하여 해당 부분을 어둡게 보정합니다.

8 [Sponge Tool]로 특정 부분의 채도 조절하기

[Sponge Tool]()은 특정 부분의 채도를 조절하는 도구입니다. 옵션 바의 [Mode]에 따라 채도를 낮추거나 높일 수 있습니다. 'Grayscale' 모드에서 이 도구를 사용하면 대비가 약해지거나 강해집니다.

예제 파일 Sample \ Part03 \ sponge.jpg　　**예제 파일** Sample \ Part03 \ sponge-w.psd

예제 파일

완성 파일

1 옵션 바 설정하기

Sponge Tool()을 선택합니다. 옵션 바에서 브러시 크기를 '250px', [Mode]를 'Desaturate', [Flow]를 '100%'로 설정하고 [Vibrance]를 체크 해제합니다.

TIP

[Mode]를 'Desaturate'로 선택하면 채도가 감소되고 'Saturate'로 선택하면 증가됩니다. [Vibrance]를 체크 표시하면 이미 채도가 높게 설정된 픽셀보다 중간 채도의 픽셀들을 주로 보정하여 이미지 톤을 보호하며 채도를 자연스럽게 조절할 수 있습니다.

2 채도 낮추기

클릭한 채 드래그하면 해당 부분의 채도가 낮아
집니다. 마우스 버튼에서 손을 떼고 다시 클릭
한 채 드래그하면 채도가 1단계 더 낮아집니다.

3 옵션 바 설정하기

옵션 바에서 [Mode]를 'Saturate', [Flow]를
'50%'로 설정하고 [Vibrance]를 체크 표시합
니다.

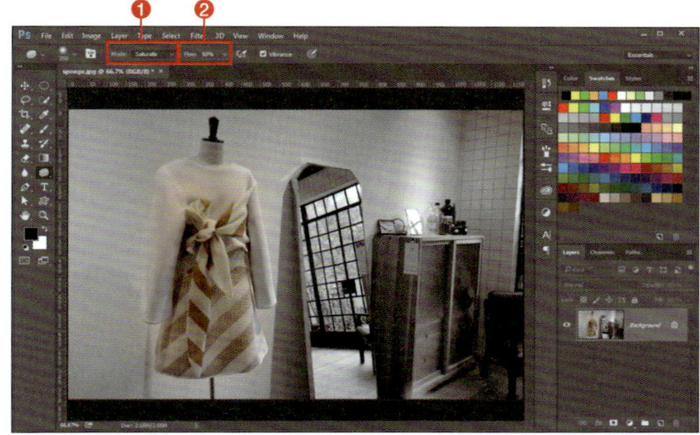

4 채도 높이기

클릭한 채 드래그하면 해당 부분의 채도가 높아
집니다. 마우스 버튼에서 손을 떼고 다시 클릭
한 채 드래그하면 채도가 1단계 높아집니다.

9 [Clone Stamp Tool]로 도장을 찍어내듯 대상을 복제하거나 제거하기

[Clone Stamp Tool]( )은 이미지의 특정 부분을 소스로 지정한 후 다른 부분에 소스 이미지를 칠하는 도구입니다. 지정한 소스 이미지에 따라 개체를 복제하거나 제거할 수 있어 사진의 결함을 제거하는데 유용합니다.

예제 파일 Sample \ Part03 \ stamp.jpg   **완성 파일** Sample \ Part03 \ stamp-w.psd

예제 파일

완성 파일

1 브러시 설정하기

[Clone Stamp Tool]( )을 선택합니다. 캔버스에 마우스 오른쪽 버튼을 누르면 브러시 프리셋 팝업창이 나타납니다. [Size]를 '35px', [Hardness]를 '80%'로 설정합니다.

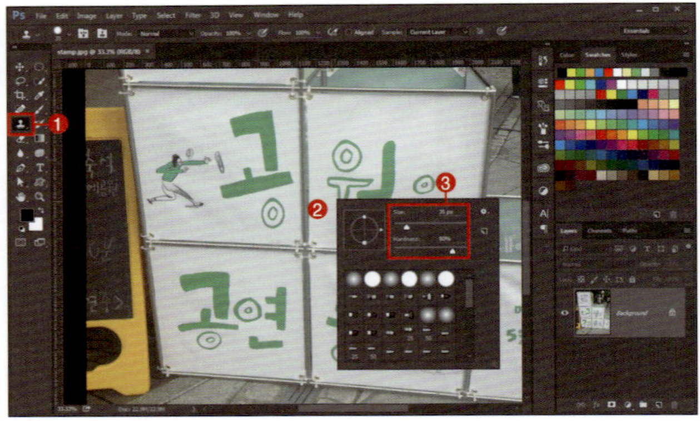

2 소스 지정하기

화면을 확대합니다. 그림 이미지를 지워보겠습니다. 소스로 사용할 이미지에 마우스 포인터를 가져가 Alt 를 누릅니다. 마우스 포인터 모양이 바뀌면 클릭합니다. 해당 위치의 이미지가 소스로 지정됩니다.

3 소스 칠해서 그림 지우기

지울 그림에 클릭한 채 드래그합니다. 지정한
소스 이미지가 해당 부분으로 칠해져 개체가 지
워집니다. 소스 이미지를 칠할 때 소스 이미지
의 위치를 십자 아이콘(+)으로 확인할 수 있습
니다.

4 그림 복제하기 ①

이번엔 그림을 복제해보겠습니다. 그림 시작 부
분에 마우스 포인터를 가져가 Alt 를 누르고 클
릭하여 소스로 지정합니다.

5 그림 복제하기 ②

클릭한 채 드래그하면 지정한 소스 이미지가 해
당 부분에 칠해져 그림이 복제됩니다. 계속해서
소스를 칠합니다.

TIP

옵션 바에 [Aligned]를 체크 해제하면 소스 위치
가 고정되어 편리하게 다른 곳에도 복제할 수 있
습니다. 만약 체크가 되어 있다면 처음 드래그 한
거리만큼 계속 마우스 포인트를 따라 다닙니다.

메뉴를 이용한 [Image]–[Adjustments] 이미지 리터칭

이미지 리터칭의 핵심 요소인 색상, 명도, 채도 등을 보정할 수 있는 [Adjustments] 패널에 대해 알아보겠습니다. 전문적인 사진 보정에서부터 감각적이고 화려한 색감을 연출하여 용도에 맞는 이미지로 보정할 수 있습니다.

 **1** **[Adjustments] 패널의 메뉴 살펴보기**

[Adjustments] 패널에는 [Image]–[Adjustments] 메뉴에서 자주 사용하는 조정 명령들이 아이콘으로 모여 있습니다. 빠르게 사진을 보정할 수 있어 편리합니다.

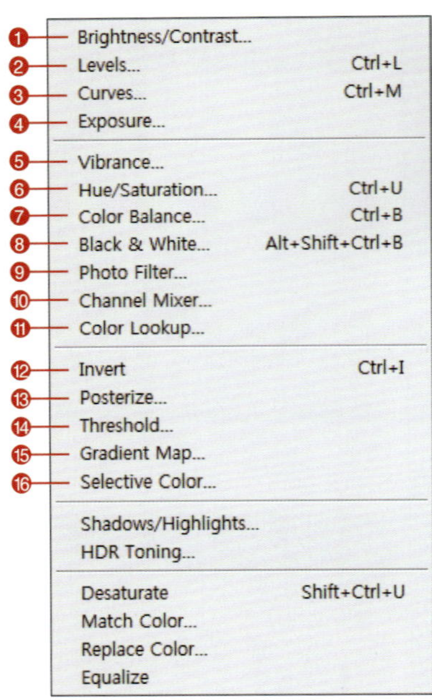

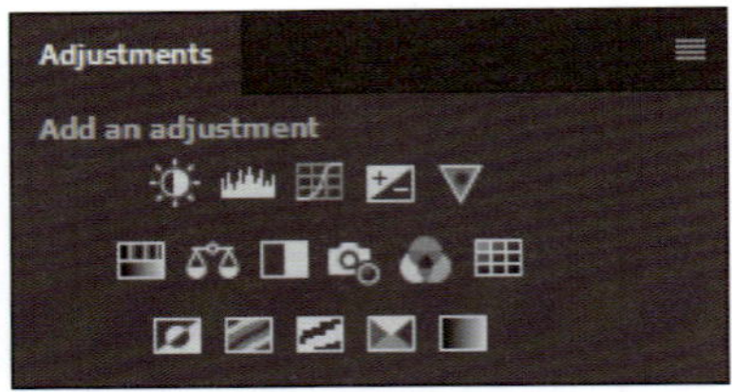

❶ Brightness/Contrast( ) : 명도와 대비를 간단하게 보정합니다.

❷ Levels( ) : 명암과 색상 균형을 조정합니다. 이미지의 어두운 영역, 중간 밝기 영역, 밝은 영역을 나누어 조정하므로 세밀한 보정이 가능합니다.

❸ Curves( ) : 곡선 모양을 변경하여 명암 및 색상을 조정합니다.

❹ Exposure( ) : 빛의 노출 정도를 조정하여 명도와 대비를 보정합니다.

❺ Vibrance( ) : 채도를 조정합니다.

❻ Hue/Saturation( ) : 특정 색상 범위나 전체 색상 범위의 색조와 채도, 명도를 조정합니다. 모노톤 이미지를 만들 수도 있습니다.

❼ Color Balance( ) : 특정 색상을 늘리거나 줄여서 사진의 색상을 교정합니다.

❽ Black&White( ) : 흔히 흑백 사진이라 부르는 회색 음영 이미지를 만듭니다. 특정 색상의 회색 색조를 조정할 수 있어 풍부한 명암을 표현할 수 있습니다.

❾ Photo Filter( ) : 색상 균형 및 색 온도를 조정하기 위한 컬러 필터 효과를 구현합니다.

❿ Channel Mixer( ) : 색상의 채널을 수정하여 색상 균형을 조정합니다.

⓫ Color Lookup( ) : CS6 버전에 추가되어 간단하게 다양한 색감을 구현합니다.

⓬ Invert( ) : 색상을 반전하여 네거티브 필름으로 보는 듯한 효과를 만듭니다.

⓭ Posterize( ) : 이미지에 사용된 색상의 수를 줄입니다.

⓮ Threshold( ) : 명암 단계를 조절하여 흑백 이미지를 만듭니다.

⓯ Gradient Map( ) : 그레이디언트 색상을 매핑합니다.

⓰ Selective Color( ) : 다른 색상 영역에 영향을 주지 않으면서 특정 색상 영역에 사용된 원색(CMYK)의 양을 조정합니다.

2 [Image]-[Adjustments] 메뉴와 [Adjustments] 패널의 차이

[Image]-[Adjustments] 메뉴의 명령과 [Adjustments] 패널의 명령은 같은 명령이지만 작업을 실행할 때는 몇 가지 차이점이 있습니다.

- [Image]-[Adjustments] 메뉴를 클릭할 경우 대화상자가 나타나고, 선택된 레이어 및 선택 영역의 이미지에만 조정 효과가 적용됩니다.

- [Adjustments] 패널에서 아이콘을 클릭하면 [Properties] 패널이 나타나고, [Layers] 패널에는 해당 명령의 조정 레이어(Adjustment Layer)가 만들어집니다. 조정 레이어에는 옵션 설정 정보를 담고 있는 레이어입니다. 조정 레이어가 만들어지면 해당 설정 내용이 하위 레이어 전체에 적용됩니다.

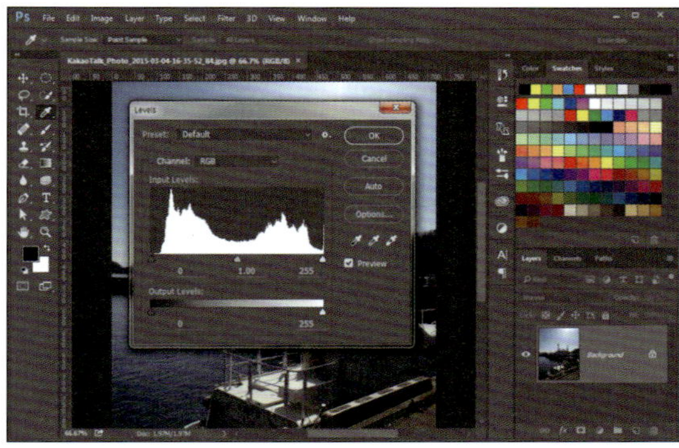 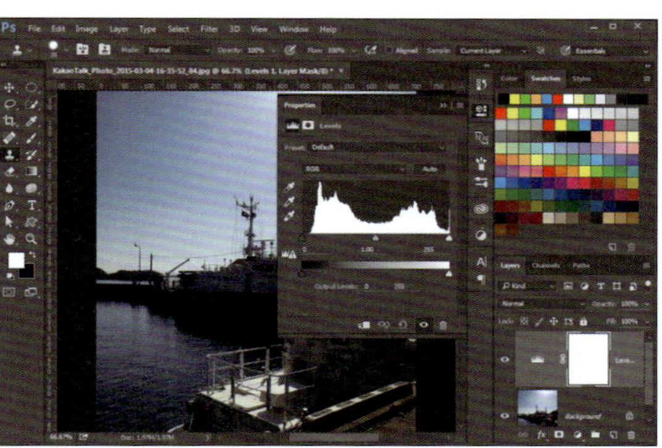

 **3 조정 레이어 살펴보기**

조정 레이어를 이용하면 원본 이미지를 보호하면서 사진을 보정할 수 있는 장점이 있습니다. 언제든지 옵션 설정 내용을 변경할 수 있으며, 조정 레이어를 다른 캔버스로 가져가 다른 사진에 바로 적용해 볼 수도 있습니다.

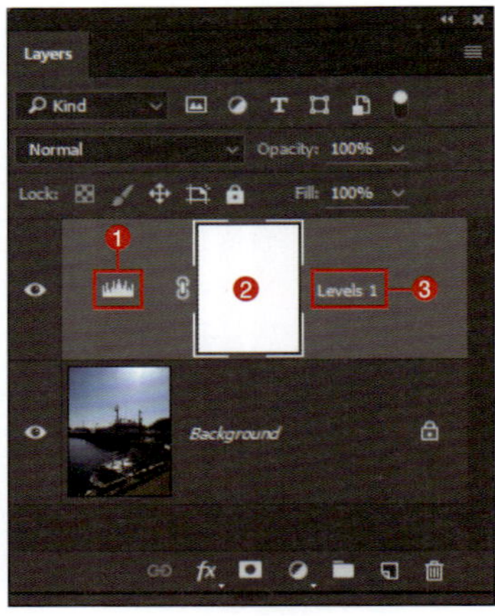

❶ 조정 레이어의 아이콘입니다. 더블클릭하면 [Properties] 패널이 나타나 옵션을 다시 설정할 수 있습니다.

❷ 조정 레이어가 만들어질 때 레이어 마스크가 함께 만들어집니다. 특정 부분에만 효과가 적용될 수 있도록 마스크를 편집할 수 있습니다.

❸ 조정 레이어의 이름입니다. 기본적으로 클릭한 메뉴의 이름으로 입력됩니다.

 **4 [Properties] 패널 살펴보기**

[Adjustments] 패널에서 클릭한 명령의 옵션을 설정하는 패널입니다.

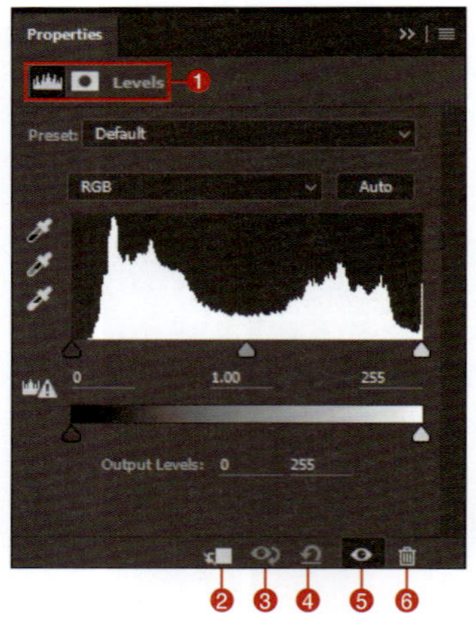

❶ 설정 중인 메뉴의 아이콘과 이름이 나타납니다. 조정레이어에 마스크가 만들어져 있을 경우 오른쪽에 ▣ 아이콘이 나타나며, 클릭하면 마스크 설정 화면으로 바뀝니다.

❷ ▣ : 하위 순서로 존재하는 모든 레이어에 조정 효과가 적용되고 있는 상태입니다. 클릭하여 활성화(▣)하면 클리핑 마스크가 만들어져 1단계 하위 레이어에만 조정 효과가 적용됩니다.

❸ ◉ : 아이콘을 클릭하고 있는 동안 이전 설정 상태의 이미지가 나타납니다. ₩를 1초 정도 눌러도 됩니다.

❹ ↺ : 옵션 설정을 모두 초기화합니다.

❺ ◉ : 조정 레이어를 숨기거나 보이게 합니다. [Layers] 패널에서 눈 아이콘을 설정하는 것과 같습니다.

❻ 🗑 : 선택한 조정 레이어를 삭제합니다.

클릭 한 번으로 보정을 Auto Tone/Contrast/Color

1

[Auto Tone]은 [Image] 메뉴의 자동 보정 기능을 이용하면 특별한 설정 없이 간단하게 사진을 보정할 수 있습니다. 실행하는 순서에 따라 결과가 달라질 수 있으며, 사진에 따라 원본과 결과의 차이가 눈에 띄지 않을 수 있습니다.

예제 파일 Sample \ Part03 \ auto.jpg　　**완성 파일** Sample \ Part03 \ auto-w.psd

예제 파일

완성 파일

1 명도와 대비 자동 보정하기

[Image]-[Auto Contrast] 메뉴를 클릭한 후 [Image]-[Auto Tone] 메뉴를 클릭합니다. 대비와 명도가 자동으로 보정됩니다.

2 색상 자동 보정하기

[Image]-[Auto Color] 메뉴를 클릭합니다. 색상이 자동으로 보정되어 화이트 밸런스가 맞춰집니다.

적정 노출 수준을 보정하는 Levels

2 [Levels](   )는 히스토그램을 확인하며 명암과 색상 균형을 조정하는 메뉴입니다. 이미지의 어두운 영역, 중간 밝기의 영역, 밝은 영역을 나누어 조절하기 때문에 [Brightness/Contrast]보다 세밀한 보정이 가능합니다.

예제 파일 Sample \ Part03 \ level.jpg　　　**완성 파일** Sample \ Part03 \ level-w.psd

예제 파일

완성 파일

1 메뉴 클릭하기

예제 파일을 불러온 후 [Adjustments] 패널에서
[Levels](   )를 클릭합니다.

2 밝은 영역 보정하기

세 번째 입력 상자의 값을 '210'으로 설정합니
다. 히스토그램 아래의 흰색 삼각형 슬라이더를
클릭한 채 드래그해도 값이 설정됩니다. 사진의
밝은 영역이 더욱 밝아집니다.

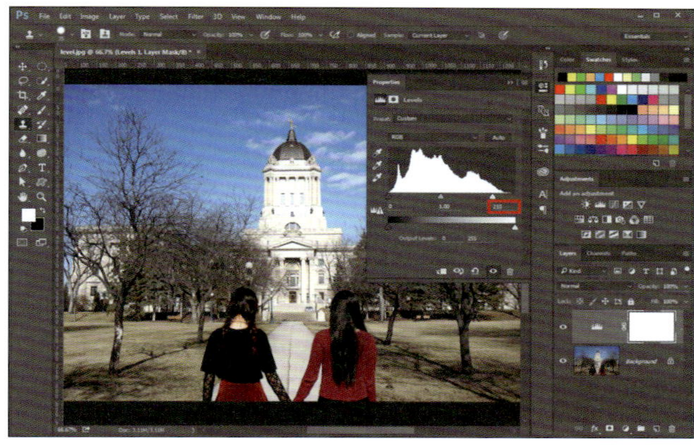

3 어두운 영역 보정하기

첫 번째 입력 상자의 값을 '20'으로 설정합니다.
검은색 삼각형 슬라이더를 클릭한 채 드래그하
여 설정해도 됩니다. 사진의 어두운 영역이 더
욱 어두워집니다.

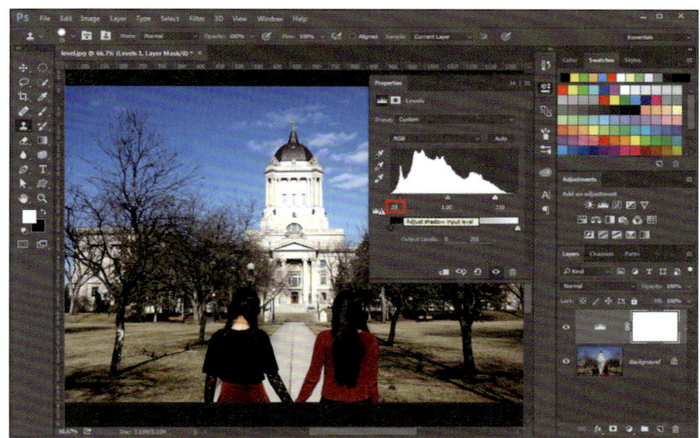

4 중간 밝기 영역 보정하기

두 번째 입력 상자의 값을 '1.2'로 설정합니다.
회색 삼각형 슬라이더를 클릭한 채 드래그하여
설정해도 됩니다. 사진이 전체적으로 밝고 선명
해집니다.

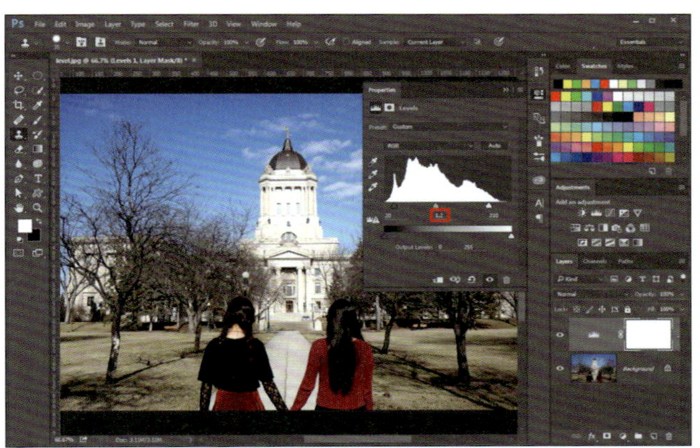

[Levels] 설정 화면 살펴보기

[Levels]( )는 히스토그램을 확인하며 명암과 색상 균형을 조정하는 메뉴입니다. [Levels] 메뉴의 설정 화면을 살펴보겠습니다.

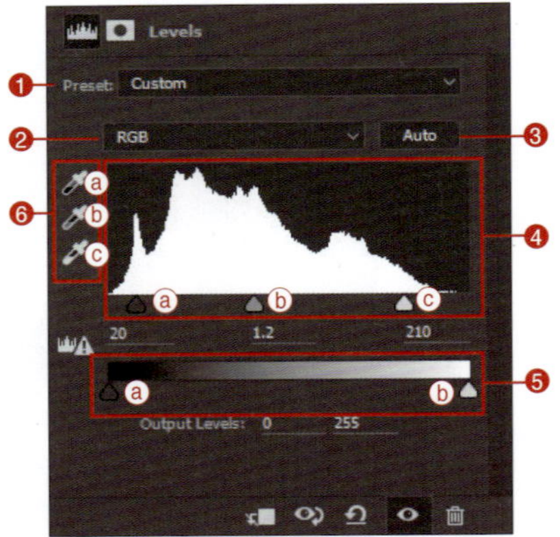

① **Preset** : 설정 값이 지정되어 있는 프리셋을 불러옵니다. 별도의 설정 없이 바로 이미지를 보정할 수 있어 편리합니다.

② **채널** : 선택한 색상 채널의 색조를 조정합니다(기본 설정 RGB).

③ **Auto** : 클릭하면 이미지가 자동으로 보정됩니다.

④ 밝기를 조절하고 대비를 높입니다.

ⓐ 검은색 슬라이더는 어두운 영역을 조정합니다. 오른쪽으로 이동하면 어두운 영역은 점차 검은색이 되면서 세부 묘사가 사라지고 전체적으로 어둡고 강한 대비가 됩니다.

ⓑ 회색 슬라이더는 중간 밝기의 영역을 조정합니다. 왼쪽으로 이동하면 전체적으로 밝아지고, 오른쪽으로 이동하면 전체적으로 어두워집니다.

ⓒ 흰색 슬라이더는 밝은 영역을 조정합니다. 왼쪽으로 이동하면 밝은 영역은 점차 흰색이 되면서 세부 묘사가 사라지고 전체적으로 밝고 강한 대비가 됩니다.

⑤ **Output Levels** : 밝기를 조절하고 대비를 약화합니다.

ⓐ 검은색 슬라이더를 오른쪽으로 이동하면 어두운 영역이 점차 밝아지고 대비가 약해집니다.

ⓑ 흰색 슬라이더를 왼쪽으로 이동하면 밝은 영역이 점차 어두워지고 대비가 약해집니다.

⑥ **이미지 샘플링도구**

ⓐ : 특정 부분을 클릭하면 해당 지점의 색상보다 밝은 영역이 모두 흰색으로 바뀝니다.

ⓑ : 특정 부분을 클릭하면 해당 지점의 색상보다 어두운 영역이 모두 검은색으로 바뀝니다.

ⓒ : 특정 부분을 클릭하면 해당 지점의 색상의 명도 값과 동일하게 전체 색상이 변경됩니다.

3. [Curves]로 밝기와 색상 수정하기

[Curves]( )는 곡선 모양을 변경하여 이미지의 명암 및 색상을 조정하는 메뉴입니다. 이미지의 명도
와 대비, 색상을 수정해 보겠습니다.

예제 파일 Sample\Part03\curves.jpg   **완성 파일** Sample\Part03\curves-w.psd

예제 파일

완성 파일

1 메뉴 클릭하기

예제 파일을 불러온 후 [Adjustments] 패널에서
[Curves]( )를 클릭합니다.

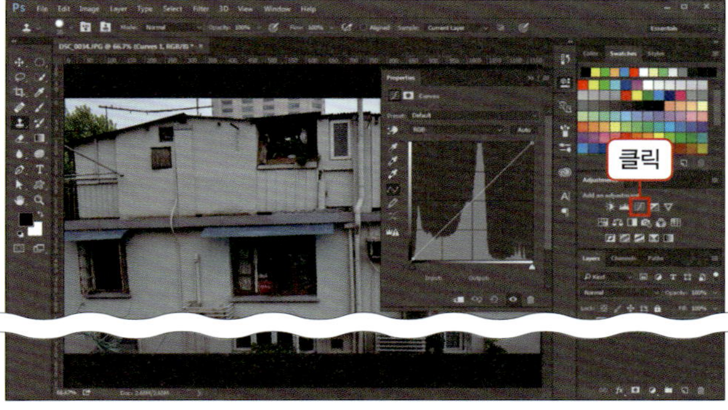

2 [Red] 채널 조정하기 ①

두 번째 선택 상자를 클릭하여 [Red]로 설정합
니다. [Red] 채널을 조정할 수 있습니다. 왼쪽
아래의 기준점을 클릭한 후 [Input] 값을 '20',
[Output] 값을 '0'으로 설정합니다. 기준점을 클
릭한 채 드래그하여 설정해도 됩니다.

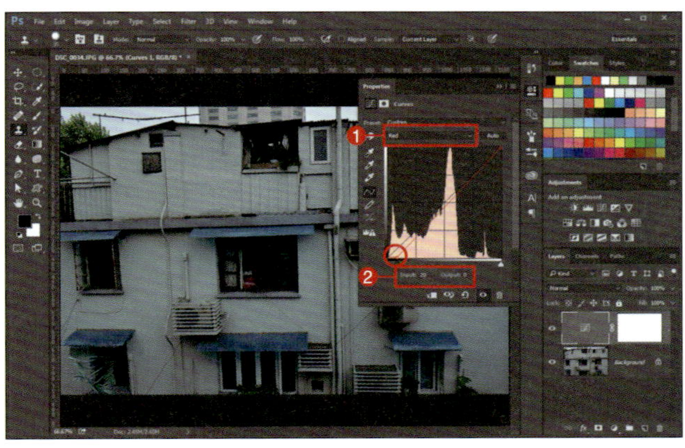

 **[Red] 채널 조정하기 ②**

이어서 오른쪽 상단의 기준점을 클릭한 후 [Input] 값을 '220', [Output] 값을 '255'로 설정합니다. 기준점을 클릭한 채 드래그하여 설정해도 됩니다.

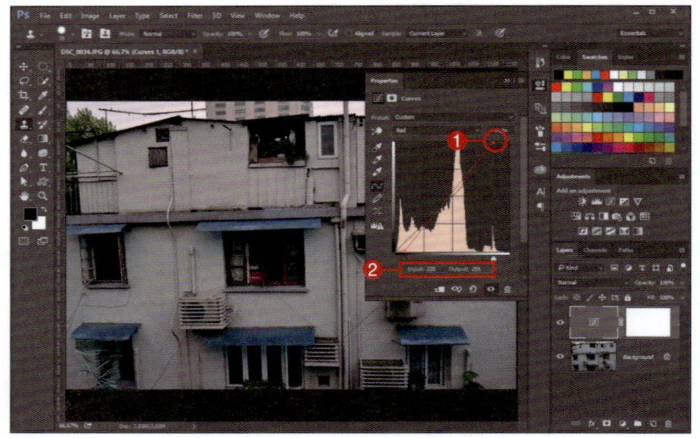

 **[Green] 채널 조정하기**

채널을 [Green]로 설정합니다. 왼쪽 아래의 기준점을 클릭한 후 [Input] 값을 '5', [Output] 값을 '30'으로 설정합니다. 오른쪽 상단 기준점을 [Input] 값을 '240', [Output] 값을 '210'으로 설정합니다.

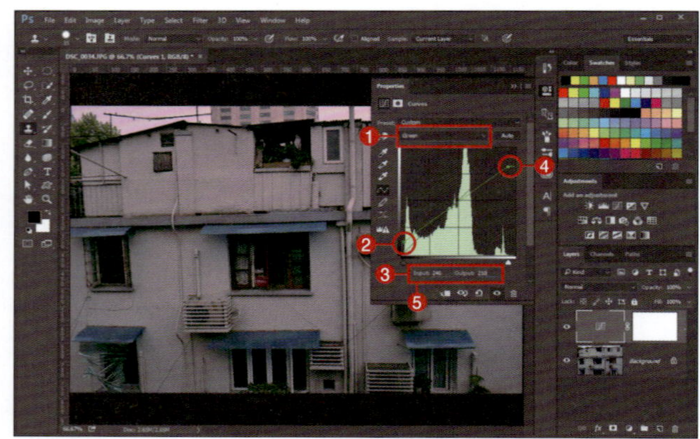

 **[Blue] 채널 조정하기**

채널을 [Blue]로 설정합니다. 왼쪽 아래의 기준점을 클릭한 후 [Input] 값을 '0', [Output] 값을 '30'으로 설정합니다. 오른쪽 상단 기준점을 [Input] 값을 '255', [Output] 값을 '130'으로 설정합니다.

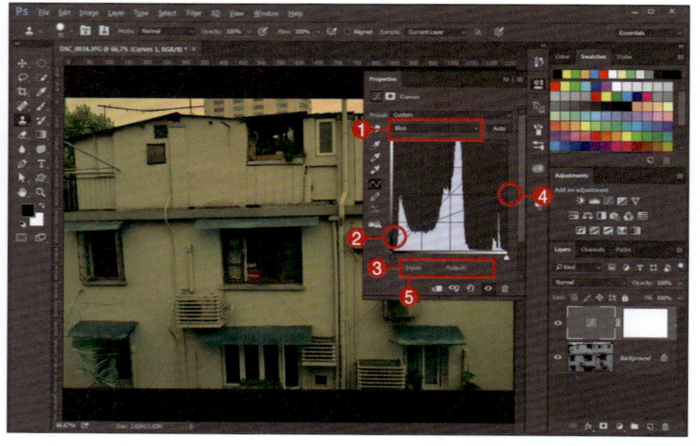

6 [RGB] 채널 조정하기 ①

채널을 [RGB]로 설정합니다. 왼쪽 아래의 기준점을 클릭한 후 [Input] 값을 '0', [Output] 값을 '20'으로 설정합니다. 대비가 낮아집니다.

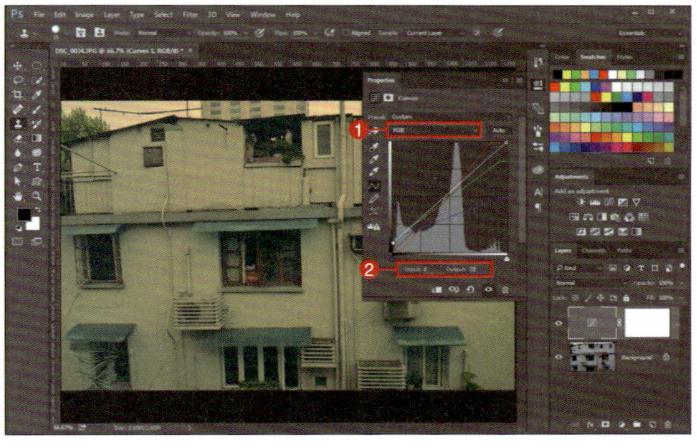

7 [RGB] 채널 조정하기 ②

곡선을 클릭하면 해당 위치에 새로운 기준점이 만들어집니다. [Input] 값을 '100', [Output] 값을 '130'으로 설정합니다. 전체적으로 사진이 밝아집니다.  아이콘을 클릭하여 [Properties] 패널을 닫습니다.

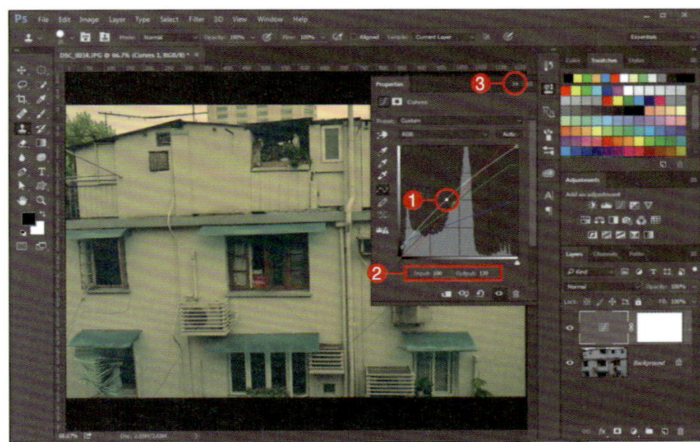

8 보정된 사진 확인하기

보정된 사진을 확인합니다.

[Curves] 설정 화면을 살펴보고 [Auto Color Correction Options] 대화상자로 자동 보정하기

[Curves] 설정 화면을 살펴보고 [Auto Color Correction Options] 대화상자를 이용하여 사진의 명도와 대비, 화이트 밸런스를 자동으로 보정하는 방법을 배워보겠습니다.

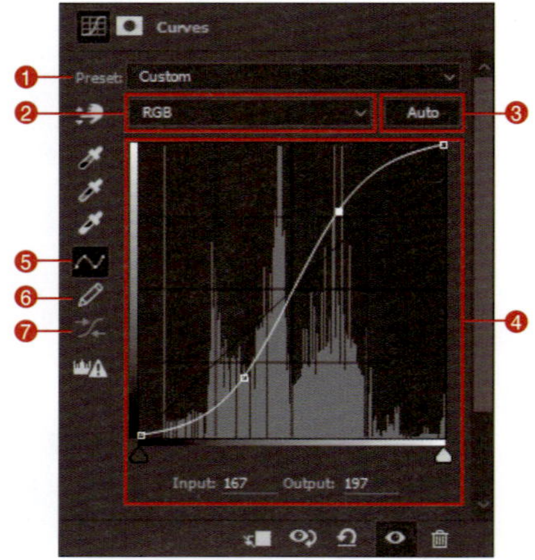

❶ **Preset** : 설정 값이 저장되어 있는 프리셋을 불러옵니다. 별도의 설정 없이 바로 이미지를 보정할 수 있어 편리합니다.

❷ **채널** : 특정 색상 채널의 색조를 조정합니다.

❸ **Auto** : 클릭하면 이미지가 자동적으로 보정됩니다.

❹ 곡선의 모양을 변경하여 이미지의 명암 및 색상을 조정합니다.

- 가 활성화된 상태에서 히스토그램에 클릭하면 조절점이 만들어집니다. 클릭한 채 드래그하면 위치가 이동되고 곡선 모양이 변경됩니다.
- 정확한 좌표로 조절점을 이동하려면 히스토그램 아래의 [Input], [Output] 입력 상자에 좌표 값을 입력합니다.
- 조절점이 왼쪽 삼각형 영역에 위치할 경우 밝게, 오른쪽 삼각형 영역에 위치할 경우 어둡게 보정됩니다. 곡선의 경사가 심한 부분은 대비가 높은 영역, 경사가 완만한 부분은 대비가 낮은 영역입니다.
- 조절점은 14개까지 만들 수 있으며, Delete 를 누르면 선택된 조절점이 제거됩니다.

❺ : 클릭하여 활성화한 후 이미지에 마우스를 가져가면 커서가 위치한 영역이 곡선에서 찾아집니다. 클릭한 채 드래그하면 곡선의 모양이 변경되고 명암 및 색상이 보정됩니다.

❻ : 기본 설정입니다. 히스토그램에 조절점을 만들어 곡선의 모양을 변경합니다.

❼ : 을 클릭하면 활성화 됩니다. 아이콘을 누를 때마다 곡선을 매끄럽게 합니다.

❽ : 더 정확한 막대 그래프를 계산합니다. 를 활성화한 상태에서 사용할 수 있습니다.

4 [Brightness/Contrast]로 밝기 및 대비 한 번에 조절하기

[Brightness/Contrast](☀)는 이미지의 명도와 대비를 간단하게 보정하는 메뉴입니다. 어두운 사진을 밝게 보정해보겠습니다.

예제 파일 Sample \ Part03 \ brightness.jpg   **완성 파일** Sample \ Part03 \ brightness—w.psd

예제 파일

완성 파일

1 메뉴 클릭하기

예제 파일을 불러온 후 [Adjustments] 패널에서
[Brightness/Contrast](☀)를 클릭합니다.

2 명도 보정하기

[Use Legacy]를 체크 해제합니다. [Brightness]값을 '100'으로 설정합니다. 명도가 높아져 사진이 밝아집니다.

3 대비 보정하기

[Contrast] 값을 '40'으로 설정합니다. 대비(사진의 밝은 부분과 어두운 부분의 차이)가 높아져 선명하게 보입니다.

[Contrast] 패널 살펴보기

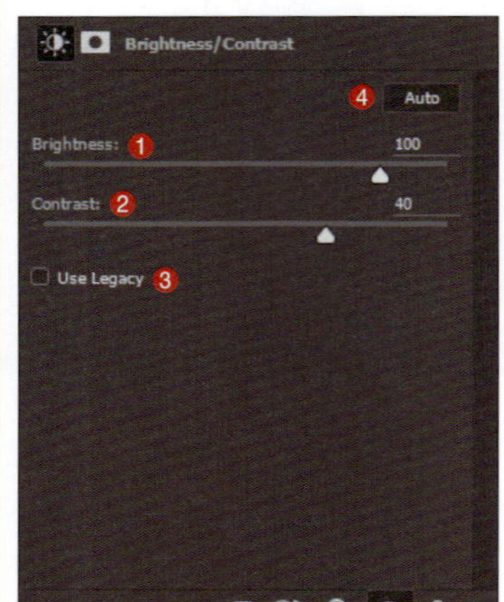

❶ Brightness : 명도를 조절합니다(-150~150). 슬라이더를 왼쪽으로 이동하면 어둡게, 오른쪽으로 이동하면 밝게 보정됩니다.

❷ Contrast : 대비를 조절합니다(-50~100). 슬라이더를 왼쪽으로 이동하면 약한 대비로, 오른쪽으로 이동하면 강한 대비로 뚜렷한 명암과 선명한 색상의 사진이 만들어집니다.

❸ Use Legacy : 조정 범위를 설정합니다. 기본 설정인 체크 해제 상태에서는 히스토그램의 범위 내에서 설정 값이 적용되므로 이미지의 톤을 보호하면서 자연스럽게 명도와 대비를 보정할 수 있습니다. 체크하면 모든 픽셀에 설정 값이 적용되므로 변화율이 심하고 이미지의 세부 묘사가 사라질 수 있습니다.

❹ Auto : 클릭하면 명도와 대비가 자동으로 보정됩니다.

5 [Shadows/Highlights]로 어두운 영역과 밝은 영역 보정하기

[Image]–[Adjustment]–[Shadow/Highlights] 메뉴는 그림자로 가려진 부분, 빛으로 보이지 않는 부분을 나타나게 만들어줍니다. 역광 사진을 보정해 보겠습니다.

예제 파일 Sample \ Part03 \ shadow.jpg　　**완성 파일** Sample \ Part03 \ shadow-w.psd

예제 파일

완성 파일

1　예제 파일 확인하기

예제 파일을 불러온 후 확인합니다. 역광이 발생해 하늘은 밝게 나왔지만 인물이 어둡게 나와 잘 보이지 않습니다. [Image]–[Adjust ments]–[Shadows/Highlights] 메뉴를 클릭합니다.

2 어두운 영역 보정하기

[Shadows]의 [Amount]를 '35'로 설정합니다. 어두운 영역이 밝아져 보이지 않던 부분들을 확인할 수 있게 됩니다.

3 밝은 영역 보정하기

[Highlights]의 [Amount]를 '5'로 설정합니다. 밝은 영역이 어두워져 어두운 영역과의 명도 차이가 조금 줄어듭니다. [OK] 버튼을 클릭하여 적용시키고 마무리합니다.

6 [Color Balance]로 색상 균형 맞추기

[Color Balance](⚖)는 선택한 밝기 영역의 특정 색상을 늘리거나 줄여서 색상 균형을 교정합니다.
화이트 밸런스를 맞추거나 푸른 하늘 사진을 해질녘 무렵의 하늘로 만들 수 있습니다.

예제 파일 Sample \ Part03 \ color balance.jpg   **완성 파일** Sample \ Part03 \ color balance-w.psd

예제 파일

완성 파일

1 메뉴 클릭하기

예제 파일을 불러온 후 [Adjustments] 패널에서
[Color Balance](⚖)를 클릭합니다.

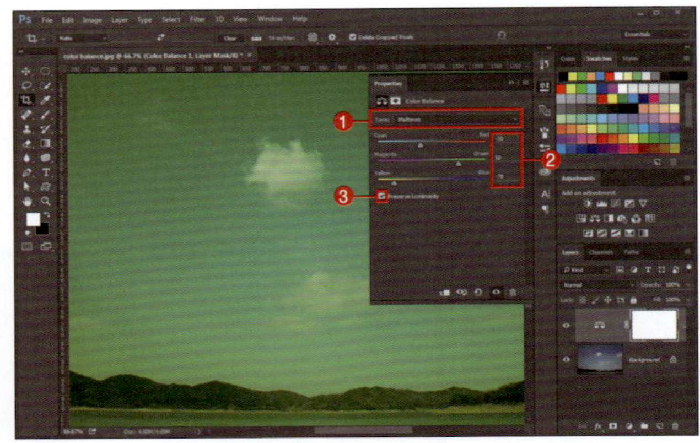

2 초록 색상 추가하기

[Tone]을 'Midtones'로 설정합니다. 첫 번째 입력 상자를 '-20', 두 번째 입력 상자를 '50', 세 번째 입력 상자를 '-70'으로 설정합니다. [Preserve Luminosity]를 체크 표시합니다. 사진의 색상이 변경됩니다.

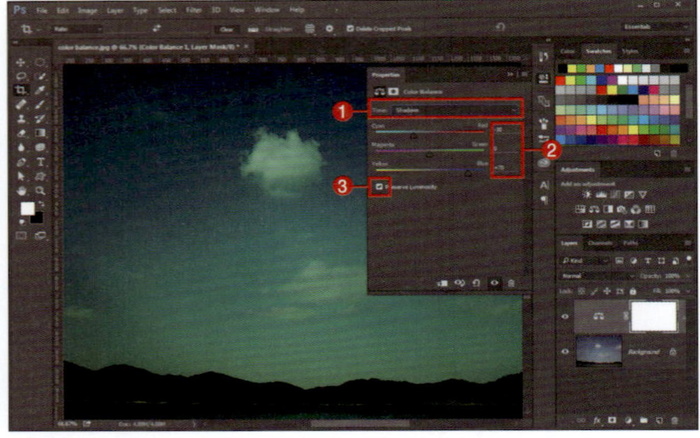

3 푸른 색상 추가하기

[Tone]을 'Shadows'로 설정합니다. 첫 번째 입력 상자를 '-30', 두 번째 입력 상자를 '0', 세 번째 입력 상자를 '70'으로 설정합니다. [Preserve Luminosity]를 체크 표시합니다. 사진의 색상이 변경됩니다.

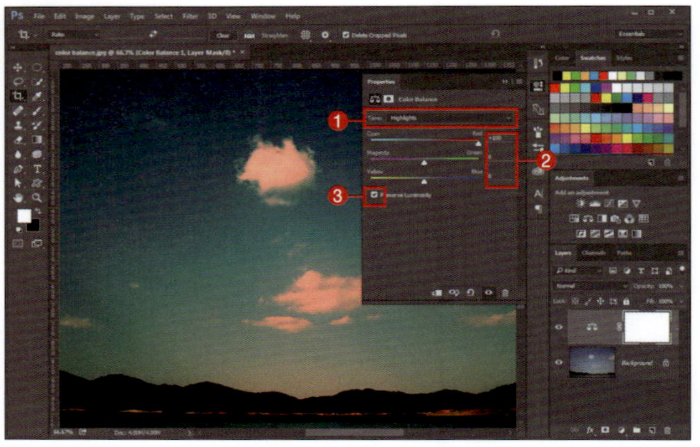

4 붉은 색상 추가하기

[Tone]을 'Highlights'로 설정합니다. 첫 번째 입력 상자를 '100', 두 번째 입력 상자를 '0', 세 번째 입력 상자를 '0'으로 설정합니다. [Preserve Luminosity]를 체크 표시합니다. 사진의 색상이 변경됩니다.

7 [Hue/Saturation]로 색상, 명도, 채도를 한 번에 보정하기

[Hue/Saturation]은 특정 색상 범위나 전체 색상 범위의 색조와 채도, 명도를 조정하는 메뉴입니다.
[Colorize] 옵션으로 모노톤 이미지를 만들 수 있습니다.

예제 파일 Sample \ Part03 \ hue.jpg   **완성 파일** Sample \ Part03 \ hue-w.psd

예제 파일

완성 파일

1 색조 변경하기

예제 파일을 불러온 후 [Adjustments] 패널에서
[Hue/Saturation](⬜)을 클릭합니다. [Hue]
값을 '-180'으로 설정합니다. 사진의 전체 색조
가 함께 변경됩니다.

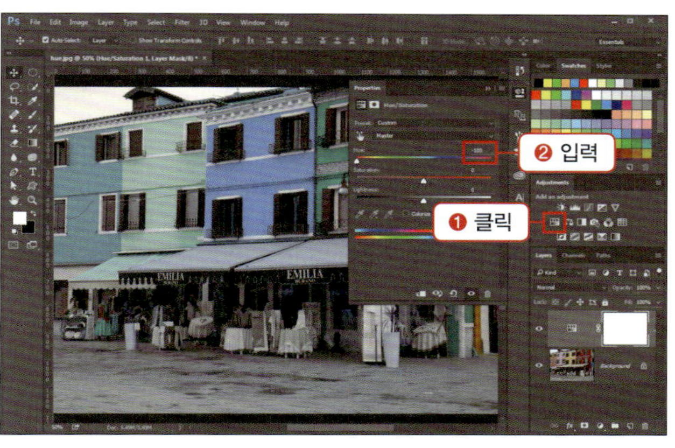

[Contrast] 패널 살펴보기

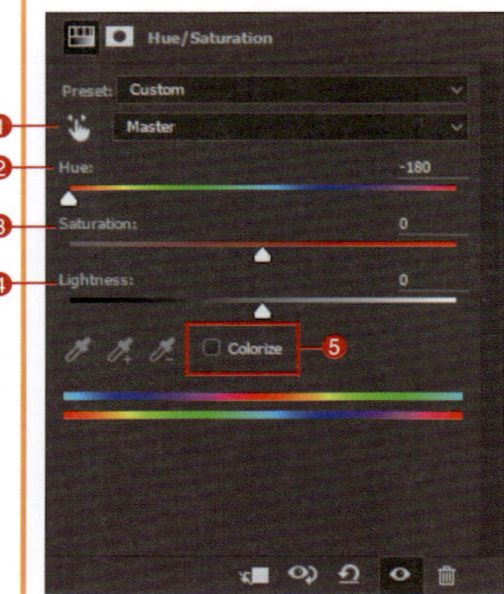

❶ : 클릭하여 활성화한 후 이미지에 마우스 포인터를 가져가 클릭한 채 드래그하면 해당 색상 영역의 채도가 조정됩니다. Ctrl을 누르고 클릭한 채 드래그하면 해당 색상 영역의 색조가 조정됩니다. 이 버튼 오른쪽의 선택 상자는 조정할 색상 범위를 설정합니다. [Master]의 경우 전체 색상 범위를 조정합니다.

❷ Hue : 이미지의 원래 색상을 기준으로 색상환을 회전하면서 색조를 변경합니다.

❸ Saturation : 전체 색상이나 선택한 색상 영역의 채도를 변경합니다.

❹ Lightness : 전체 색상이나 선택한 색상 영역의 명도를 변경합니다.

❺ Colorize : 체크하면 특정 색상의 모노톤 이미지가 만들어집니다. 모노톤은 검은색을 제외한 1가지 색상을 이용하여 명도와 채도만을 달리해 구성한 이미지를 말합니다.

2 모노톤 이미지 만들기

[Colorize]를 체크 표시합니다. [Hue] 값을 '35'로 설정합니다. 설정한 색상을 모노톤 이미지가 만들어집니다. [Saturation] 값을 '25'로 설정하며 채도를 조절합니다.

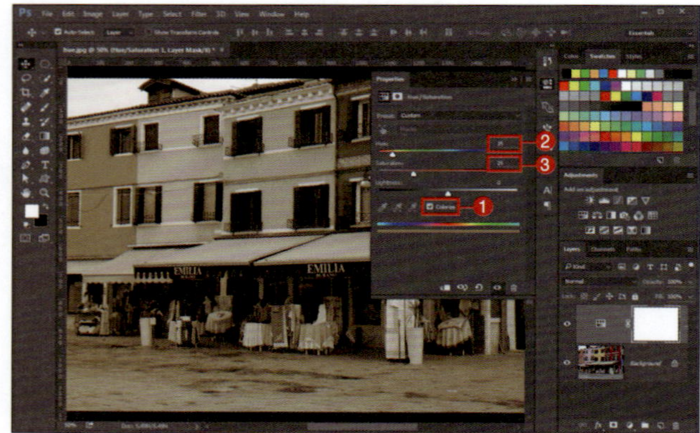

3 대비 보정하기

[Adjustments] 패널에서 [Brightness/Contrast()]를 클릭합니다. [Contrast] 값을 '30'으로 설정하여 대비를 높입니다. ▶▶ 아이콘을 클릭하여 [Properties] 패널을 닫습니다. 보정된 사진을 확인합니다.

[Gradient Map]으로 분위기 있는 사진 만들기

8

[Gradient Map](▣)은 이미지에 그레이디언트 색상을 맵핑하는 메뉴입니다. 이미지의 어두운 영역에는 그레이디언트의 시작(왼쪽) 색상이, 밝은 영역에는 끝(오른쪽) 색상이, 중간 밝기 영역에는 중간에 위치한 색상이 맵핑됩니다.

예제 파일 Sample\Part03\gradient map.jpg　　**완성 파일** Sample\Part03\gradient map-w.psd

예제 파일

완성 파일

 **1** **메뉴 클릭하기**

예제 파일을 불러온 후 [Adjustments] 패널에서
[Gradient Map](▣)을 클릭합니다.

 **2 그레이디언트 프리셋 불러오기**

■를 클릭한 후 ⚙▾를 클릭합니다.
[Pastels] 메뉴를 클릭합니다.

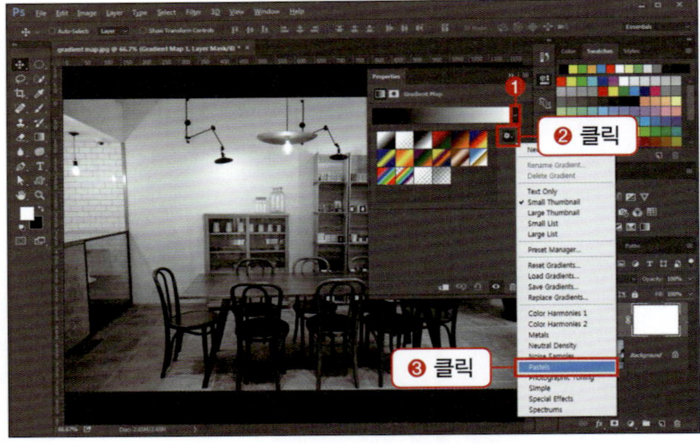

'현재 그레이디언트를 파스텔 그레이디언트로 대체하시겠습니까?' [OK] 버튼을 클릭합니다.

 **3 그레이디언트 선택하기**

불러와진 그레이디언트들 중 첫 번째 그레이디언트를 선택합니다. 그레이디언트 색상이 맵핑됩니다.

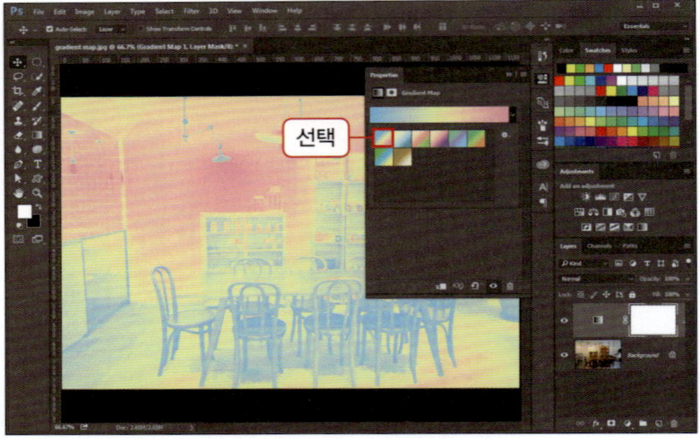

 **4 레이어 불투명도 설정하기**

[Dither]와 [Reverse]를 체크 해제합니다. 조정 레이어의 [Opacity] 값을 '35%'로 설정합니다.

 **밝기와 대비 보정하기**

[Adjustments] 패널에서 [Brightness/Contrast]
( )를 클릭합니다. [Brightness]를 '-10',
[Contrast]를 '30'으로 설정합니다. 아이콘
을 클릭하여 [Properties] 패널을 닫습니다.

 **보정된 사진 확인하기**

보정된 사진을 확인합니다.

특정 색상 영역만 보정하는 [Selective Color]

9

[Selective Color]()를 이용하면 다른 색상 영역에 영향을 주지 않으면서 특정 색상 영역에 사용된 원색의 양을 조정할 수 있습니다. 예를 들어, Red 계열 영역의 Cyan 색상의 양을 그대로 유지하면서 Yellows 계열 영역의 Cyan 색상의 양을 늘리거나 줄일 수 있습니다.

예제 파일 Sample \ Part03 \ selective color.jpg   **완성 파일** Sample \ Part03 \ selective color-w.psd

예제 파일

완성 파일

1 메뉴 클릭하기

예제 파일을 불러온 후 [Adjustments] 패널에서 [Selective Color]를 클릭합니다.

2 'Reds' 색상 보정하기

[Colors]를 'Reds'로 설정한 후 [Cyan]을 '-50', [Magenta]를 '50', [Yellow]를 '0', [Black]을 '0'으로 설정합니다.

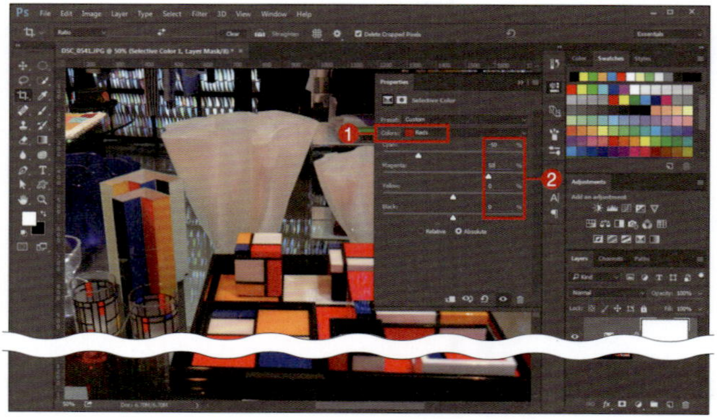

[Selective Color] 패널 살펴보기

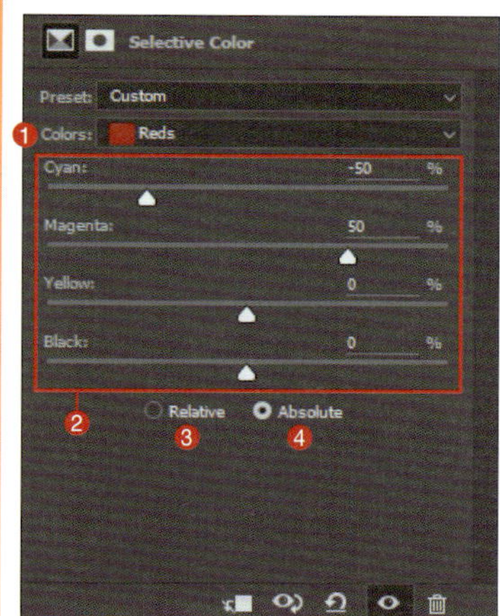

❶ Colors : 조정할 색상 영역을 선택합니다.

❷ CMYK(Cyan, Magenta, Yellow, Black) : 슬라이더를 클릭한 채 드래그하여 해당 색상의 양을 늘리거나 줄입니다.

❸ Relative : 상대 값으로 색상을 조정합니다. 예를 들어, 기존 Magenta가 50%인 픽셀에 Magenta 10%를 추가하면(50%의 10%는 5%이므로) 실제로는 5%가 추가되어 55%가 됩니다.

❹ Absolute : 절대 값으로 색상을 조정합니다. 예를 들어, 기존 Magenta가 50%인 픽셀에 Magenta 10%를 추가하면 60%가 됩니다.

3 'Blues' 색상 보정하기

[Colors]를 'Blues'로 설정한 후 [Cyan]을 '−50', [Magenta]를 '−60', [Yellow]를 '0', [Black]을 '0'으로 설정합니다.

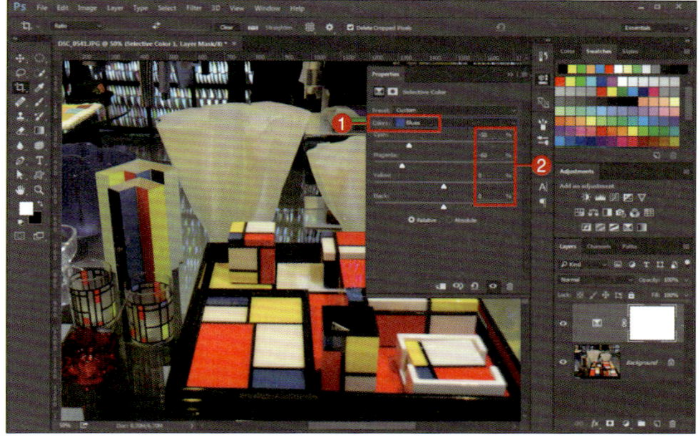

4 'Yellows' 색상 보정하기

[Colors]를 'Yellows'로 설정한 후 [Cyan]을 '0', [Magenta]를 '−100', [Yellow]를 '100', [Black]을 '0'으로 설정합니다.

10 [Channel Mixer]로 빈티지 느낌의 사진 만들기

[Channel Mixer](⊙)는 색상 채널을 혼합하여 색상을 수정하는 메뉴입니다. [Channel Mixer]를 이용하여 빈티지 느낌의 사진을 만들어 보겠습니다.

예제 파일 Sample\Part03\channel.jpg   **완성 파일** Sample\Part03\channel-w.psd

예제 파일

완성 파일

 **1 메뉴 클릭하기**

예제 파일을 불러온 후 [Adjustments] 패널에서
[Channel Mixer](⊙)를 클릭합니다.

 **2 [Red] 채널 수정하기**

[Output Channel]을 'Red'로 설정합니다.
[Red]를 '120'으로, [Green]을 '0'으로, [Blue]를
'-25'로, [Constant]를 '5'로 설정합니다.

3 [Green] 채널 수정하기

[Output Channel]을 'Green'로 설정합니다.
[Red]를 '0'으로, [Green]을 '100'으로, [Blue]를
'−15'로, [Constant]를 '0'로 설정합니다.

4 [Blue] 채널 수정하기

[Output Channel]을 'Blue'로 설정합니다.
[Red]를 '0'으로, [Green]을 '0'으로, [Blue]
를 '30'으로, [Constant]를 '25'로 설정합
니다.

[Channel Mixer] 패널 살펴보기

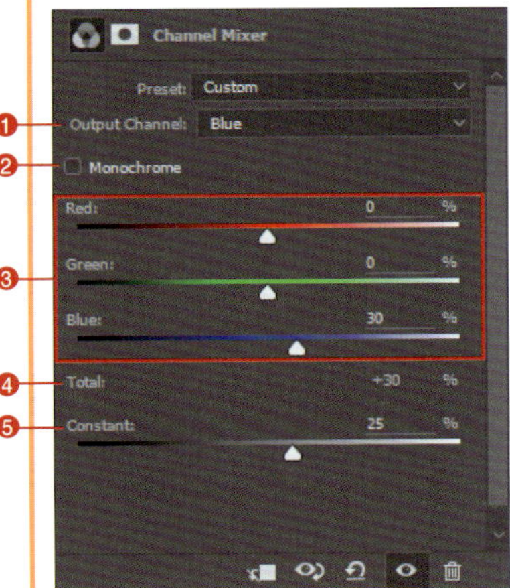

❶ Output Channel : 기존 채널에 혼합할 채널을 선택합니다.

❷ Monochrome : 체크하면 회색 음영 이미지가 만들어집니다.

❸ Red, Green, Blue : 해당 색상 채널의 색상 구성 요소를 변경합니다.

❹ Total : 채널 값의 총합이 표시됩니다. 조합 채널 값이 100%를 넘으면 경고 아이
콘이 나타납니다.

❺ Constant : 슬라이더를 왼쪽으로 이동하면 검은색이, 오른쪽으로 이동하면 흰색
이 추가됩니다.

11 [Black&White]로 색감이 풍부한 흑백 사진 만들기

[Black&White](▣)를 이용하면 흔히 흑백 사진이라 부르는 회색 음영 이미지를 만들 수 있습니다. 특정 색상 영역의 밝기를 조절할 수 있기 때문에 일반적인 방법으로 만드는 것보다 풍부한 명암을 표현할 수 있습니다.

예제 파일 Sample \ Part03 \ black&white.jpg　　**완성 파일** Sample \ Part03 \ black&white-w.psd

예제 파일

완성 파일

1 메뉴 클릭하기

예제 파일을 불러온 후 [Adjustments] 패널에서
[Black&White](▣)를 클릭합니다.

2 Red 계열 영역 밝기 조정하기

채도가 없어지고 회색 음영으로 만들어집니다.
[Reds] 값을 '-20'으로 설정합니다. 원본 사진
에서 Red 계열의 색상이 사용된 영역이 어두워
집니다.

3 Yellow, Green 계열 영역 밝기 조정하기

[Yellows]와 [Greens]를 '90'으로 설정합니다.
원본 사진에서 Yellow, Green 계열의 색상에
사용된 영역이 밝아집니다.

4 Cyan과 Blue 계열 영역 조정하기

[Cyans]를 '120', [Blues]를 '100'으로 설정합니
다. 원본 사진에서 Cyan, Blue 계열의 색상에
사용된 영역이 밝아집니다.

 **5 Magenta 계열 영역 조정하기**

[Magentas]를 '-80'으로 설정합니다. 원본 사진에서 Magentas 계열의 색상에 사용된 영역이 어두워집니다.

[Black&White] 패널 살펴보기

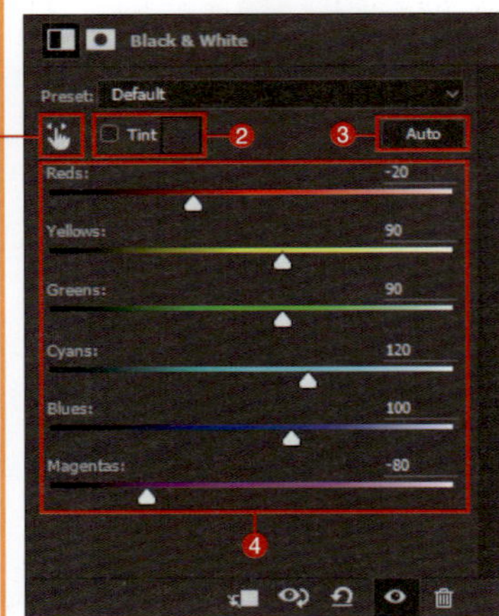

❶ : 클릭하여 활성화한 후 이미지에 마우스 포인터를 가져가 클릭한 채 드래그하면 해당 색상 계열 영역이 조정됩니다.

❷ **Tint** : 체크하면 색상자의 색조가 적용되어 모노톤 이미지가 만들어집니다. 색상자를 클릭하면 [Color Picker] 대화상자가 나타나 색상을 변경할 수 있습니다.

❸ **Auto** : 클릭하면 각 색상 계열의 값이 자동으로 조정됩니다.

❹ **색상 계열 조정 슬라이더** : 특정 색상의 회색 색조를 조정합니다. 원래 색상의 회색 색조를 어둡게 하려면 슬라이더를 왼쪽으로 이동하고, 밝게 하려면 오른쪽으로 이동합니다.

[Photo Filter]로 화이트 밸런스 조정하기

12

날씨나 조명 등의 이유로 실제 흰색이 사진에 제대로 표현되지 않는 경우를 화이트 밸런스(색 온도)가 맞지 않은 사진이라 부릅니다. [Photo Filter] 메뉴로 화이트 밸런스를 맞춰보겠습니다.

예제 파일 Sample \ Part03 \ photofilter.jpg   **완성 파일** Sample \ Part03 \ photofilter-w.psd

예제 파일

완성 파일

1 메뉴 클릭하기

예제 파일을 불러온 후 [Adjustments] 패널에서
[Photo Filter]( )를 클릭합니다.

2 필터 종류 선택하기

사진 전체에 띠고 있는 색상의 보색을 사진에 추가하면 해당 색상이 옅어지고 화이트 밸런스가 맞춰지게 됩니다. 여기서 보색은 색상환에서 마주보는 위치에 있는 색상을 말합니다. [Filter]를 'Cooling Filter (82)'로 설정합니다.

3 색상 농도 설정하기

[Density] 값을 '70%'로 설정합니다. 선택한 필터의 색상 농도가 더욱 진해집니다.

TIP

[Photo Filter] 패널 살펴보기

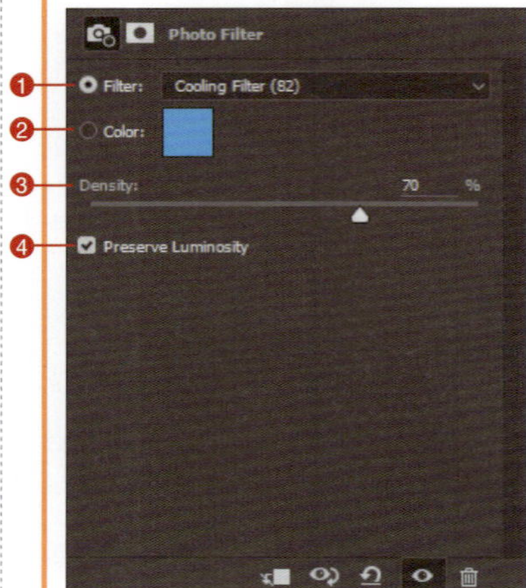

❶ **Filter** : 사전 설정 필터를 사용하여 색상 균형을 조정합니다. 색 온도 증가, 색 온도 감소, 설정 색상 필터가 있습니다.

❷ **Color** : [Color Picker] 대화상자로 설정한 색상을 필터로 사용합니다.

❸ **Density** : 색상의 농도를 설정합니다. 값을 높게 설정할수록 진한 농도로 적용됩니다(1~100).

❹ **Preserve Luminosity** : 체크하면 색상 필터 추가에 의해 이미지가 어두워지는 현상을 방지합니다.

13 [Color Lookup]으로 빛바랜 느낌의 사진으로 보정하기

[Color Lookup](▦)은 저장된 설정을 불러와 이미지에 색감을 추가합니다. 간단하게 다양한 색상으로 보정할 수 있어 유용합니다. 아직까지는 포토샵에서 설정 파일을 만들 수 없으므로 기본적으로 제공되는 파일을 사용해야 합니다.

예제 파일 Sample \ Part03 \ colorlookup.jpg　　　**완성 파일** Sample \ Part03 \ colorlookup-w.psd

예제 파일

완성 파일

 **1 [Color Lookup]으로 보정하기**

예제 파일을 불러온 후 [Adjustments] 패널에서 [Color Lookup](▦)을 클릭합니다. [Device Link]를 'TealMagentaGold'로 설정합니다.

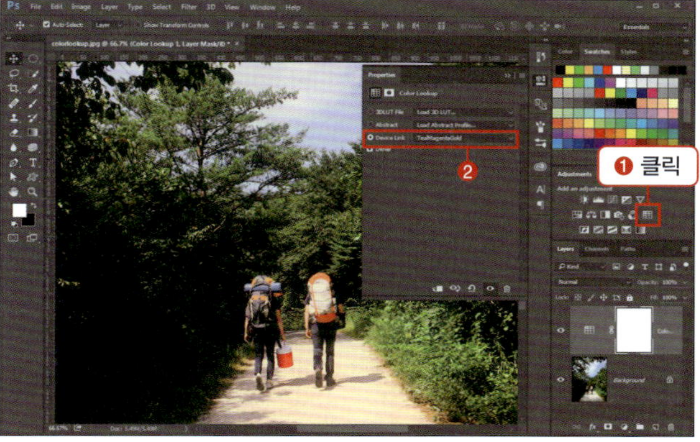

 **2 [Color Lookup]으로 보정하기**

[Abstract]를 'Gold-Crimson'으로 설정합니다. [3DLUT File]을 'Candlelight.CUBE'로 설정합니다.

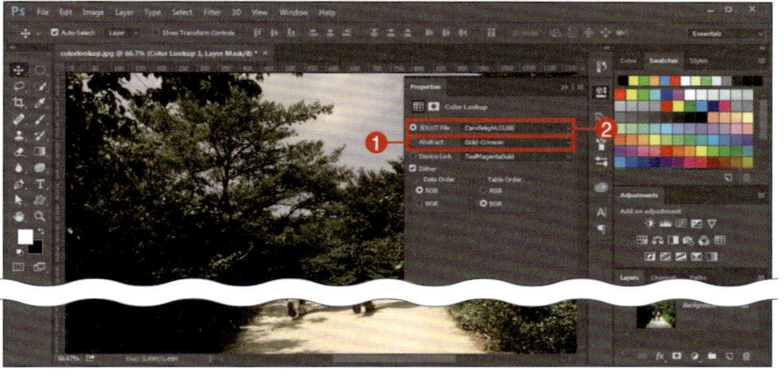

14 [Vibrance]로 채도 조절하기

[Vibrance](■)는 채도를 조절하는 메뉴입니다. [Vibrance] 혹은 [Saturation] 옵션의 값을 조절하여 채도를 높이거나 낮출 수 있으며, 채도를 완전히 낮추면 흑백 사진이 만들어집니다.

예제 파일 Sample \ Part03 \ vibrance.jpg   **완성 파일** Sample \ Part03 \ vibrance—w.psd

예제 파일

완성 파일

1 메뉴 클릭하기

예제 파일을 불러온 후 [Adjustments] 패널에서
[Vibrance](▽)를 클릭합니다.

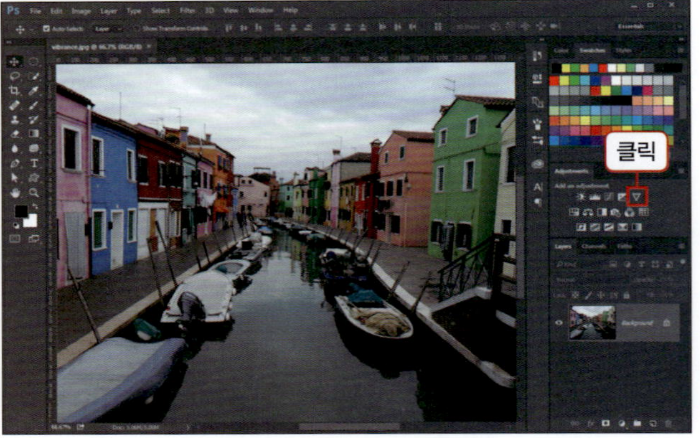

 **[Vibrance] 설정하기**

[Vibrance] 값을 '100'으로 설정합니다. 채도가
높아집니다.

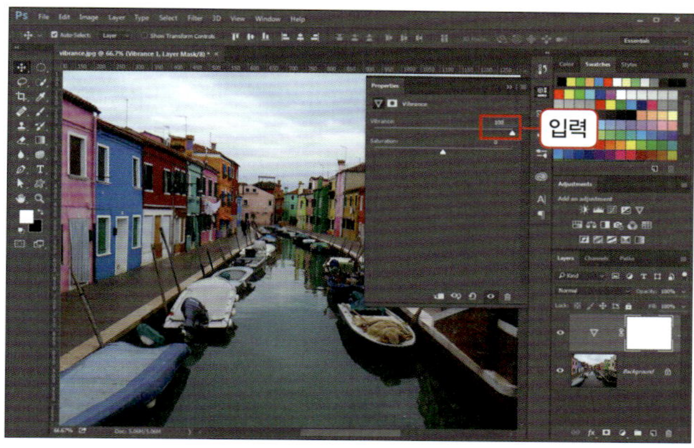

 **[Saturation] 설정하기**

채도를 더 높여보겠습니다. [Saturation]을 '30'
으로 설정합니다. ▶▶ 아이콘을 클릭하여
[Properties] 패널을 닫습니다.

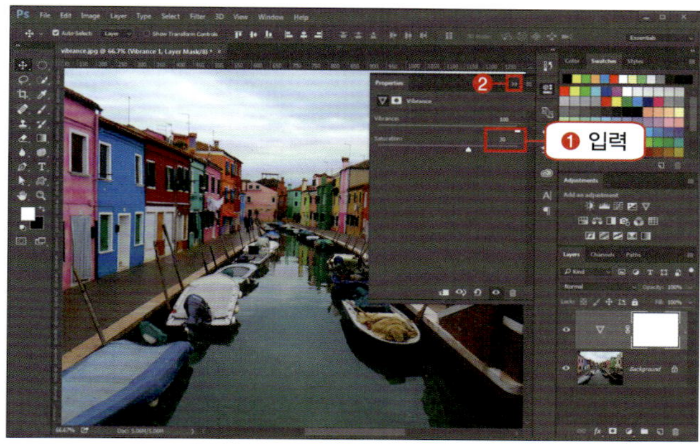

보정된 사진 확인하기

보정된 사진을 확인합니다.

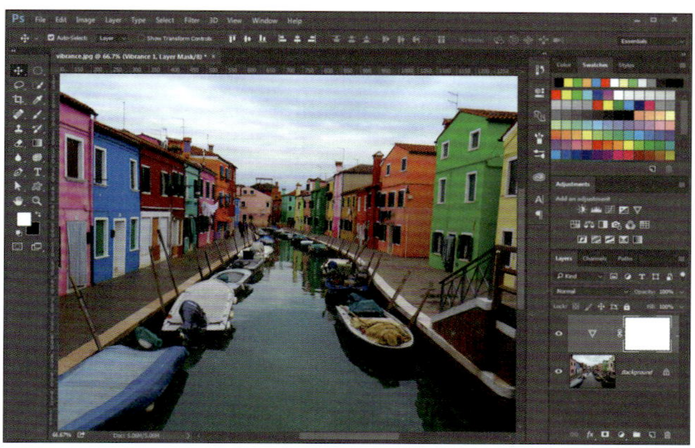

15 [Match Color]로 특정 파일의 색감과 일치시키기

[Match Color]는 지정한 파일의 색감을 작업 중인 파일에 적용하는 메뉴입니다. 작업 창에 열려 있는 파일만 지정할 수 있습니다. 파일을 지정한 후에는 해당 파일의 레이어도 지정하여야 합니다.

예제 파일 Sample \ Part03 \ matchcolor.jpg, 백구.psd　　　**완성 파일** Sample \ Part03 \ matchcolor-w.psd

예제 파일

완성 파일

1 예제 파일 불러오기

[File]-[Open] 메뉴를 이용하여 '백구.psd' 파일을 불러옵니다.

2 색상 적용하기

이어서 'matchcolor.jpg' 파일을 불러옵니다. '백구.psd' 파일의 색상을 'matchcolor.jpg' 파일에 적용해 보겠습니다. [Image]-[Adjustments]-[Match Color] 메뉴를 클릭합니다.

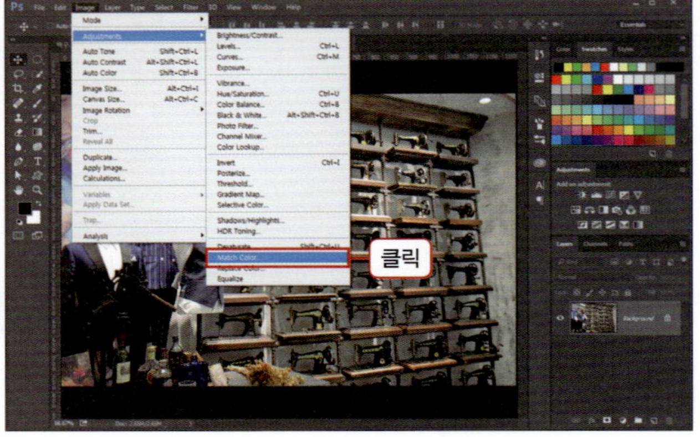

3 소스 파일 설정하기

[Source]를 '백구.psd'로 설정합니다. [Layer]가
'Background' 레이어로 설정되어 있어 해당 파
일의 색상이 완전히 적용되지 않습니다.

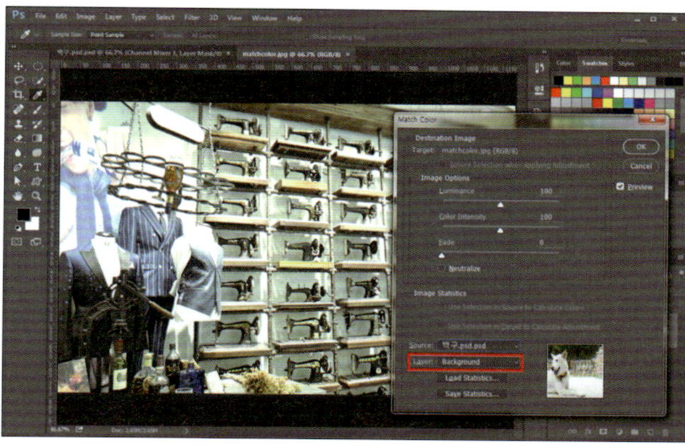

4 소스 파일의 레이어 설정하기

[Layer]를 'Merged'로 설정합니다. 해당 파일
의 레이어들을 모두 병합한 이미지가 소스로 사
용됩니다. 해당 파일의 색상이 적용되었습니다.
[Luminance]를 '100'으로 설정한 후 [OK] 버튼
을 클릭합니다.

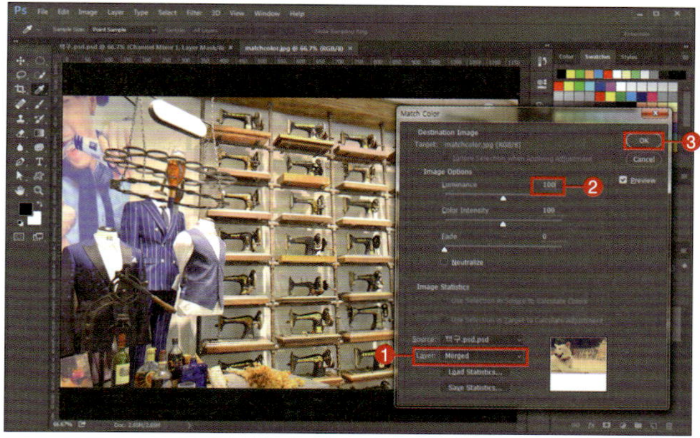

5 보정된 사진 확인하기

'백구.psd' 파일의 색상이 'matchcolor.jpg' 파
일에 적용되었습니다.

16 [Replace Color]로 지정한 색상 영역만 수정하기

[Replace Color]는 원하는 색상 영역만 선택하여 수정하는 메뉴입니다. 지정한 색상 영역의 색조와 채도, 명도를 수정할 수 있습니다.

예제 파일 Sample \ Part03 \ replace.jpg　　　**완성 파일** Sample \ Part03 \ replace-w.psd

예제 파일

완성 파일

1 예제 파일 불러오기

예제 파일을 불러옵니다. 노란색 책상 색상을 수정해 보겠습니다.

2 변경할 색상 영역 지정하기

[Image]-[Adjustments]-[Replace Color] 메뉴를 클릭하면 대화상자가 나타납니다. 캔버스에서 노란색이 있는 부분을 클릭합니다. 대화상자에서 해당 부분이 흰색으로 표시됩니다. [Fuzziness]를 '100'으로 설정합니다.

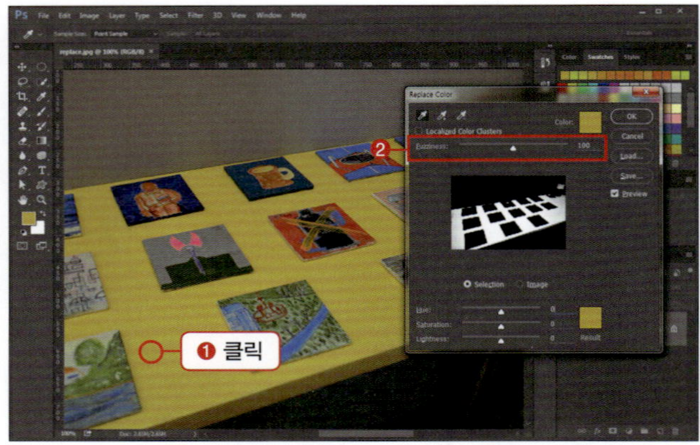

3 [Hue] 설정하기

[Hue]를 '−140'으로 설정합니다. 지정한 영역의
색상만 보라색으로 바뀝니다.

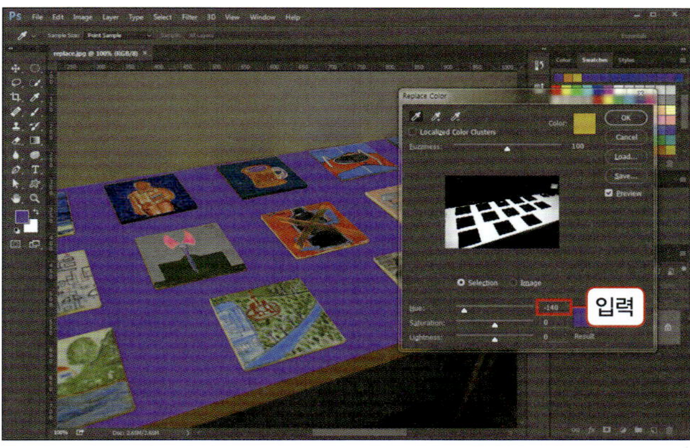

4 [Saturation], [Lightness] 설정하기

[Saturation]을 '60'으로 [Lightness]를 '25'로
설정합니다. 채도와 명도가 보정되어 수정되었
습니다. [OK] 버튼을 클릭합니다.

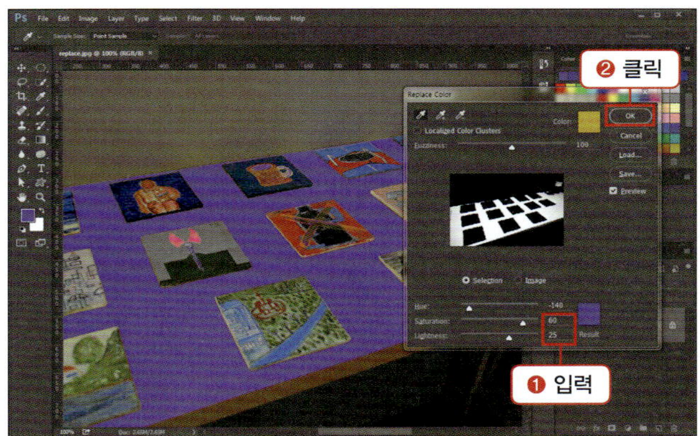

5 수정된 사진 확인하기

수정된 사진을 확인합니다.

17 [HDR Toning] 메뉴로 HDR 이미지 만들기

HDR(High Dynamic Range)은 일반 사진의 색상 계조보다 훨씬 높은 계조(어두운 영역과 밝은 영역 사이의 단계)로 사실적인 이미지, 초현실적인 느낌의 색조를 표현할 수 있습니다.

예제 파일 Sample \ Part03 \ hdr.jpg   **완성 파일** Sample \ Part03 \ hdr-w.psd

예제 파일

완성 파일

1 예제 파일 확인하기

[File]-[Open] 메뉴를 클릭하여 예제 파일을 불러옵니다. [Image]-[Adjustments]-[HDR Toning] 메뉴를 클릭합니다.

2 세부 묘사, 명암, 채도 보정하기

[Detail]을 '300'으로 설정합니다. 픽셀 경계가 선명하게 보정됩니다. [Shadow]와 [Highlight]를 '-50'으로 설정하여 어두운 영역과 밝은 영역을 보정한 후 [Vibrance]를 '50'으로 설정하여 채도를 보정합니다.

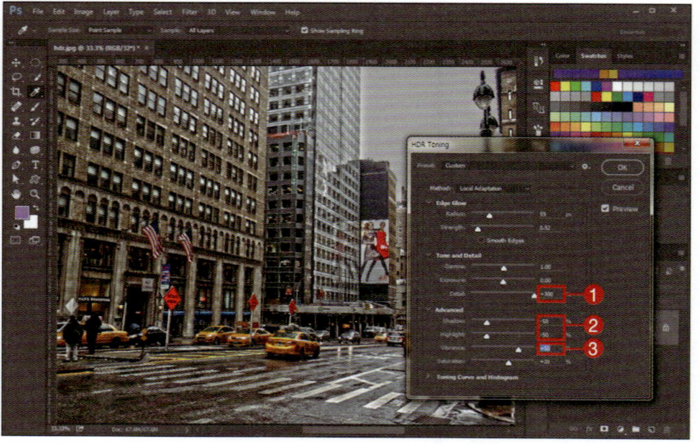

3 [Gamma], [Exposure] 설정하기

[Gamma]를 '0.8'로, [Exposure]를 '1'로 설정합
니다. 색상과 명도가 보정됩니다.

4 [Radius], [Strength] 설정하기

[Radius]를 '10'으로, [Strength]를 '0.5'로 설정합
니다. 픽셀 경계에 적용되는 광선 효과의 크기와
대비가 수정됩니다. [OK] 버튼을 클릭합니다.

5 보정된 사진 확인하기

만들어진 HDR 이미지를 확인합니다.

크기 제한이 없는 벡터도구

비트맵 파일은 사실적인 표현을 해주지만 크기를 자유롭게 늘리면 깨져 보이는 단점이 있습니다. 비트맵 파일을 다루는 대표적인 프로그램인 포토샵에서는 크기의 제약이 있지만 비트맵 파일의 반대 개념인 벡터파일을 지원하는 유일한 기능이 있습니다. 도형을 그리는 도구와 문자를 입력하는 기능에 대해 알아보겠습니다.

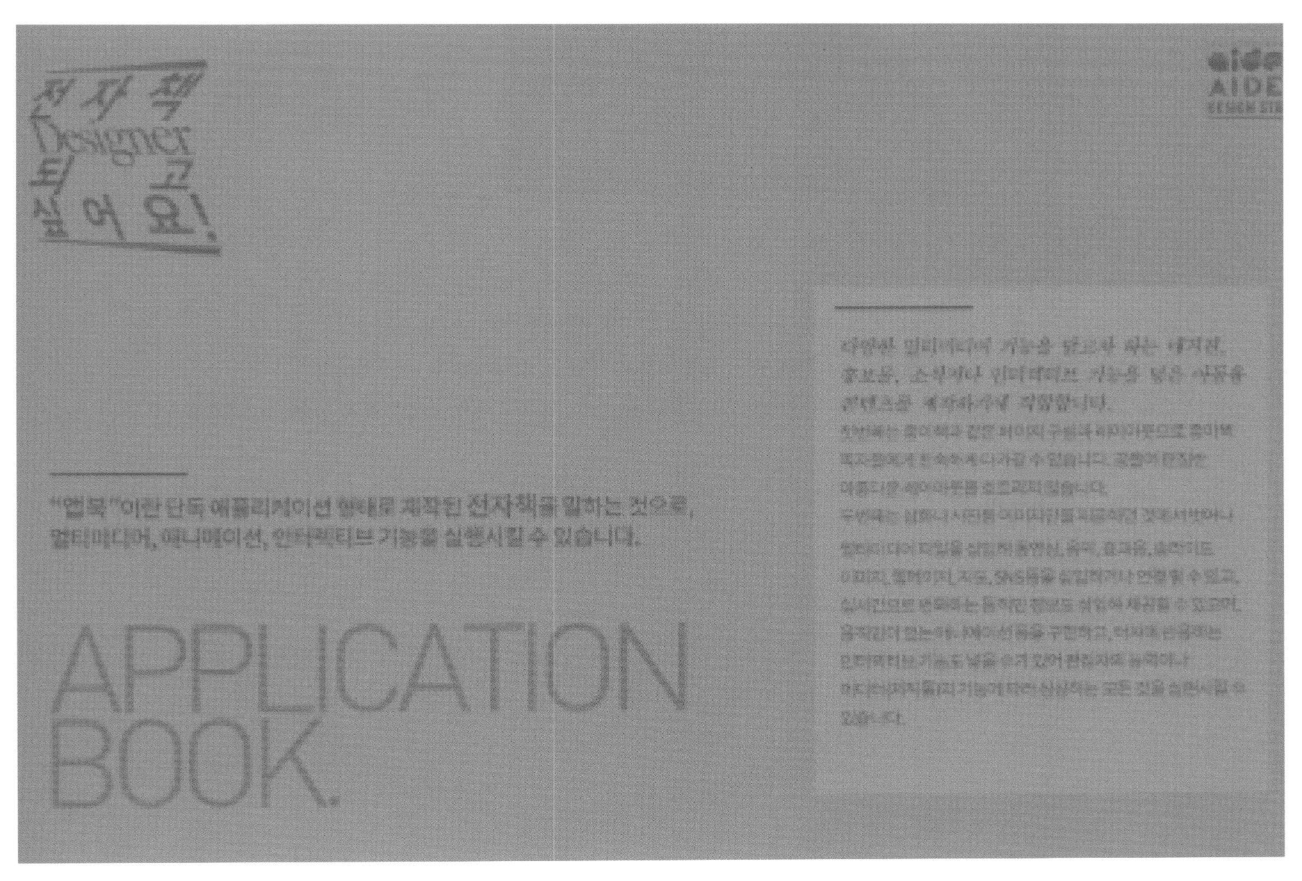

벡터 도형을 자유자재로 그려주는 Pen Tool

펜을 이용해 그림을 그리듯 자유롭게 형태를 그릴 수 있는 [Pen Tool]은 포토샵에서 지원하는 기본 도형과 사용자 정의 도구 이외에도 사용자가 원하는 모양을 그릴 수 있습니다.

1 [Pen Tool] 사용하기

앞에서 설명한 모양으로 도형을 그리는 [Shape Tool]( )은 포토샵에서 정해진 패스를 기본으로 모양을 그리는 도구이지만 [Pen Tool]( )은 사용자가 자유롭게 패스를 그릴 수 있습니다. [Shape Tool]( )이나 [Pen Tool]( )로 그린 모양의 결과는 옵션 바에 Pick tool mode에 따라 속성이 같습니다.

1 [Pen Tool] 살펴보기

패스를 그릴 수 있는 도구에 대해 살펴보겠습니다.

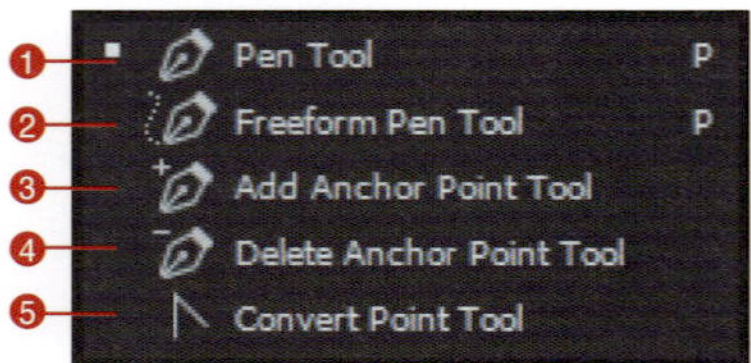

❶ Pen Tool( ) : 사용자가 직접 패스선을 그릴 때 사용하는 도구입니다.

❷ Freeform Pen Tool( ) : 드래그하여 자유롭게 곡선패스를 그릴 때 사용하는 도구입니다.

❸ Add Anchor Point Tool( ) : 패스선에 앵커 포인트를 추가할 때 사용하는 도구입니다.

❹ Delete Anchor Point Tool( ) : 패스선에 앵커 포인트를 삭제할 때 사용하는 도구입니다.

❺ Convert Point Tool( ) : 방향 선을 만들거나 곡선 패스를 직선 패스로 앵커 포인트를 변환할 때 사용하는 도구입니다.

2 [Pen Tool] 옵션 바 살펴보기

패스를 그릴 수 있는 도구를 선택한 후 [Pick tool mode]의 형식에 따른 결과와 옵션 바의 설정을 살펴보겠습니다.

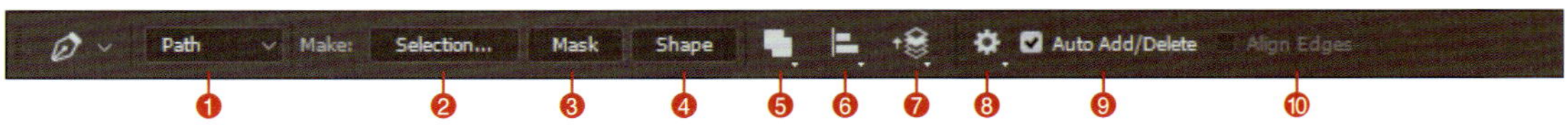

❶ Pick tool mode : Shape, Layer 두 가지 옵션으로 모양의 결과가 달라집니다.

- Shape : 패스를 만들면 전경색으로 영역이 채워집니다. [Layer] 패널에 자동으로 새 레이어가 생성되며, [Paths] 패널에는 그려진 모양이 'Shape Path'로 생성됩니다.
- Path : [Layer] 패널에는 변화가 없으며, [Paths] 패널에는 그려진 모양이 'Work Path'로 생성됩니다.

❷ Selection : 선택한 패스를 선택 영역으로 만듭니다.

❸ Mask : 선택한 레이어에 선택한 패스의 모양으로 벡터 마스크를 만듭니다.

❹ Shape : 선택한 패스를 모양 레이어(Shape Layer)로 만듭니다.

❺ Path operations( ) : 선택한 패스들을 편집합니다.

- New Layer : 새로운 모양 레이어로 패스를 만듭니다. [Pick tool mode]를 'Shape'로 설정했을 때 사용할 수 있습니다.
- Combine Shaper : 기존 모양과 새로 만드는 모양을 결합합니다.
- Subtract Shape Areas : 기존 모양에서 새로 만드는 모양을 뺍니다.
- Intersect Shape Areas : 기존 모양과 새로 만드는 모양의 교차 영역을 남깁니다.
- Exclude Overlapping Shape : 기존 모양과 새로 만드는 모양의 교차 영역을 뺍니다.
- Merge Shape Components : [Path Selection Tool]( )로 선택한 패스들을 병합합니다. 이 명령은 같은 레이어 내에서 만들어진 패스들을 선택했을 때만 활성화됩니다.

❻ Path alignment( ) : 선택한 패스들을 기준에 맞춰 정렬합니다.

❼ Path arrangement( ) : 선택한 패스의 누적 순서를 변경합니다.

❽ : [Pen Tool]( )을 선택한 상태에서는 [Rubber Band] 옵션이 나타납니다. 체크 표시하면 패스를 만들 때 마지막 기준점에서 마우스 포인터가 위치한 지점까지 만들어질 패스가 미리 보기로 표시됩니다.

❾ Auto Add/Delete : 체크 표시하면 패스를 경과할 때 포인트를 자동으로 추가하거나 삭제합니다.

❿ Align Edges : 체크 표시하면 픽셀 격자와 패스 가장자리의 위치를 일치시킵니다.

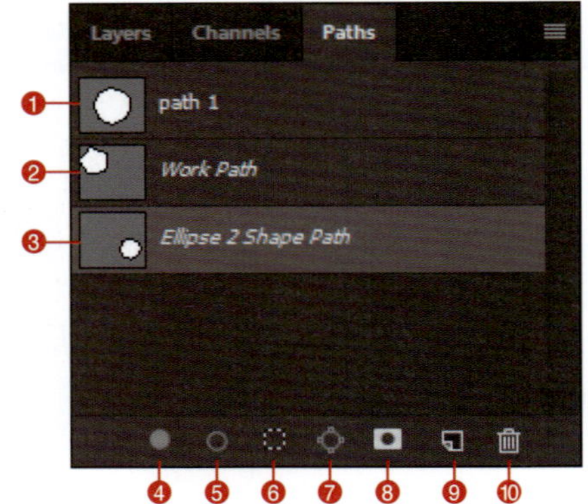

3 [Paths] 패널 살펴보기

[Pen Tool]( )이나 [Rectangle Tool]( ) 등으로 만든 패스를 확인하고 관리하는 패널입니다.

❶ **Path** : 저장한 패스입니다. 'Work Path'의 상단으로 등록되며 계속해서 사용할 수 있습니다.

❷ **Work Path** : [Pick tool mode]를 'Path'로 설정한 상태에서 패스를 만들 경우 해당 패스는 'Work Path'로 만들어집니다. 'Work Path'는 임시 작업패스로, 다른 패스를 만들면 지워지므로 계속해서 사용할 필요가 있다면 더블클릭하여 패스를 저장하여야 합니다.

❸ **Shape Path** : [Pick tool mode]를 'Shape'로 설정한 상태에서 패스를 만들 경우 [Layers] 패널에 모양 레이어 (Shape Layer)가 만들어집니다. 모양 레이어는 패스 정보와 채색 정보를 동시에 가지고 있는 레이어이며, [Layers] 패널에서 모양 레이어를 선택했을 경우 해당 모양 레이어의 패스 모양이 [Paths] 패널에 나타납니다.

❹ : 선택한 패스의 모양으로 채색합니다. [Layers] 패널에서 선택한 레이어의 전경색으로 페인팅됩니다.

❺ : 선택한 패스 라인을 따라 브러시로 선을 그립니다. [Layers] 패널에서 선택한 레이어에 전경색으로 그려지며, [Brush Tool]( )의 설정에 따라 결과가 달라집니다.

❻ : 패스를 선택 영역으로 만듭니다.

❼ : 선택 영역을 'Work Path'로 만듭니다.

❽ : 레이어 마스크와 벡터 마스크를 차례대로 만듭니다.

❾ : 새 패스를 만듭니다.

❿ : 선택한 패스를 삭제합니다.

패스

패스선의 구성을 살펴보겠습니다.

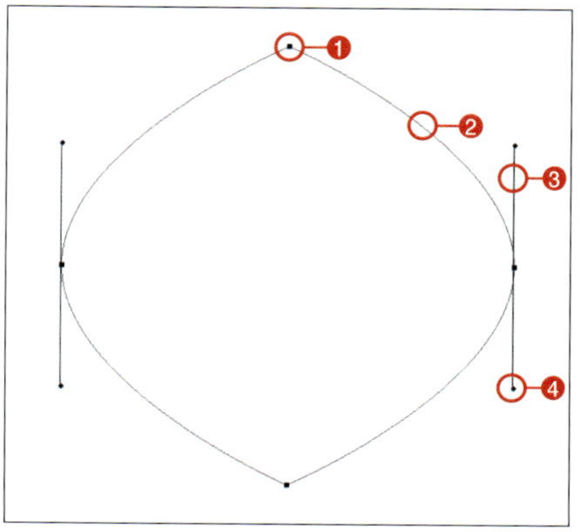

● **Anchor Point :** 패스의 기준이 되는 점으로, 사용자가 직접 클릭하여 생성시킬 수 있습니다.

② **Path :** 앵커 포인트와 앵커 포인트를 연결하는 직선 또는 곡선을 말합니다.

③ **방향선 :** 패스선의 모양과 각도를 결정합니다.

④ **방향점 :** 패스선의 방향이나 길이, 위치를 [Direct Selection Tool](▶)을 사용하여 수정할 수 있습니다.

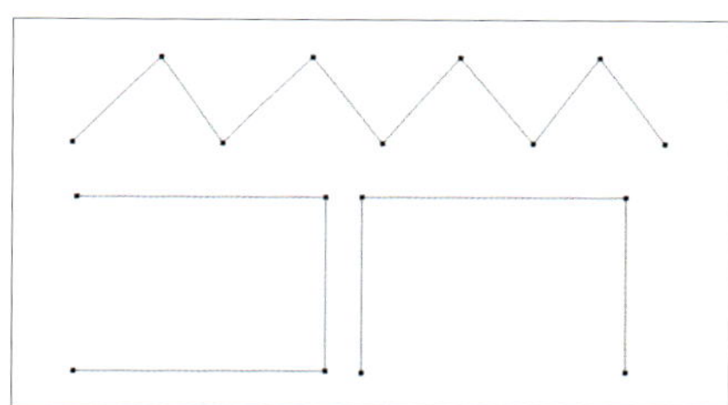

직선 패스는 시작지점을 클릭한 후 앵커 포인트를 생성시킨 지점부터 다른 지점을 클릭하여 그립니다.

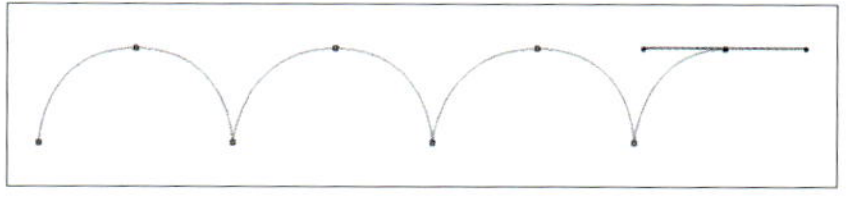

곡선 패스는 시작지점을 클릭한 후 앵커 포인트를 생성시킨 지점부터 다른 지점을 클릭한 상태로 드래그하여 그립니다. 곡선 패스를 그리다가 방향을 바꾸고 싶으면 Alt를 누른 채 마지막 클릭 지점 앵커 포인트를 클릭하여 방향선을 제거한 후 다시 드래그하여 그려줍니다.

2 [Pen Tool]을 사용하여 그린 Path를 선택 영역으로 변환하기

[Pen Tool](✎)을 이용하여 직선과 곡선을 만드는 방법을 알아보고, 이미지의 경계를 따라 패스를 만든 후 선택 영역으로 만드는 방법을 알아보겠습니다. 이 방법을 이용하면 이미지를 깔끔하게 잘라낼 수 있습니다.

예제 파일 Sample \ Part04 \ pentool.jpg   **완성 파일** Sample \ Part04 \ pentool-w.psd

예제 파일

완성 파일

1 직선 패스 만들기

[Pen Tool](✎)을 선택합니다. 이미지의 경계에 클릭하여 기준점을 만든 후 다른 위치에 클릭하여 기준점을 만듭니다. 두 기준점을 잇는 직선 패스가 만들어집니다.

 ## 2 직선 패스 만들기

각 위치에 클릭하여 기준점을 만들면 직선 패스
가 만들어집니다.

 ## 3 곡선 패스 만들기

Space Bar 를 눌러 마우스 포인터가 [손] 로 바뀌
면 일시적으로 화면을 이동할 수 있는 상태가
됩니다. 클릭한 채 드래그합니다. 다음 지점에서
클릭한 채 드래그하면 기준점과 방향선이 만들
어지고 기준점을 연결하는 곡선패스가 만들어
집니다.

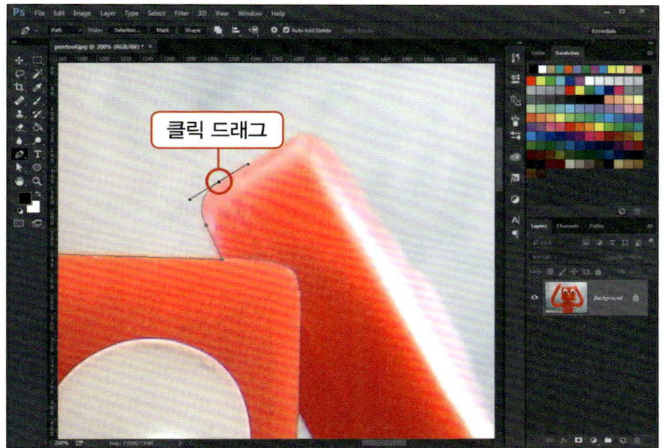

TIP

방향선의 각도와 길이에 따라 곡선의 모양이 결정됩니다. 잘못 만들어졌을 경우 Ctrl + Z 를 눌러 실행을 취소한 후 다시 작업합
니다. 그리고 패스를 그리면서 Ctrl + + , Ctrl + − 를 눌러 줌 인과 줌 아웃을 실행할 수 있습니다.

 **한쪽 방향선 제거하기**

곡선을 만들던 중 직선을 만들어야 할 경우, 혹은 새로운 곡선을 만들어야 할 경우에는 Alt를 누른 후 기준점을 클릭하여 진행 방향선을 제거한 후 패스를 만듭니다.

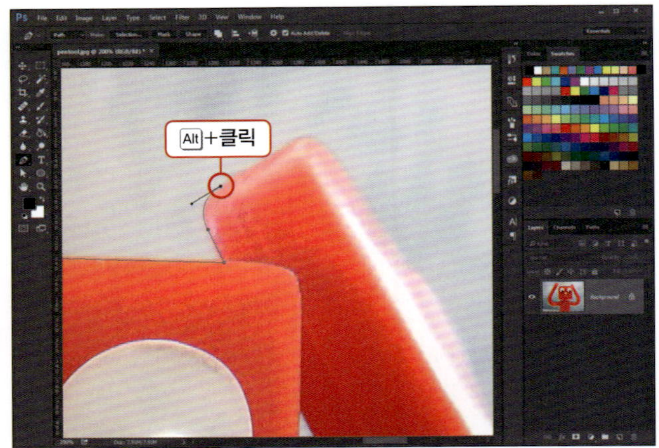

 **패스 만들기 완료하기**

이미지의 경계를 따라 계속해서 패스를 만듭니다. 만들기를 시작했던 기준점에 마우스 포인터를 가져가면 포인터 모양이 바뀝니다(￼). 클릭하거나 클릭한 채 드래그하여 패스를 만들면 패스 만들기가 완료됩니다.

 **패스 일부분 제외하기**

외곽 부분의 패스를 완료했습니다. 옵션 바에 ￼를 클릭하여 [Subtract Front Shape](￼)를 선택해 이미지 공간의 패스 부분을 제외시킵니다.

7 패스를 선택 영역으로 만들기

[Path] 패널을 선택 후 'Work Path'를 선택합니다. [Load path as a selection](   )을 클릭하면 패스가 선택 영역으로 만들어집니다(Ctrl +Enter).

8 선택 영역의 픽셀 제거하기

[Layers] 패널을 선택한 후 [Layer]-[New]-[Layer from Background] 메뉴를 클릭하여 'Background' 레이어를 일반 레이어로 바꿉니다. [Select]-[Inverse] 메뉴를 클릭하여 선택 영역을 반전한 후(Ctrl+Shift+ I) Delete를 눌러 픽셀을 제거합니다. Ctrl+ D 를 눌러 선택을 해제합니다.

타이포그래피의 기본 포토샵 CC 문자 다루기

타이포그래피는 문자를 입력하는 수준에서 벗어나 정보 전달에 있어 훌륭한 수단입니다. 시각적으로도 훌륭한 조형요소를 갖고 있으며 내용을 전달할 수 있는 기본적인 커뮤니케이션 입니다. 독자를 고려한 가독성을 높이기 위해 크기와 자간, 행간 등을 조절할 수 있는 기능을 알아보겠습니다.

1 문자 입력하는 도구와 문자 레이어 살펴보기

글자를 입력하는 문자 도구의 종류와 문자 레이어, 글자체 파일을 설치하는 방법 등에 대해 알아보겠습니다.

1 문자 도구 종류 살펴보기

글자를 입력할 수 있는 문자 도구는 총 네 가지가 있습니다.

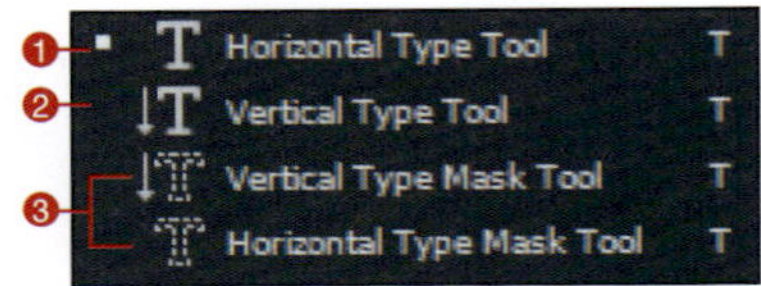

❶ [Horizontal Type Tool](T)은 가로 방향으로 글자를 입력하는 도구입니다.

❷ [Vertical Type Tool](↓T)은 세로 방향으로 글자를 입력하는 도구입니다.

❸ [Horizontal Type Mask Tool](T)과 [Vertical Type Mask Tool](↓T)은 입력한 글자를 선택 영역으로 만드는 도구입니다. 페인팅 작업 등에 바로 사용할 수 있어 편리합니다.

2 문자(Type) 레이어 살펴보기

[Horizontal Type Tool](T)이나 [Vertical Type Tool](↓T)로 글자를 입력하면 문자 레이어가 만들어집니다. 문자 레이어는 입력한 글자 내용과 서식 정보를 가지고 있는 레이어입니다.

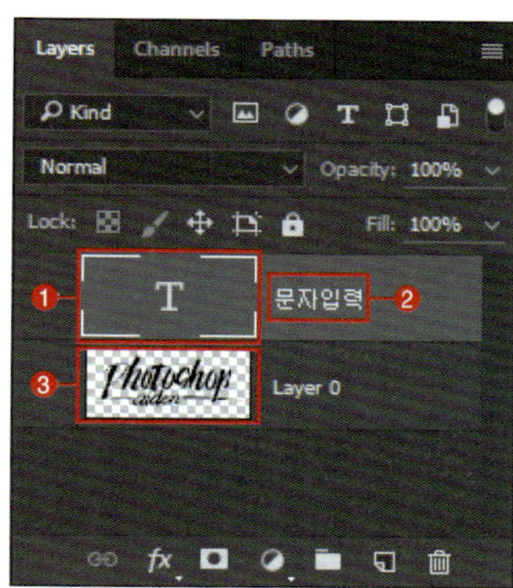

❶ 문자 레이어임을 표시하는 아이콘입니다. 더블클릭하면 해당 문자 레이어에 입력되어 있는 글자 전체가 블록 설정됩니다.

❷ 문자 레이어는 기본적으로 입력한 글자 내용이 레이어 이름 자리에 나타납니다. 더블클릭하여 임의의 레이어 이름으로 변경할 수 있습니다.

❸ 일반 픽셀 레이어입니다.

TIP

레이어를 지원하지 않는 Bitmap, Incexed Color, Multichannel 모드에서는 문자 레이어가 만들어지지 않습니다. [Image]–[Mode] 메뉴를 클릭하여 RGB Color 모드나 CMYK Color 모드로 변환하여야 합니다.

■ **문자 레이어의 작업 제한**
문자 레이어에는 페인팅, 필터, 변형 등 일부 작업을 적용할 수 없습니다. 이러한 작업을 하려면 일반 레이어로 변환하여 픽셀로 만들어야 합니다. 변환된 후에는 글자 내용을 수정하거나 서식을 변경할 수 없으며 다시 문자 레이어로 만들 수도 없습니다.

■ **문자 레이어를 일반 레이어로 변환**
[Layer] 패널에서 문자 레이어를 선택한 후 마우스 오른쪽 버튼을 눌러 [Rasterize Type] 메뉴를 클릭합니다. 혹은 [Type]–[Rasterize Type Layer] 메뉴를 클릭합니다.

 **3** **글자체 알아보기**

■ **글자체 컴퓨터에 설치**
글자체 파일을 잘라 내거나 복사한 후 내 컴퓨터의 'Windows'가 설치된 드라이브(기본 C:)의 [Windows]–[Fonts] 폴더로 들어갑니다. 글자체 파일을 폴더에 붙여 넣은 후 포토샵을 재실행합니다. 이 책에서 사용한 영문 글자체는 http://www.dafont.com에서 내려 받을 수 있습니다.

■ **한글 글자체 이름 한글로 표시**
포토샵에서 한글 글자체의 이름도 영문으로 표시됩니다. [Edit]–[Preferences]–[Type] 메뉴를 클릭하고 [Show Font Names in English]를 해제하면 한글 이름으로 나타납니다.

■ **글자체를 사용할 때 주의사항**
사용한 글자체가 설치되지 않은 컴퓨터에서 파일을 불러올 경우 글자체 확인은 가능하지만 편집은 할 수 없습니다. 이와 같은 문제를 해결하려면 글자체 파일을 준비하거나 다른 글자체로 대체하거나 문자 레이어를 일반 레이어로 변환해야 합니다.

글자 입력하고 서식 설정하기

2

[Horizontal Type Tool](**T**)을 이용하여 글자를 입력하는 방법을 알아보겠습니다. 글자를 입력하는 방법은 간단한 단어를 쓰는데 적합한 포인트 텍스트와 긴 글을 입력하는데 적합한 단락 텍스트로 분류됩니다.

예제 파일 Sample\Part04\문자입력하기.jpg, 본문.txt　　　**완성 파일** Sample\Part04\문자입력하기-w.psd

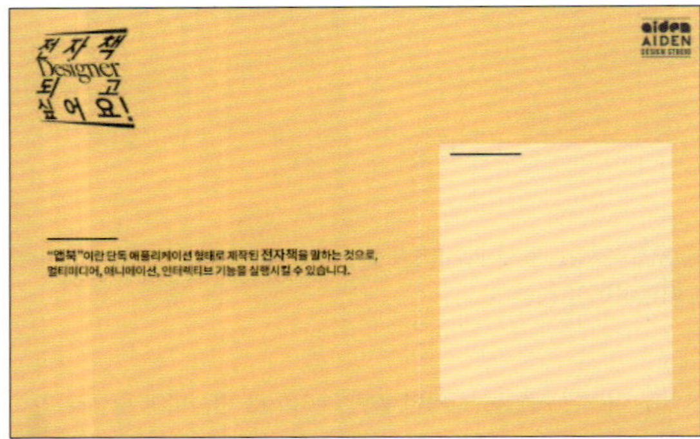

예제 파일

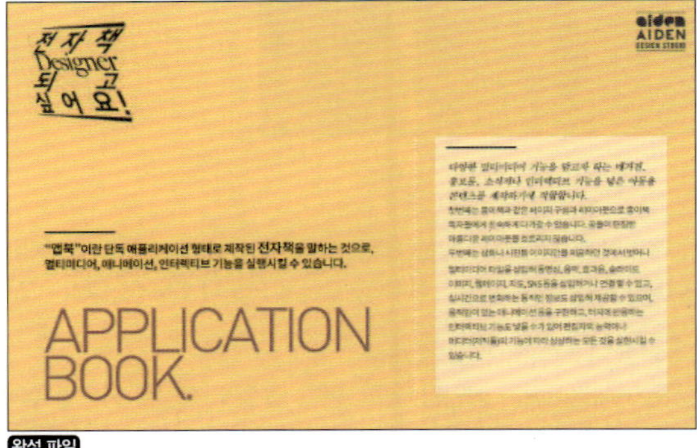

완성 파일

1 글자 입력하기

[Horizontal Type Tool](**T**)을 선택합니다. 캔버스에 클릭한 후 글자를 입력합니다. 글자를 모두 입력한 후 옵션 바에서 ✔를 클릭합니다.

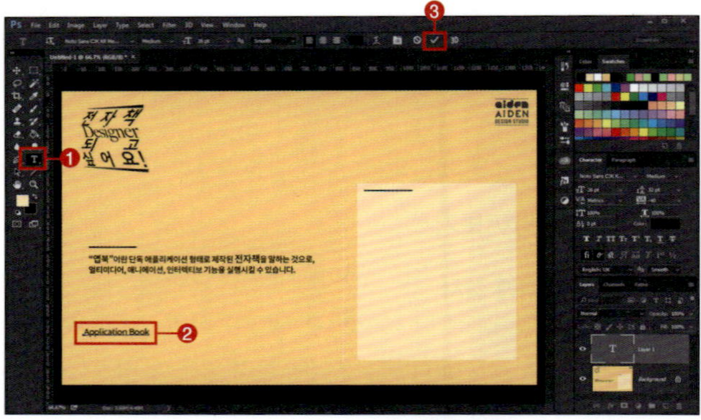

2 서식 변경하기

글자 입력이 완료되었습니다. 옵션 바에서 📋를 클릭합니다. [Character] 패널이 나타납니다. 글자체를 'Dinlig Regular'로, 글자 크기(**T**)를 '130pt', 자간(**VA**)을 '-100'으로, 행간(**A**)을 '100pt', All Caps를 클릭해 소문자를 전부 대문자로 변경합니다. Color를 '#a9786a'로 입력합니다.

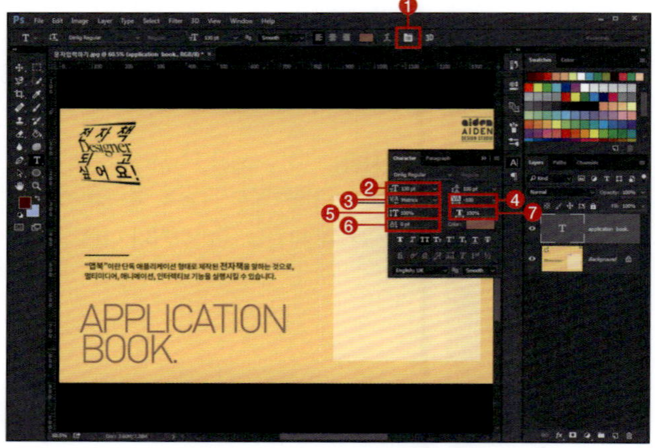

3 글상자 만들기

[Horizontal Type Tool](T)을 선택하고 클릭
한 채 드래그하면 사각형이 그려집니다. 마우스
에서 손을 떼면 해당 크기의 글상자가 만들어집
니다.

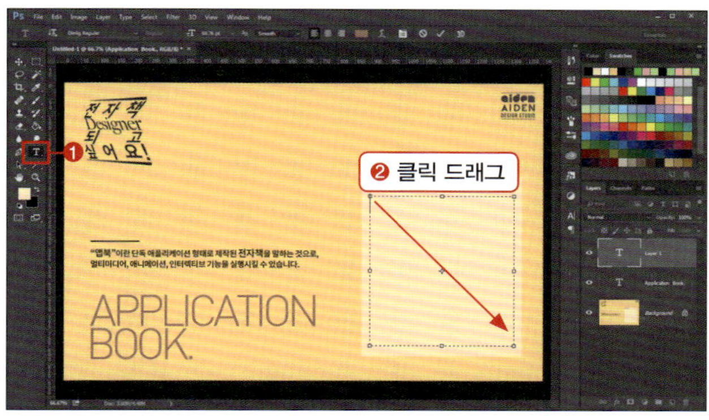

4 메모장 실행하기

메모장 프로그램을 실행한 후 '본문.txt' 파일을
불러옵니다. Ctrl + A 를 누르고 Ctrl + C 를 눌
러 내용을 클립보드로 복사합니다.

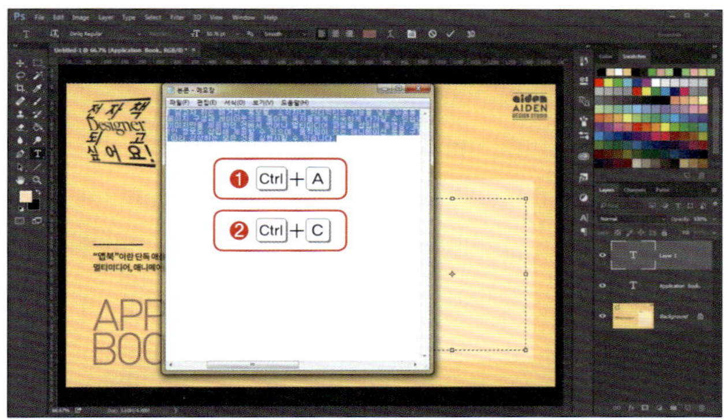

5 글자 붙이기

Ctrl + V 를 누르면 클립보드로 복사한 글자들이
붙여집니다. 옵션 바에서 ✓ 를 클릭합니다.

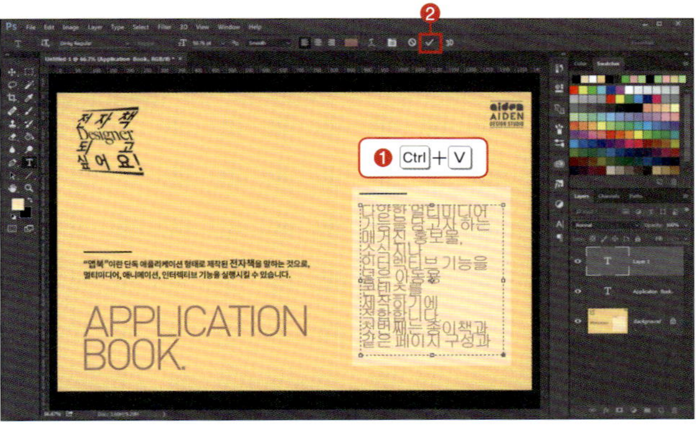

6 서식 변경하기

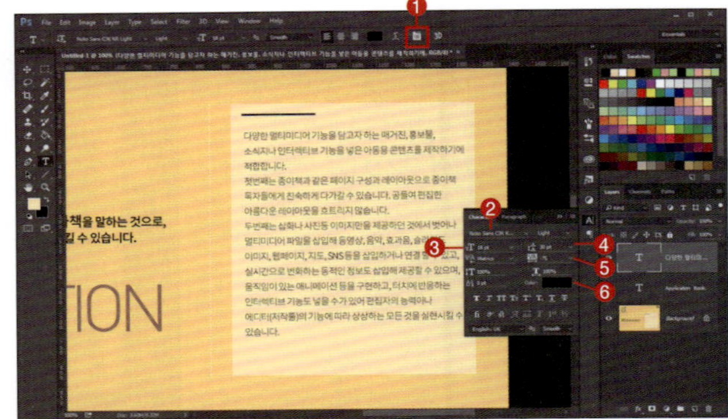

를 클릭하여 [Character] 패널을 불러옵니다. 글자체는 'Noto Sans CJK KR Light', 글자 크기( )는 '18pt', 행간( )은 '30pt', 자간( )은 '−75'로 Color는 '#000000'로 서식을 설정합니다.

TIP

컴퓨터에 설치되어 있는 글자체들 중에서 자유롭게 선택해도 괜찮습니다. 그리고 서체에 따라 자간과 행간의 차이가 있으므로 가독성을 고려하여 서식을 변경하기 바랍니다.

---

7 서식 변경하기

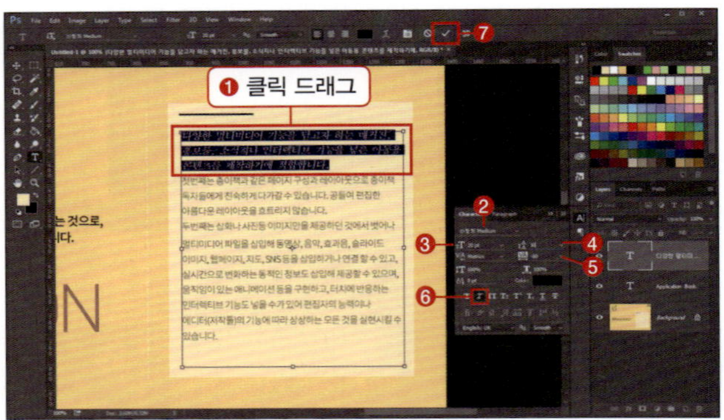

[Horizontal Type Tool]( )을 선택된 상태에서 글자를 클릭한 채 드래그하면 해당 글자들이 블록 설정됩니다. [Character] 패널에서 글자체는 '바탕체 Medium', 글자 크기( )는 '20pt', 행간( )은 '30pt', 자간( )은 '−80', [Faux Italic]을 클릭해 문자를 기울여 서식을 다시 설정합니다. 옵션 바에서 를 클릭합니다.

★ 문자 도구의 옵션 바, [Character] 패널 살펴보기

글자를 입력하는 네 가지 도구(Horizontal/Vertical Type Tool, Horizontal/Vertical Type Mask Tool)의 옵션 바와 [Character] 패널을 살펴보겠습니다. 글자체와 글자 크기, 행간, 자간, 글자 색상 등을 설정할 수 있습니다.

문자 도구의 옵션 바와 [Character] 패널에서 서식을 설정할 수 있습니다. 블록 설정한 경우 해당 문자만, 블록 설정을 하지 않을 경우 선택한 문자 레이어 전체의 서식이 설정됩니다.

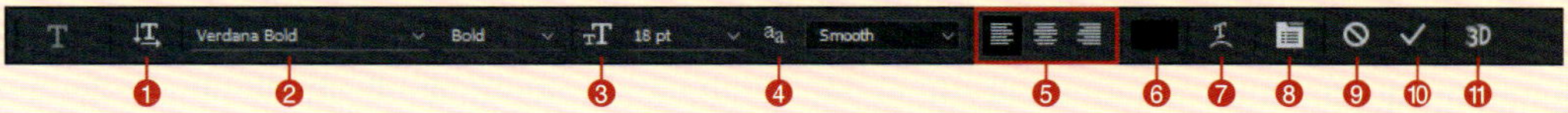

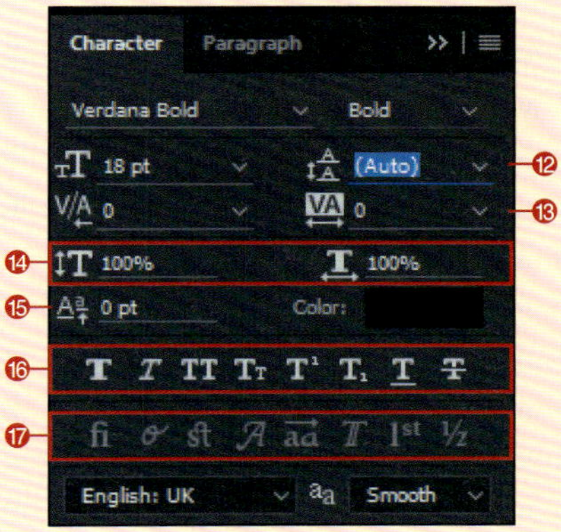

❶ : 문자를 가로 읽기나 세로 읽기로 전환합니다.

❷ 현재 설정된 글자체(폰트)를 확인하고 변경합니다.

❸ : 현재 설정된 문자 크기를 확인하고 변경합니다.

❹ : 문자에 적용할 Anti-alias 방식을 설정합니다.

  • None : 'Anti-alias'를 적용하지 않습니다.
  • Sharp : 가장 선명한 상태로 나타납니다.
  • Crisp : 약간 선명한 상태로 나타납니다.
  • Strong : 문자가 굵게(강하게) 나타납니다.
  • Smooth : 문자가 매끄럽게 나타납니다.

❺ : 문자를 정렬합니다(왼쪽, 가운데, 오른쪽).

❻ 현재 설정된 문자 색상을 확인하고 변경합니다.

❼ : 문자를 왜곡합니다.

❽ : [Character], [Paragraph] 패널을 불러옵니다.

❾ : 문자 입력 및 수정을 취소합니다.

⑩ : 문자 입력 및 수정을 완료합니다.

⑪ : 문자 레이어를 3D 오브젝트로 만듭니다.

⑫ : 행간(행 사이의 간격)을 설정합니다(기본 설정 Auto).

⑬ : 자간(문자 사이의 간격)을 설정합니다(기본 설정 0).

⑭ , : 문자의 세로 및 가로 비율을 설정합니다(기본 설정 100%).

⑮ : 기준선의 위치를 설정합니다.

⑯ 문자의 속성을 설정합니다.
- : 문자를 굵게 만듭니다.
- : 문자를 오른쪽으로 기울입니다.
- : 영문자를 모두 대문자로 변경합니다.
- : 영문자를 모두 소문자로 변경합니다.
- : 위첨자를 만듭니다.
- : 아래첨자를 만듭니다.
- : 문자에 밑줄을 긋습니다.
- : 문자 중간에 취소를 표시하는 줄을 긋습니다.

⑰ 오픈 폰트 글자 속성을 설정합니다.

이미지 합성과 특수효과

일반적인 사진 보정이나 글자 입력에서 벗어나 컴퓨터 그래픽의 고급표현을 합성이나 독특한 필터의 사용으로 현실에서 표현하기 힘든 이미지 연출을 할 수 있습니다. 레이어를 혼합하거나 필터를 사용하고 레이어 스타일 및 채널을 사용함으로써 개성이 있는 그래픽 운용을 할 수 있습니다.

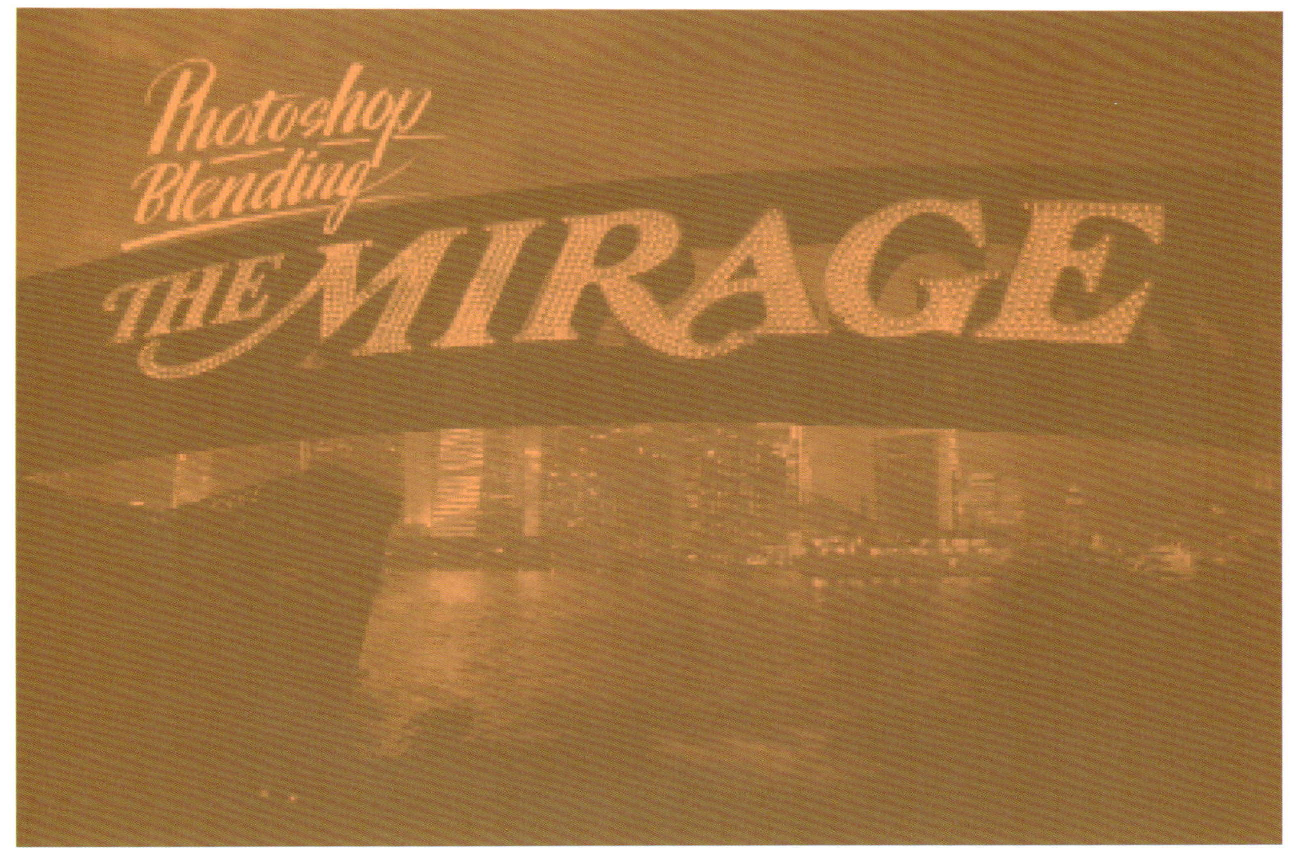

섞어서 표현하는 Blend

블랜드는 '섞다', '혼합하다'라는 의미로 레이어 이미지를 색상, 명도, 채도에 따라 혼합했을 때 나타나는 현상으로 사용하는 방식입니다. 적용하기 쉽고 표현 효과가 탁월하므로 아트웍 작업의 필수 기능입니다.

다양한 블랜드 적용 미리보기

1

블랜드 모드는 선택한 레이어와 아래에 있는 레이어와의 혼합 방식입니다. 선택하는 모드에 따라 여러 가지 방법으로 색상이 혼합되어 결과가 화면에 나타나게 됩니다. 이미지를 합성할 때 많이 사용하는 기능입니다.

예제 파일 Sample \ Part05 \ p15-01.psd

1 블랜드 모드로 레이어 혼합하기

블랜드는 '섞다', '혼합하다'라는 의미로 레이어 이미지를 색상, 명도, 채도에 따라 혼합했을 때 나타나는 현상으로 사용하는 방식입니다. 적용하기 쉽고 표현효과가 탁월하므로 아트웍 작업의 필수 기능입니다.

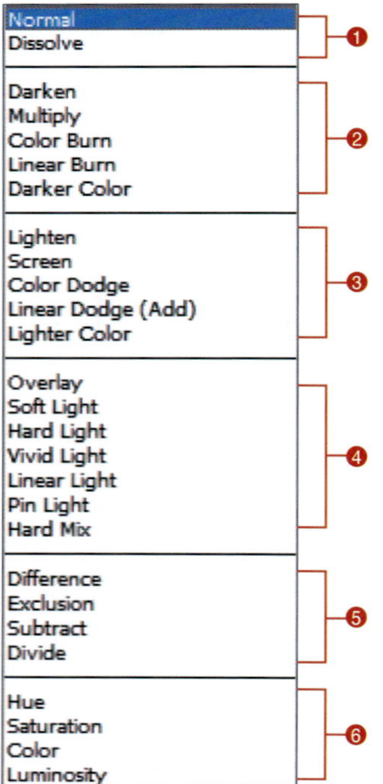

❶ 혼합하지 않고 불투명하게 표현

- Normal : 기본 모드입니다. 혼합하지 않은 원본 상태로 나타냅니다(Shift＋Alt＋N).
- Dissolve : 노이즈를 추가한 것 같이 만듭니다. 불투명도(Opacity)에 따라 노이즈의 양이 달라집니다. 예제 이미지는 [Opacity]를 '70%'로 설정한 모습입니다(Shift＋Alt＋I).

❷ 전체적으로 어둡게 혼합

- Darken : 기본 색상과 혼합 색상 중 더 어두운 색상을 결과 색상으로 나타냅니다(Shift＋Alt＋K).
- Multiply : 기본 색상과 혼합 색상을 곱하여 더 어두운 색상으로 만듭니다(Shift＋Alt＋M).
- Color Burn : 대비(밝은 색상 영역과 어두운 색상 영역의 차이)를 증가시켜 어둡게 만듭니다(Shift＋Alt＋B).
- Linear Burn : 명도(밝기)를 감소시켜 어둡게 만듭니다(Shift＋Alt＋A).
- Darker Color : 혼합 색상과 기본 색상에 대한 모든 채널 값의 총합을 비교하고 더 낮은 값의 색상을 나타냅니다.

❸ 전체적으로 밝게 혼합

- Lighten : 기본 색상과 혼합 색상 중 더 밝은 색상을 결과 색상으로 나타냅니다(Shift+Alt+G).
- Screen : 기본 색상과 혼합 색상의 보색을 곱하여 더 밝은 색상으로 만듭니다(Shift+Alt+S).
- Color Dodge : 대비를 감소시켜 밝게 만듭니다. 검은색과 혼합하면 색상 변화가 없습니다.
- Linear Dodge(Add) : 명도를 증가시켜 밝게 만들며, 검은색과 혼합하면 색상 변화가 없습니다(Shift+Alt+W).
- Linear Color : 혼합 색상과 기본 색상에 대한 모든 채널 값의 총합을 비교하고 더 높은 값의 색상을 나타냅니다.

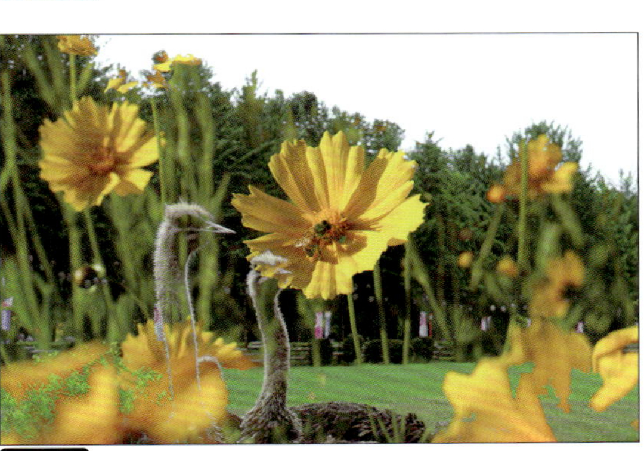

❹ 조명 효과를 준 것처럼 혼합

- Overlay : 기본 색상에 따라 색상을 곱하거나 스크린합니다. 기본 색상의 밝은 영역과 어두운 영역을 보존하면 서 기존 픽셀 위에 겹칩니다(Shift+Alt+O).
- Soft Light : 혼합 색상에 따라 색상을 어둡게 하거나 밝게 하여 확산된 집중 조명을 비추는 것과 같은 효과를 냅니다(Shift+Alt+F).
- Hard Light : 혼합 색상에 따라 색상을 곱하거나 스크린합니다. 강한 집중 조명을 비추는 것과 같은 효과를 냅니다(Shift+Alt+H).
- Vivid Light : 혼합 색상에 따라 대비를 증가 또는 감소시켜 색상을 변하거나 닷지합니다(Shift+Alt+V).
- Linear Light : 혼합 색상에 따라 명도를 증가 또는 감소시켜 색상을 번하거나 닷지합니다(Shift+Alt+J).
- Pin Light : 혼합 색상에 따라 기본 색상을 대체합니다(Shift+Alt+Z).
- Hard Mix : 혼합 색상의 Red, Green, Blue 채널 값을 기본 색상의 RGB 값에 추가합니다(Shift+Alt+L).

Overlay
Soft light
Hard light
Vivid light
Linear light
Pin light
Hard mix

❺ 네거티브 필름으로 보는 것처럼 혼합

- **Difference** : 기본 색상과 혼합 색상 중 명도 값이 더 큰 색상에서 다른 색상을 뺍니다(Shift+Alt+E).
- **Exclusion** : [Difference] 모드와 비슷하지만 대비를 더 낮게 만듭니다(Shift+Alt+X).
- **Subtract** : 기본 색상에서 혼합 색상을 뺍니다.
- **Divide** : 기본 색상에서 혼합 색상을 나눕니다.

❻ 광도와 채도, 색조 중에 한 가지 혹은 두 가지만을 혼합

- Hue : 기본 색상의 광도와 채도 및 혼합 색상의 색조로 결과 색상을 만듭니다(Shift+Alt+U).
- Saturation : 기본 색상의 광도와 색조 및 혼합 색상의 채도로 결과 색상을 만듭니다(Shift+Alt+T).
- Color : 기본 색상의 광도 및 혼합 색상의 색조로 결과 색상을 만듭니다(Shift+Alt+C).
- Luminosity : 기본 색상의 색조와 채도 및 혼합 색상의 광도로 결과 색상을 만듭니다. [Color] 모드의 반대 효과
  를 나타냅니다(Shift+Alt+Y).

2 독특한 블랜드 기법 활용해보기

일반사진을 블랜드 모드 설정으로 독특한 대비를 이루는 아트웍 결과물로 만들어 보겠습니다.

예제 파일 Sample\Part05\blend01.jpg, blend02.jpg, blend03.jpg　　　**완성 파일** Sample\Part05\blend-w.psd

[예제 파일]

[완성 파일]

1 예제 파일 불러오기

[File]-[Open] 메뉴를 클릭하여(Ctrl+O)
'blend01.jpg' 파일을 불러옵니다.

2 블랜드 모드 설정하기

'blend02.jpg' 파일을 불러와 'blend01.jpg' 파일로 이동합니다. 블랜드 모드를 'Linear Light'로 설정합니다.

3 색상 반전하기

'blend03.jpg' 파일을 불러와 'blend01.jpg' 파일로 이동합니다. [Image]-[Adjustments]-[Invert]를 클릭해 색상을 반전시킵니다(Ctrl+I).

4 이미지 변형하기

Ctrl+T를 눌러 조절점을 만듭니다. Ctrl+Alt를 누른 상태에서 조절점을 클릭 후 드래그하여 이미지를 변형합니다.

 **5 블랜드 모드 설정하기**

조절점을 Shift 를 누른 채 클릭 후 드래그하여 사이즈를 작게 조절하여 그림과 같이 배치합니다. 블랜드 모드를 'Screen'으로 설정합니다. 100% 검은색이 제거됩니다.

이미지 합성과 특수효과

블랜드 모드로 뽀샵하기

다양한 블랜드 기법을 통해 이미지를 합성하여 창의적인 연출을 할 수도 있지만 사진을 화사하게 만드는 방법도 있습니다. 간단한 보정을 통해 쉽게 리터칭해 보겠습니다.

예제 파일 Sample＼Part05＼웰시코기.jpg　　　**완성 파일** Sample＼Part05＼웰시코기-w.psd

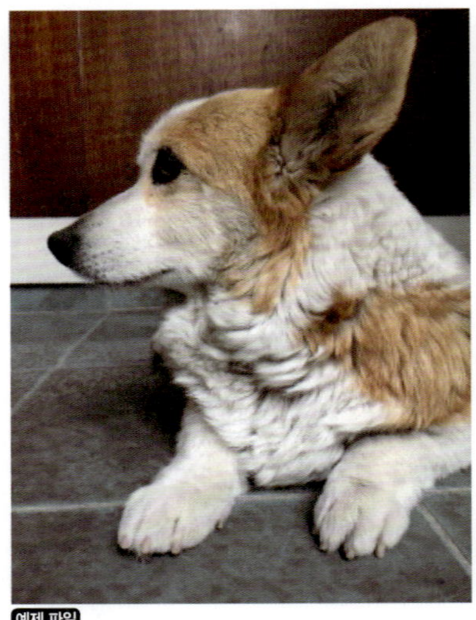
예제 파일

완성 파일

1 예제 파일 불러오기

[File]-[Open] 메뉴를 클릭하여(Ctrl+O) '웰시코기.jpg' 파일을 불러옵니다. Ctrl+J를 누르면 'Background' 레이어가 복제되어 'Layer 1' 레이어가 만들어집니다.

2 필터효과 적용하기

[Filter]-[Blur]-[Gaussian Blur]를 클릭합니다. [Gaussian Blur] 대화상자의 [Radius]를 '10Pixels'를 입력하고 [OK] 버튼을 클릭합니다.

[Gaussian Blur] 필터는 [Tool] 패널의 [Blur Tool]을 이미지 전체에 고루 적용시킨 것과 동일한 효과를 냅니다.

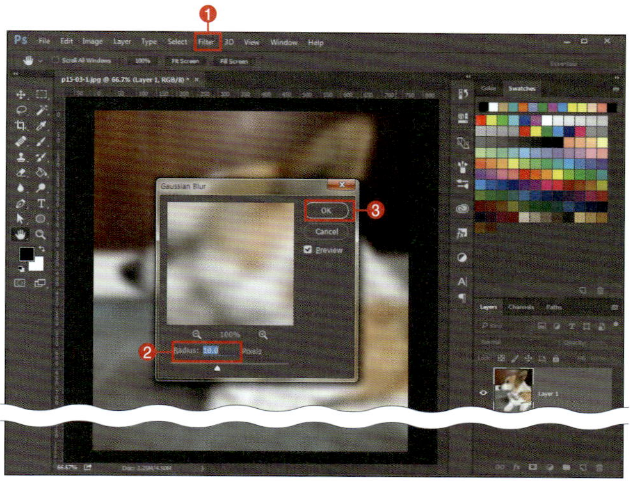

3 블랜드 모드 설정하기

이미지에 전체적으로 [Blur] 효과가 적용되었는지 확인합니다. 블랜드 모드를 'Screen'으로 설정합니다. [Image]-[Adjustments]-[Curves]를 클릭합니다(Ctrl+M). [Curves] 대화상자에서 [Output]을 '45'로, [Input]을 '87'로 입력하고 클릭하여 포인트가 생성되면 [Output]을 '200', [Input]을 '176'으로 입력하고 [OK] 버튼을 클릭합니다.

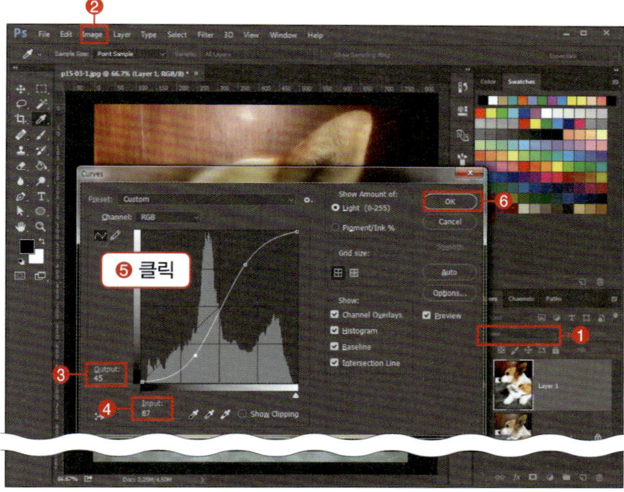

4 이미지 정돈하기 ①

부드러운 이미지가 연출되었습니다. 좀 더 선명하게 이미지를 정돈하겠습니다. [Eraser Tool] (⬛)을 클릭합니다. 옵션 바에 ⬛를 클릭하여 [Soft Round] 브러시를 선택합니다. [Size]는 '150px', [Opacity]를 '30%' 로 입력합니다.

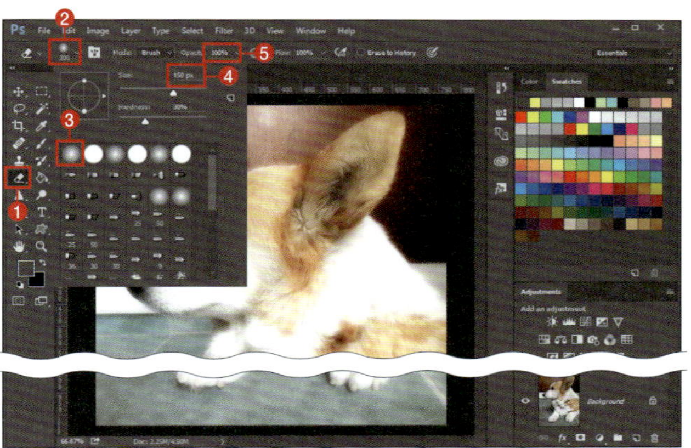

5 이미지 정돈하기 ②

화면을 확대해 세부적인 묘사를 해보겠습니다.
눈 부위를 클릭 후 드래그합니다. 이미지가 선
명해지는 것을 확인합니다. 코 부위를 클릭 후
드래그합니다. 부분적으로 강조해야 하는 부분
을 자연스럽게 리터칭 해 줍니다.

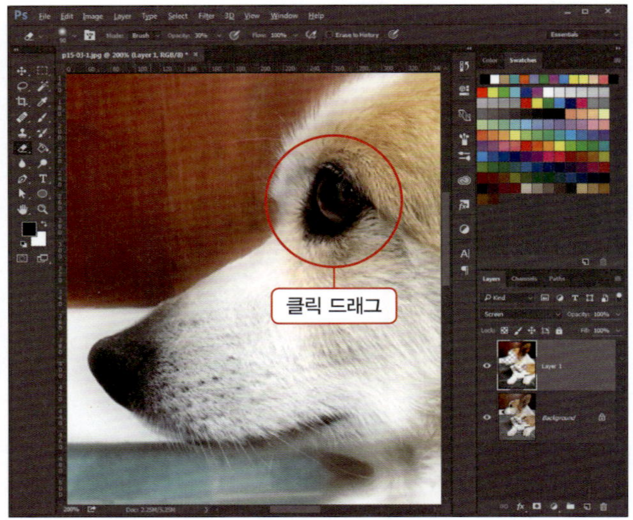

6 마무리하기

전체적으로 강조할 부분은 [[ ], [ ]]를 눌러 브러
시의 크기를 조절해 가며 정리하고 단축키 [Ctrl]
+[1]을 눌러 '100%' 비율로 조정하여 완성된 이
미지를 확인합니다.

Lesson 02

포토샵 특수효과 LAYER STYLE

입체감, 그림자, 질감, 빛의 방향 등 특수한 효과를 적용할 때 사용하는 기능입니다. 화려하고 시선을 사로잡을 수 있는 기능이지만 많이 사용하면 자칫 작위적인 느낌을 줄 수 있습니다.

1 [LAYER STYLE] 대화상자와 레이어 스타일 종류 살펴보기

레이어에 적용할 수 있는 특수한 효과들을 레이어 스타일이라 부릅니다. 입체적으로 보이게 하거나 그림자를 만들 수 있고, 테두리나 질감의 표현 등 다양하게 컴퓨터 그래픽적인 표현 기법을 적용시킬 수 있습니다.

1 레이어 스타일 알아보기

레이어에 적용할 수 있는 다양한 효과들을 레이어 스타일이라 부릅니다. 그림자 효과, 엠보스 효과, 테두리 효과 등 총 10가지 효과가 있으며, 레이어를 편집하더라도 적용된 효과는 그대로 유지됩니다. 레이어뿐만 아니라 그룹에도 스타일을 적용할 수 있습니다.

- Bevel & Emboss : 밝은 빛과 그림자를 추가하여 입체적으로 보이도록 만듭니다.
- Stroke : 레이어에 외곽선을 만듭니다.
- Inner Shadow : 레이어의 안쪽으로 그림자를 만듭니다.
- Inner Glow : 레이어의 내부로 빛이 퍼지는 효과를 만듭니다.
- Satin : 매끈하게 윤이 나는 음영을 레이어 내부에 적용합니다.
- Color Overlay : 레이어 전체 영역에 특정 색상을 칠합니다.
- Gradient Overlay : 레이어 전체 영역에 그레이디언트를 칠합니다.
- Pattern Overlay : 레이어 전체 영역에 패턴을 칠합니다.
- Outer Glow : 레이어 외부로 빛이 퍼지는 효과를 만듭니다.
- Drop Shadow : 레이어의 뒤쪽으로 그림자를 만듭니다.

Bevel&Emboss

Stroke

Inner Shadow

Inner Glow

Satin

Color Overlay

Gradient Overlay

Pattern Overlay

Outer Glow

Drop Shadow

 **[Layer Style] 대화상자 살펴보기**

레이어 스타일은 [Layer Style] 대화상자를 이용하여 옵션을 설정하고 적용합니다. [Layer Style] 대화상자를 불러오는 방법은 네 가지가 있습니다.

첫째, [Layer]–[Layer Style] 메뉴를 클릭합니다.

둘째, [Layers] 패널의 레이어에 오른쪽 버튼을 눌러 [Blending Options] 메뉴를 클릭합니다.

셋째, [Layers] 패널에서 [Add a layer style](*fx*)을 클릭하고 메뉴를 클릭합니다.

넷째, [Layers] 패널에서 레이어의 섬네일을 더블클릭합니다(문자 레이어(Type Layer), 조정 레이어(Adjustment Layer), 칠 레이어(Fill Layer)의 경우에는 작동하지 않습니다).

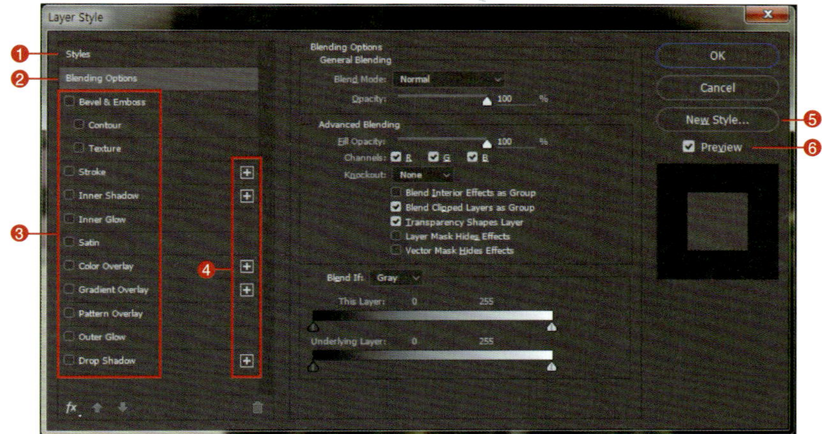

❶ Styles : [Styles] 패널에 등록된 스타일 프리셋 목록을 확인하고 적용합니다.

❷ Blending Options : 블랜드 모드, 불투명도, 칠 등의 블랜딩 옵션들을 설정합니다.

❸ **레이어 스타일 목록** : 클릭하면 해당 스타일이 레이어에 적용되고 대화상자 오른쪽으로 설정 화면이 나타납니다.

❹ 레이어 스타일을 중복으로 사용할 때 추가할 수 있습니다.

❺ New Style : 대화상자에서 설정한 스타일을 [Styles] 패널에 등록합니다.

❻ Preview : 체크 표시하면 적용될 모습을 미리 확인할 수 있습니다. [Preview] 아래쪽에는 적용될 스타일 미리보기가 나타납니다.

 **레이어 스타일이 적용된 레이어 살펴보기**

레이어 스타일이 적용된 레이어에는 오른쪽에 `fx` 아이콘이 나타나고
아래에 적용된 스타일의 목록이 나타납니다.

❶ `fx▾` : 클릭하여 적용된 스타일 목록을 숨기거나 펼쳐볼 수 있습니다.

❷ 적용된 스타일의 목록입니다. 👁 를 클릭하여 해당 스타일이 적용되
거나, 적용되지 않게 제어할 수 있습니다. [Effects]는 모든 스타일 효
과를 제어합니다.

❸ `fx` : 레이어 스타일이 적용된 레이어에 나타나는 아이콘입니다. 더블
클릭하면 [Layer Style] 대화상자가, 마우스 오른쪽 버튼을 누르면 숨
겨진 메뉴가 나타납니다.

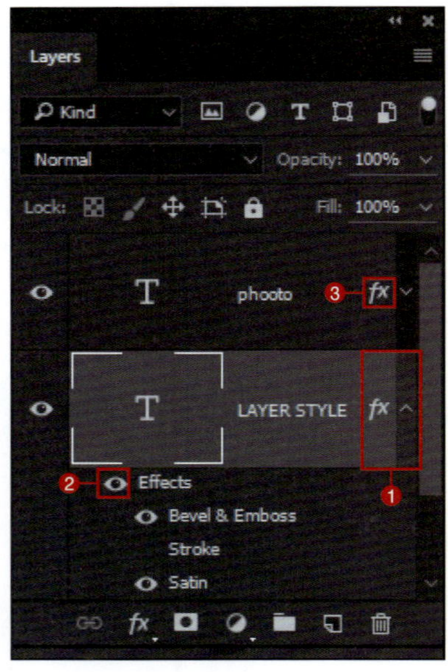

❶ Copy Layer Style : 선택한 레이어에 적용된 레이어 스타일을 복사합
니다.

❷ Paste Layer Style : 복사한 레이어 스타일을 선택한 레이어에 적용합
니다.

❸ Clear Layer Style : 선택한 레이어에 적용된 레이어 스타일을 모두
제거합니다.

❹ Global Light : 'Bevel & Emboss', 'Drop Shadow' 등 광선이 적용되
는 효과의 각도를 재설정합니다.

❺ Create Layers : 적용된 레이어 스타일을 일반 레이어로 만듭
니다.

❻ Hide All Effects : 적용되어 있는 레이어 스타일 효과들이 모두 적용
되지 않은 것처럼 제어합니다. [Show All Effects] 메뉴를 클릭하면 다
시 레이어 스타일이 적용됩니다.

❼ Scale Effects : 적용되어 있는 레이어 스타일 효과의 크기를 설정합
니다.

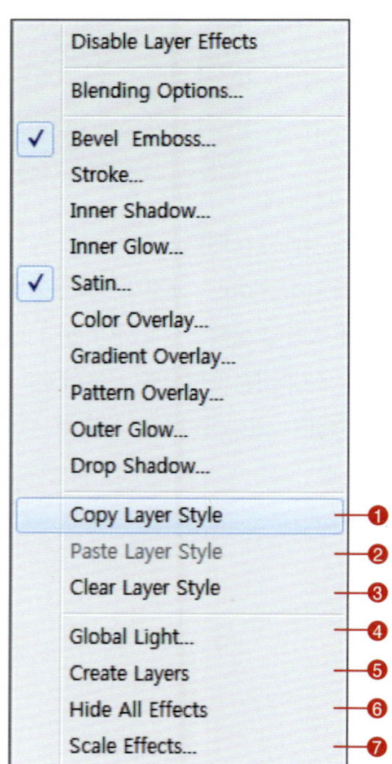

4 [Styles] 패널 살펴보기

[Layer Style] 대화상자로 설정한 레이어 스타일 효과들을 [Styles] 패널에 등록하여 사용할 수 있습니다. 패널에서 스타일을 클릭하면 해당 레이어 스타일이 선택한 레이어에 바로 적용되어 편리합니다. 포토샵에서 기본적으로 제공하는 스타일 프리셋을 사용할 수도 있습니다.

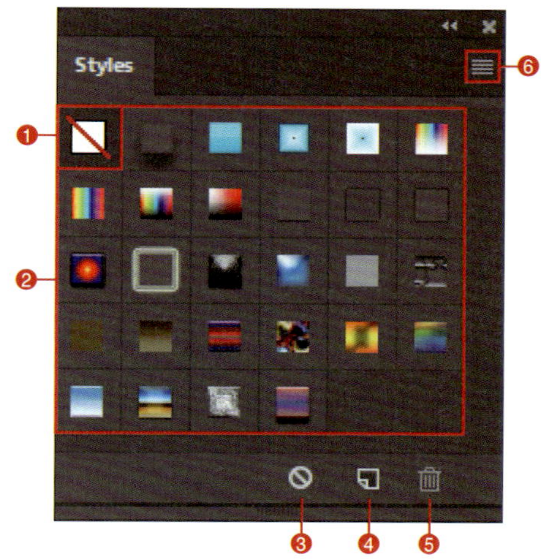

❶ **Default Style(None)( )** : 클릭하면 선택한 레이어에 적용되어 있는 레이어 스타일들을 모두 제거합니다.

❷ **스타일 목록** : 섬네일을 클릭하면 해당 레이어 스타일을 선택한 레이어에 적용합니다.

❸ **Clear Style( )** : [Default Style(None)]( ) 을 클릭한 것과 같습니다.

❹ **Create new style( )** : 선택한 레이어에 적용되어 있는 레이어 스타일을 [Styles] 패널에 새 스타일로 등록합니다.

❺ **Delete style( )** : 목록에서 특정 스타일을 클릭한 후 이 버튼으로 드래그하면 해당 스타일을 삭제할 수 있습니다.

❻ **목록 단추( )** : 프리셋을 불러오거나, 저장하거나, 목록을 초기화하는 메뉴가 나타납니다.

2 [LAYER STYLE]을 활용한 문자 디자인

[LAYER STYLE] 효과를 적용하는 방법과 레이어에 적용된 레이어 스타일을 복사하여 다른 레이어에 그대로 적용하는 방법을 알아보겠습니다.

예제 파일 Sample \ Part05 \ layerstyle.psd　　　**완성 파일** Sample \ Part05 \ layerstyle-w.psd

예제 파일

완성 파일

1 파일 불러오기

[File]-[Open]을 클릭해 'layerstyle.psd'를 불러옵니다.

> **TIP**
>
> 글자 레이어에 설정된 글자체는 http://www.dafont.com에서 다운로드 받을 수 있습니다.

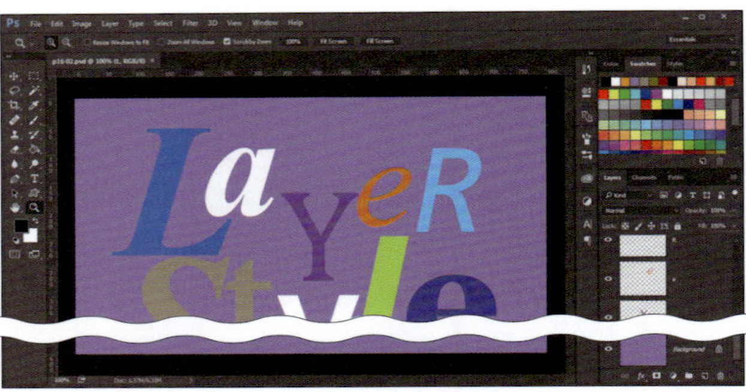

2 [Bevel & Emboss] 효과 적용하기

'L' 레이어를 선택하고 [Layer]-[Layer Style]-[Bevel & Emboss] 메뉴를 클릭합니다. [Layer Style] 대화상자의 'Bevel & Emboss' 설정 화면이 나타납니다. [Depth]를 '220%'로, [Size]는 '10px'로 설정하고 [OK] 버튼을 클릭합니다.

[Stroke] 효과 적용하기

'a' 레이어를 선택하고 [Layer]-[Layer Style]-[Stroke] 메뉴를 클릭합니다. [Layer Style] 대화 상자의 'Stroke' 설정 화면이 나타납니다. [Size]를 '8px'로, [Position]은 'Outside'로, [Color]는 '#70cb48'로 설정하고 [OK] 버튼을 클릭합니다.

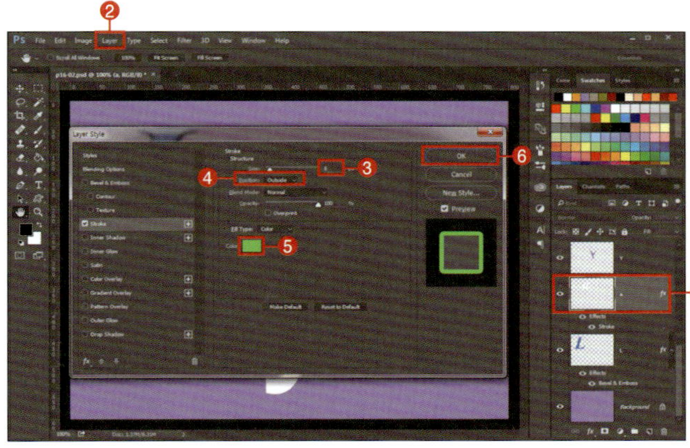

[Inner Shadow] 효과 적용하기

'Y' 레이어를 선택하고 [Layer]-[Layer Style]-[Inner Shadow] 메뉴를 클릭합니다. [Opacity]를 '52%'로, [Distance]는 '4px'로, [Size]는 '9px'로 설정하고 [OK] 버튼을 클릭합니다.

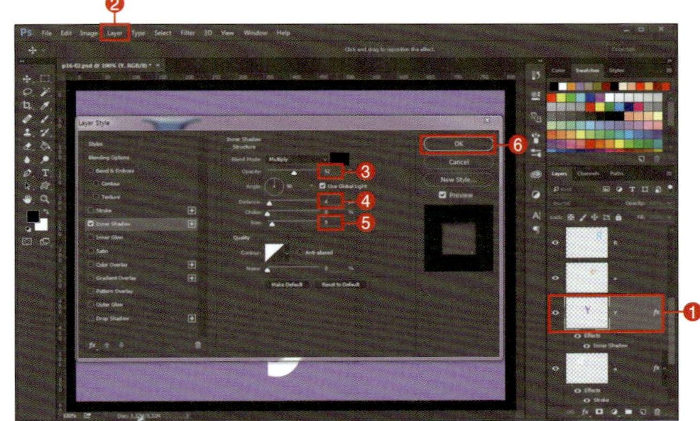

[Inner Glow] 효과 적용하기

'e' 레이어를 선택하고 [Layer]-[Layer Style]-[Inner Glow] 메뉴를 클릭합니다. [Opacity]를 '35%'로, [Size]는 '7px'로 설정하고 [OK] 버튼을 클릭합니다.

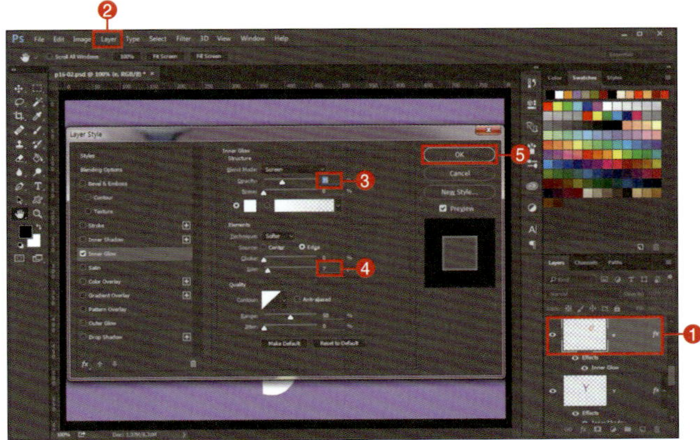

이미지 합성과 특수효과

 **[Satin] 효과 적용하기**

'R' 레이어를 선택하고 [Layer]-[Layer Style]-[Satin] 메뉴를 클릭합니다. [Opacity]를 '50%'로, [Distance]는 '50px'로, [Size]는 '50px'로 설정하고 [OK] 버튼을 클릭합니다.

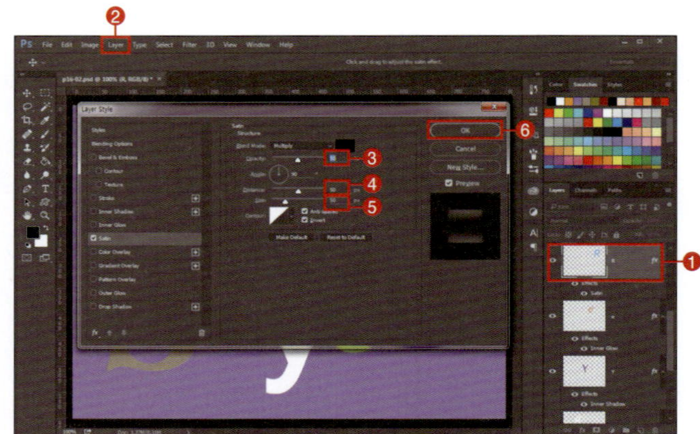

 **[Color Overlay] 효과 적용하기**

'S' 레이어를 선택하고 [Layer]-[Layer Style]-[Color Overlay] 메뉴를 클릭합니다. [Opacity]를 '100%'로, [Color]를 클릭해 [Color Picker] 대화상자에서 색상 값을 '#212121'을 입력하고 [OK] 버튼을 클릭합니다. [OK] 버튼을 클릭하여 레이어 스타일을 적용시킵니다.

 **[Gradient Overlay] 효과 적용하기**

't' 레이어를 선택하고 [Layer]-[Layer Style]-[Gradient Overlay] 메뉴를 클릭합니다. [Opacity]를 '100%'로 설정합니다. [Gradient] (　　　　　　　)를 클릭해 [Gradient Editor] 대화상자에서 'Violet, Green, Orange' 색상을 클릭해 선택하고 [OK] 버튼을 클릭합니다. [OK] 버튼을 클릭하여 레이어 스타일을 적용시킵니다.

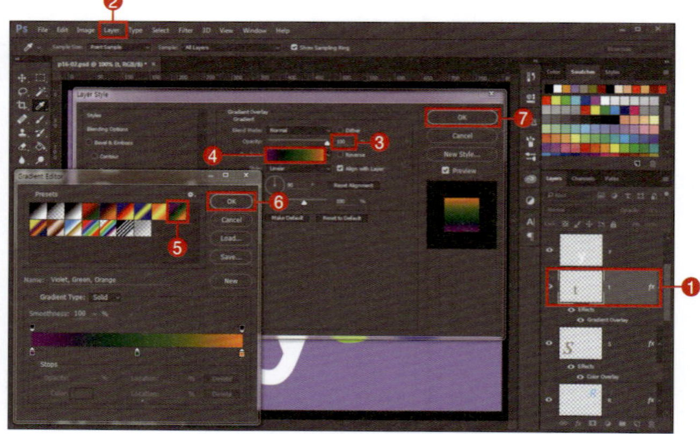

 **[Pattern Overlay] 효과 적용하기**

'y' 레이어를 선택하고 [Layer]−[Layer Style]−
[Pattern Overlay] 메뉴를 클릭합니다.
[Opacity]를 '100%'로 설정합니다. [Pattern]
( )를 클릭해 [Pattern] 대화상자에서 'dots
1' 패턴을 선택하고 [OK] 버튼을 클릭합니다.

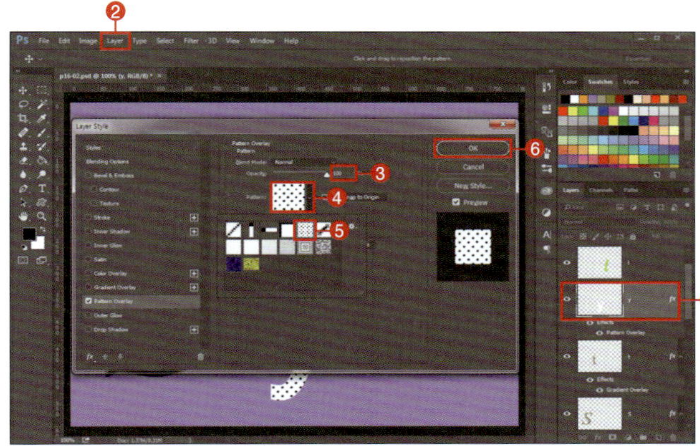

 **[Outer Glow] 효과 적용하기**

'l' 레이어를 선택하고 [Layer]−[Layer Style]−
[Outer Glow] 메뉴를 클릭합니다. [Opacity]를
'35%'로, [Spread]는 '16%'로, [Size]는 '21px'로
설정하고 [OK] 버튼을 클릭합니다.

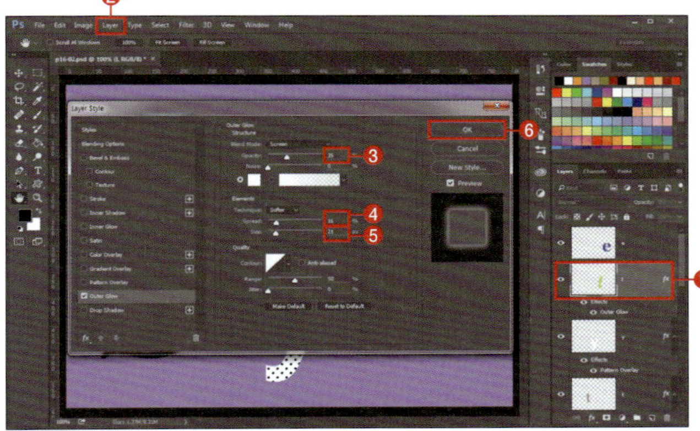

 **[Drop Shadow] 효과 적용하기**

'e' 레이어를 선택하고 [Layer]−[Layer
Style]−[Drop Shadow] 메뉴를 클릭합니다.
[Opacity]를 '50%'로, [Distance]는 '10px'로,
[Size]는 '20px'로 설정하고 [OK] 버튼을 클릭
합니다.

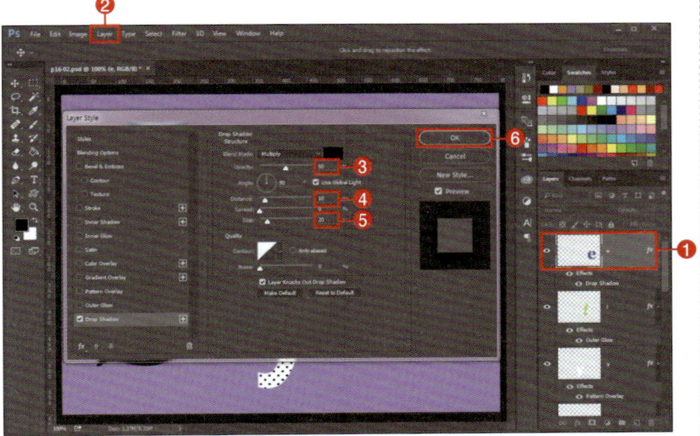

 **12 레이어 스타일 복사하고 적용하기**

레이어 스타일 효과가 하나씩 순서대로 적용
되었습니다. 'e' 레이어의 레이어 스타일 'Drop
Shadow'를 Alt를 누른 채 클릭 후 드래그하여
'y' 레이어에 마우스를 놓습니다. 레이어 스타일
이 복사됩니다.

 **13 레이어 스타일 복사하고 적용하기**

'l' 레이어의 레이어 스타일 'Outer Glow'를 Alt
를 누른 채 클릭 후 드래그하여 't' 레이어에 마
우스를 놓습니다. 레이어 스타일이 복사됩니다.

 **14 마무리하기**

레이어 스타일을 자유롭게 복사 적용하여 문자
디자인을 완성합니다.

합성 못할 사진은 없다! 포토샵 마스크 기법

마스크는 합성에 필수기능 중 하나입니다. 클리핑 마스크, 레이어 마스크, 벡터 마스크의 총 세 가지 마스크 종류가 있으며 상황에 맞는 마스크 종류를 선택하여 기능을 실행할 수 있습니다. 보이거나 가리는 부분을 파악하면 쉽게 적용할 수 있습니다.

1 Clipping Mask

클리핑 마스크는 특정 레이어의 모양으로 자른 것처럼 보이도록 만드는 마스크입니다. 선택한 레이어 이미지나 효과를 아래쪽 레이어의 모양으로 보이게 하고 나머지를 가려주며 원본을 지우지 않고 유지해 줍니다.

■ 클리핑 마스크 아이콘 살펴보기

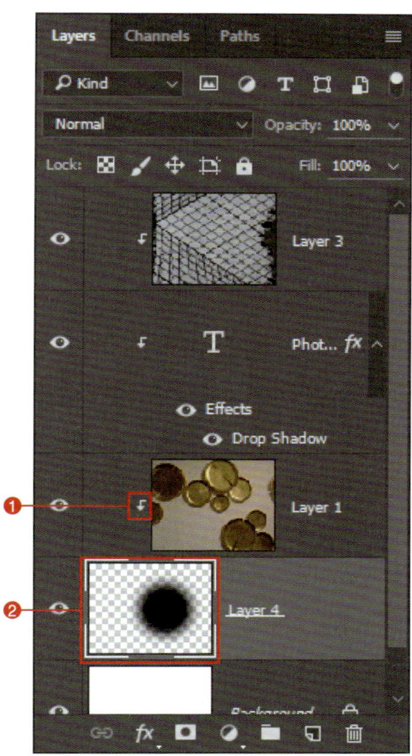

❶ 클리핑 마스크를 만들면 해당 레이어는 오른쪽으로 이동되면서 아이콘이 나타납니다.

❷ 아이콘이 가리키는 기준 레이어는 밑줄 표시가 나타나고, 해당 레이어의 모양으로 상위 레이어를 자른 것처럼 화면에 나타납니다. 여러 레이어들을 연속해서 클리핑 마스크로 만들 수 있습니다.

■ 클리핑 마스크 합성하기

클리핑 마스크를 이용하여 문자에 질감을 입혀 보겠습니다.

예제 파일 Sample \ Part05 \ clipping.psd   완성 파일 Sample \ Part05 \ clipping—w.psd

예제 파일

완성 파일

 **1** 파일 불러오기

[File]-[Open]을 클릭해 'clipping.psd'를 불러
옵니다.

 **2** 클리핑 마스크 합성하기

'flame' 레이어의 가시성(👁)을 클릭해 이미지
를 확인합니다. [Layer]-[Create Clipping
Mask]를 클릭해 클리핑 마스크를 실행합니다
(Alt+Ctrl+G). 선택한 레이어의 이미지가 아
래 레이어 이미지 형태에만 보이고 나머지가 가
려진 내용을 확인할 수 있습니다.

228

3 클리핑 마스크 해제하기

[Layer]–[Release Clipping Mask]를 클릭해
클리핑 마스크를 해제합니다(Alt + Ctrl + G). 원
본의 이미지가 그대로 유지됩니다.

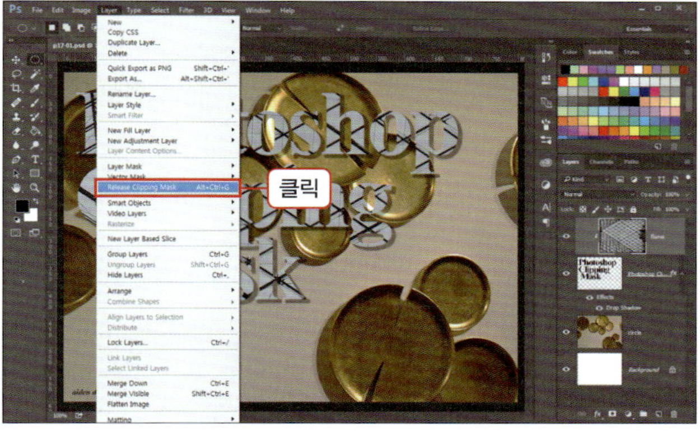

Alt + Ctrl + G 를 누르면 메뉴에 들어가지 않고 쉽게 클리핑 마스크를 적용과 해제를 할 수 있습니다.

4 클리핑 마스크 적용하기

이번에는 다른 방법으로 클리핑 마스크를 적용
해 보겠습니다. Alt 를 누른 상태에서 마우스를
'flame' 레이어와 'Photoshop Clipping Mask'
레이어 사이에 가져갑니다. 모양으로 바뀔
때 클릭합니다. 마스크가 적용된 걸 확인합니다.

5 클리핑 마스크 해제하기

이번에는 다른 방법으로 클리핑 마스크를 해제
해 보겠습니다. Alt 를 누른 상태에서 마우스를
'flame' 레이어와 'Photoshop Clipping Mask'
레이어 사이에 가져갑니다. 모양으로 바뀔
때 클릭합니다. 마스크가 해제됩니다.

2 Layer Mask

레이어 마스크를 이용하면 원본 레이어를 보호하면서 편집할 수 있어 유용합니다. 편집 및 세 가지의 마스크 합성 작업(클리핑 마스크, 레이어 마스크, 벡터 마스크)에서 가장 자연스러운 연출이 되기 때문에 많이 사용하게 되는 기능입니다.

■ **일반적인 편집 방법과 레이어 마스크를 이용한 편집 방법 비교하기**

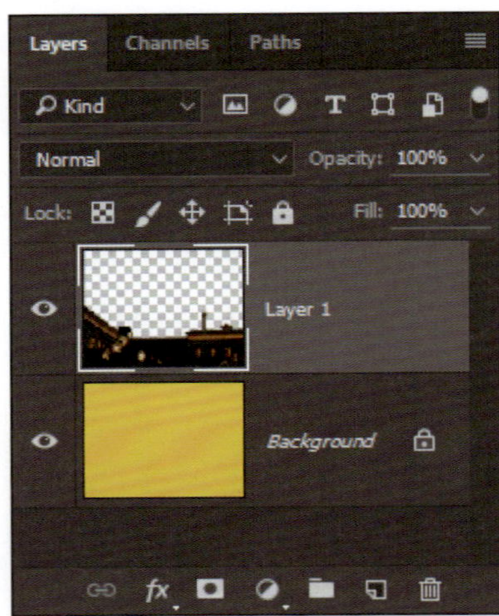

왼쪽은 선택 영역을 만든 후 픽셀을 잘라내거나 삭제하는 방법으로 작업하였습니다. 원본 레이어에서 픽셀이 오려진 모습을 확인할 수 있습니다.

오른쪽은 선택 영역을 만든 후 레이어 마스크로 만드는 방법으로 작업하였습니다. 섬네일을 확인하면 원본 레이어의 픽셀은 그대로 유지되고 오른쪽에 선택 영역과 같은 모양의 흑백 섬네일이 추가된 것을 확인할 수 있습니다. 이 섬네일이 레이어가 화면에 나타날 영역을 제어하는 레이어 마스크입니다. 마스크의 섬네일은 [Layer] 패널에서 항상 레이어 섬네일의 오른쪽에 만들어집니다.

■ **마스크 섬네일 알아보기**

레이어 마스크는 흰색에서 검은색까지 회색 색조로만 칠할 수 있습니다. 검은색으로 칠해진 영역은 화면에 나타나지 않는 영역, 즉 하위에 존재하는 레이어가 나타나거나 투명하게 나타나는 영역입니다. 흰색으로 칠해진 영역은 화면으로 레이어의 원본 이미지가 나타나는 영역입니다. 회색으로 칠해진 영역은 밝기에 따라 단계별로 투명도가 적용되어 나타납니다.

레이어 마스크는 언제든지 수정하여 화면에 나타날 모양을 바꿀 수 있으며, 필요 없을 경우 삭제하여 원본 레이어로 되돌릴 수 있습니다.

원본 이미지

레이어 마스크 이미지

합성 이미지

■ 레이어 마스크 합성하기

레이어 마스크에 그레이디언트를 적용하여 두 사진이 자연스럽게 합성되도록 만들어 보겠습니다. 마스크에서 검은색으로 칠한 부분에는 아래 레이어가, 흰색으로 칠한 부분에는 원본 레이어가 나타납니다.

예제 파일 Sample \ Part05 \ layermask.psd   **완성 파일** Sample \ Part05 \ layermask-w.psd

예제 파일

완성 파일

1 파일 불러오기

[File]-[Open]을 클릭해 'layermask.psd'를 불러옵니다.

 **2 레이어 마스크 실행하기**

'구름' 레이어가 선택된 상태에서 [Layer] 패널
에 [Add Layer Mask] 버튼을 클릭합니다. 구름
레이어에 레이어 마스크 섬네일이 생성된 걸 확
인합니다. [Gradient Tool]( )을 선택합니다.
전경색과 배경색을 기본 색상으로 변경 후 그림
과 같이 위에서 아래로 클릭 후 드래그합니다.

레이어 마스크는 [Gradient Tool]을 이용해 클릭 후 드래그한 후, 마음에 들지 않으면 다시 클릭 후 드래그하여 처음부터 다시 적
용시킬 수 있습니다. 단, 색상은 흰색과 검은색으로 사용해야 합니다.

3 레이어 마스크 합성 테크닉

[Brush Tool]( )을 선택합니다. 전경색을 검은색으로 설정합니다. 옵션 바의 를 클릭한 후 브러시 종류 [Soft
Round]를 클릭합니다. [Size]는 '70px', [Hardness]를 '30%', 옵션 바 [Opacity]를 80%로 입력합니다.

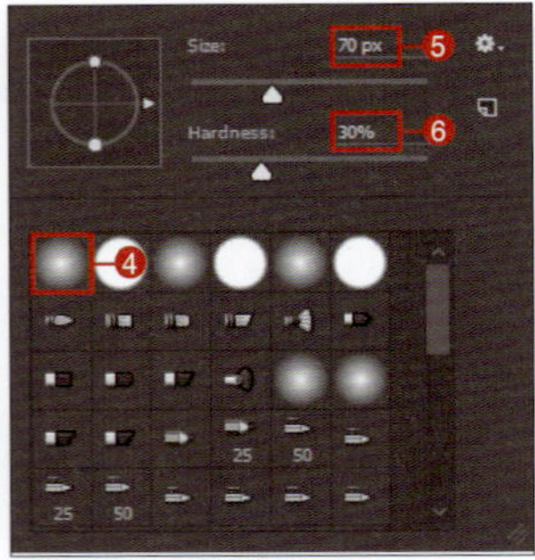

4 레이어 마스크 합성 테크닉

[Brush Tool]을 화면에 클릭 후 드래그하여 구름 이미지를 자연스럽게 가려줍니다. 마스크 섬네일을 확인하고 검은색이 가려지는 부분, 흰색이 보여지는 부분을 감안하며 작업합니다.

키보드의 [,]를 눌러 브러시 크기를 조절할 수 있습니다. 작업 중 가려진 부분을 다시 보이게 하려면 전경색을 흰색으로 바꾸면 됩니다.

5 마무리하기

브러시 테크닉을 활용하여 두 개의 이미지를 자연스럽게 합성하여 완성합니다.

★ 마스크가 만들어진 레이어와 [Masks] 설정 화면 살펴보기

마스크가 만들어진 레이어와 [Masks] 설정 화면을 살펴보겠습니다. [Layers] 패널에서 마스크 섬네일을 더블 클릭하면 [Properties] 패널의 [Masks] 설정 화면이 나타납니다.

● 마스크가 만들어진 레이어 살펴보기

레이어 마스크가 만들어진 레이어를 제어하는 방법을 살펴보겠습니다.

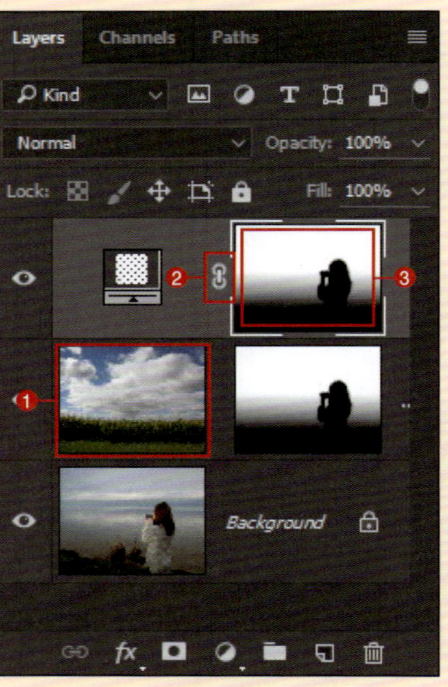

❶ 레이어의 섬네일입니다. 레이어를 편집하려면 클릭하여 선택 합니다.

❷ : 아이콘이 있을 경우 레이어의 위치를 이동하거나 변형 등의 작업을 실행하면 레이어와 마스크에 모두 동일하게 적용 됩니다. 클릭하여 아이콘을 없애면 레이어와 마스크를 개별적 으로 이동하거나 변형할 수 있습니다.

❸ 마스크의 섬네일 입니다. 마스크를 편집하려면 클릭하여 선택 합니다. 더블클릭하면 [Properties] 패널의 [Mask] 설정 화면 이 나타납니다.

❹ Shift 를 누르고 마스크 섬네일을 클릭하면 빨간색(✕) 표시가 섬네일에 나타나고 마스크를 적용하지 않은 상태로 화면에 나 타납니다. 다시 Shift 를 누르고 섬네일을 클릭하면(✕) 표시 가 지워지고 마스크가 적용되어 나타납니다.

- Alt 를 누르고 섬네일을 클릭하면 마스크 이미지가 캔버스 전 체에 나타나 마스크를 정확하게 편집할 수 있습니다. 다시 Alt 를 누르고 섬네일을 클릭하면 원래대로 돌아옵니다.

- Ctrl 을 누르고 섬네일에 마우스 포인터를 가져가 커서 모양 이 바뀔 때 ✋ 클릭하면 마스크가 선택 영역으로 만들어 집니다. 이때 흰색으로 칠해진 영역이 선택 영 역으로 만들어집니다.

- 마스크 섬네일을 선택한 상태에서 [Layer]–[Layer Mask]–[Delete] 메뉴를 클릭하면 레이어 마스크가 삭제됩니다. [Layer]–[Layer Mask]–[Apply] 메뉴를 클릭하면 마스크는 제거되고 마스크 모양으로 레이 어가 수정됩니다.

◉ [Properties] 패널의 [Masks] 설정화면 살펴보기

[Layers] 패널에서 마스크 섬네일을 더블클릭하면 [Properties] 패널이 나타나고 마스크를 설정할 수 있는 [Masks] 화면이 나타납니다.

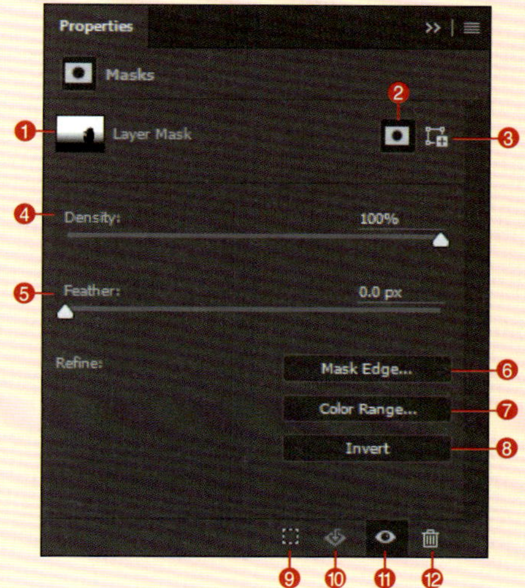

❶ 선택한 마스크의 섬네일 이미지와 종류를 확인합니다.

❷ 를 클릭하면 선택한 레이어의 레이어 마스크가 선택됩니다. 선택한 레이어에 벡터 마스크는 있고 레이어 마스크가 없을 경우 를 클릭하면 레이어 마스크가 만들어집니다.

❸ 를 클릭하면 선택한 레이어의 벡터 마스크가 선택됩니다. 선택한 레이어에 레이어 마스트가 있고 벡터 마스크가 없을 경우 를 클릭하면 벡터 마스크가 만들어집니다.

❹ Density : 마스크로 인해 보이지 않는 영역(검은색이 칠해진 영역)의 불투명도를 설정합니다. 수치를 낮게 설정할 수 있도록 하위 레이어 이미지가 진하게 나타납니다(0~100).

❺ Feather : 마스크의 가장자리를 부드럽게 만듭니다. 수치를 높게 설정할수록 점점 더 부드러워집니다 (0~1000).

❻ Mask Edge : 마스크의 가장자리를 다듬습니다.

❼ Color Range : 레이어의 특정 색상 영역을 선택하여 마스크로 만듭니다.

❽ Invert : 마스크 이미지의 색상을 반전합니다. 보이는 영역과 보이지 않는 영역이 반전됩니다.

❾ : 마스크를 선택 영역으로 만듭니다.

❿ : 마스크는 제거되고 마스크 모양으로 레이어가 편집됩니다.

⓫ : 마스크 적용을 일시적으로 비활성화하거나 활성화합니다.

⓬ : 마스크를 삭제합니다.

Vector Mask

벡터 마스크는 회색과 패스로 구성할 수 있습니다. 회색으로 칠해진 영역은 화면에 나타나지 않는 영역, 즉 하위에 존재하는 레이어가 나타나거나 투명하게 나타나는 영역입니다. 패스로 그려진 영역은 화면으로 레이어의 원본 이미지가 나타나는 영역입니다. 벡터 마스크는 언제든지 패스를 수정하여 화면에 나타날 모양을 바꿀 수 있으며, 필요 없을 경우 삭제하여 원본 레이어로 되돌릴 수 있습니다.

예제 파일 Sample \ Part05 \ vectormask.psd   **완성 파일** Sample \ Part05 \ vectormask-w.psd

예제 파일

완성 파일

 **파일 불러오기**

[File]-[Open]을 클릭해 'vectormask.psd'를 불러옵니다.

2 벡터 마스크 실행하기

[Layer]–[Vector Mask]–[Reveal All]을 클릭해 벡터 마스크를 실행합니다.

> **TIP**
>
> [Layer]–[Vector Mask]–[Reveal All]은 전체 이미지가 보이는 상태에서 마스크를 실행할 수 있는 메뉴입니다.
>
> [Layer]–[Vector Mask]–[Hide All]은 전체 이미지가 가려진 상태에서 마스크를 실행할 수 있는 메뉴입니다.

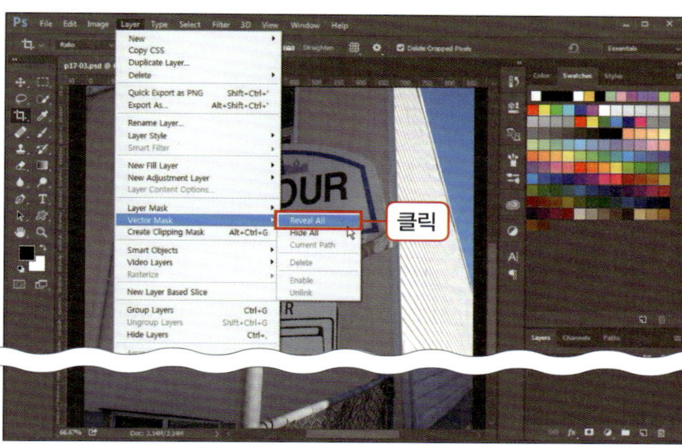

3 도형 선택하기

벡터 마스크 섬네일이 생성되었는지 확인합니다. [Custom Shape Tool]을 클릭합니다. 옵션 바의 **→▼** 를 클릭해 [Shape] 모양을 *i* 로 클릭하여 지정합니다.

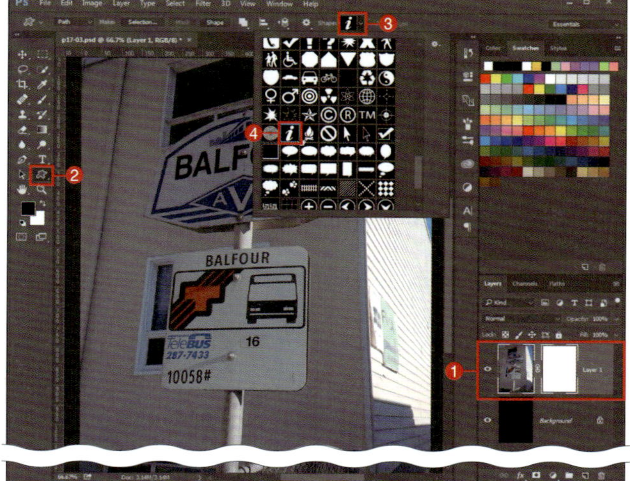

4 선택한 도형으로 패스 그리기

옵션 바에 [Path]로 지정합니다. 이미지에 클릭 후 드래그하여 그림과 같이 그려줍니다.

 **5 패스 조절하기**

Ctrl+T를 눌러 조절점을 생성한 후 조절점 외곽에서 마우스 포인터가 회전( ) 모양일 때 클릭 후 드래그하여 각도를 조절합니다. Enter를 클릭해 조절을 완료합니다.

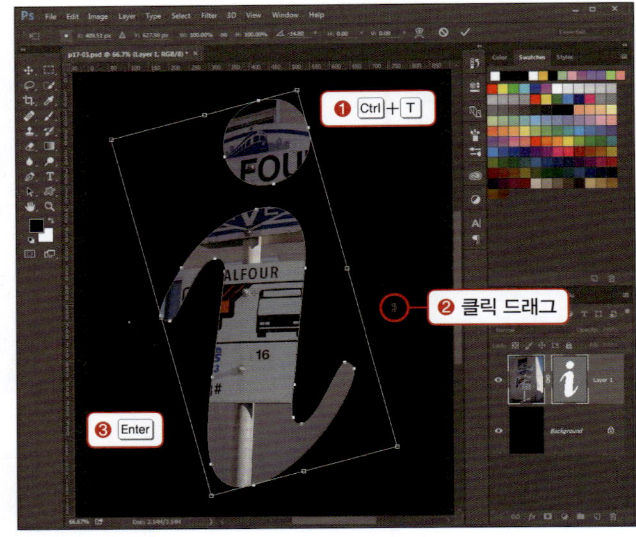

 **6 도형 선택하기**

[Custom Shape Tool]을 클릭합니다. 옵션 바의 i 를 클릭해 [Shape] 모양을 [Arrow 20]( )으로 클릭하여 지정합니다.

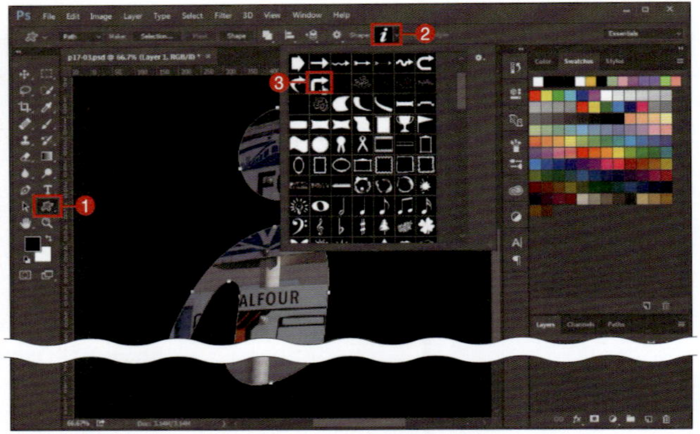

7 패스 추가하기

클릭 후 드래그하여 패스를 추가하고 [Custom Shape Tool]을 클릭합니다. 옵션 바의   를 클릭해 [Shape] 모양을 [Arrow 2]( )으로 클릭하여 지정합니다.

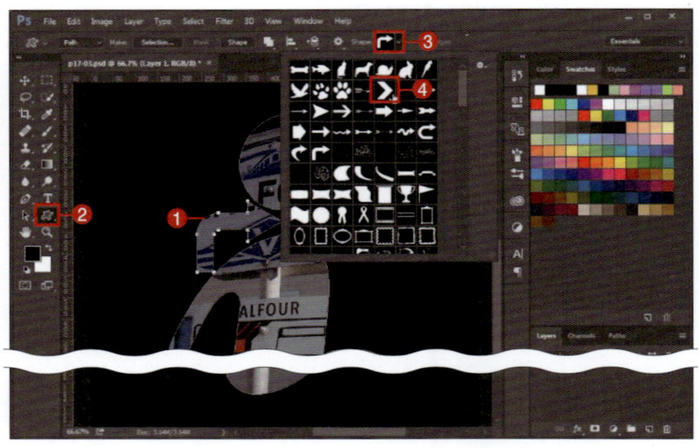

 **8 패스 수정하기**

클릭 후 드래그하여 패스를 그리고, Ctrl+T를
누른 후 마우스 오른쪽 버튼을 클릭하고 [Flip
Horizontal]을 클릭해 좌우로 이미지를 반전시
킵니다. 패스의 위치를 잡고 Enter를 클릭해 마
무리합니다.

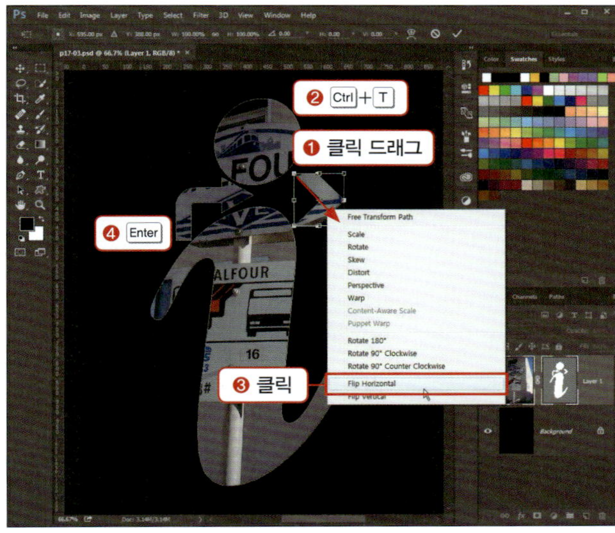

 **9 패스 추가하기**

[Shape] 모양을 [School](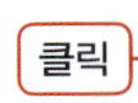)을 클릭하여 지
정합니다.

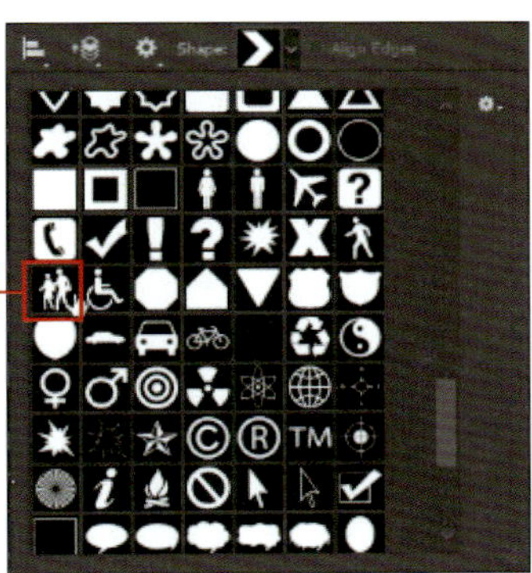

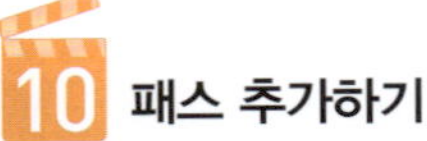 **패스 추가하기**

클릭 후 드래그하여 패스를 추가합니다.

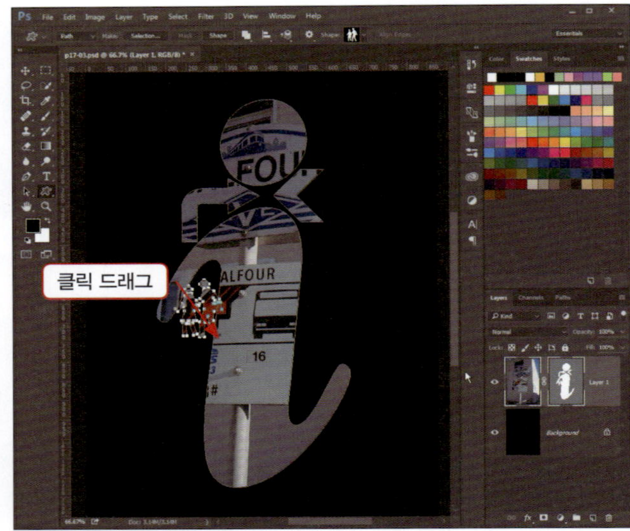

 **마무리하기**

패스가 그려진 부분은 보이고 나머지는 가려져 있는지 확인한 후 어색한 부분은 [Path Selection Tool]과 [Direct Selection Tool]을 이용해 패스를 수정하여 조절합니다.

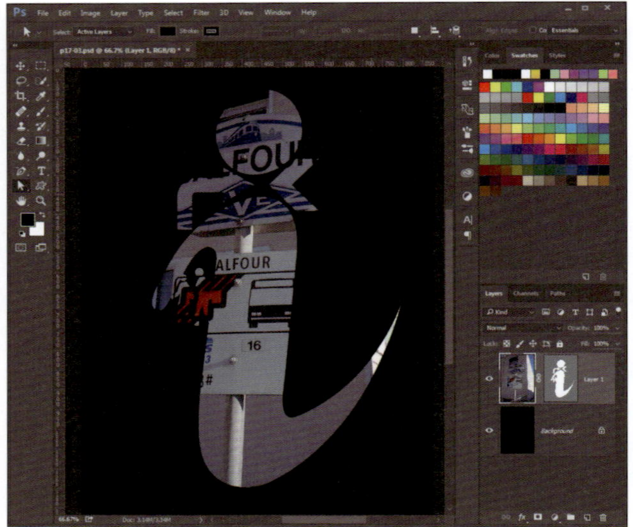

Lesson 04

이미지의 무한변신! 포토샵 Filter

필터를 이용해 이미지에 다양한 효과를 적용하여 독특한 이미지로 변화시켜 보겠습니다.

1 [Filter Gallery]

[Filter Gallery] 대화상자의 필터 종류들을 살펴보겠습니다. [Filter Gallery] 대화상자는 [Filter]−[Filter Gallery] 메뉴를 클릭하면 나타납니다.

 **1 필터 이해하기**

필터를 이용하면 다양한 특수 효과를 간단하게 이미지에 적용할 수 있습니다. 포토샵에서는 스케치, 텍스쳐, 조명, 픽셀 아트, 왜곡, 흐림 및 선명 등 많은 종류의 필터들을 제공합니다.

 **2 [Filter Gallery] 대화상자 살펴보기**

[Filter]−[Filter Gallery] 메뉴를 클릭하면 [Filter Gallery] 대화상자가 나타납니다. [Filter Gallery] 대화상자에서는 선택한 필터의 옵션을 설정하고 적용될 모습을 미리 확인할 수 있습니다. 또한 이펙트 레이어를 이용하여 두 가지 이상의 필터 효과를 중복하여 적용할 수도 있습니다.

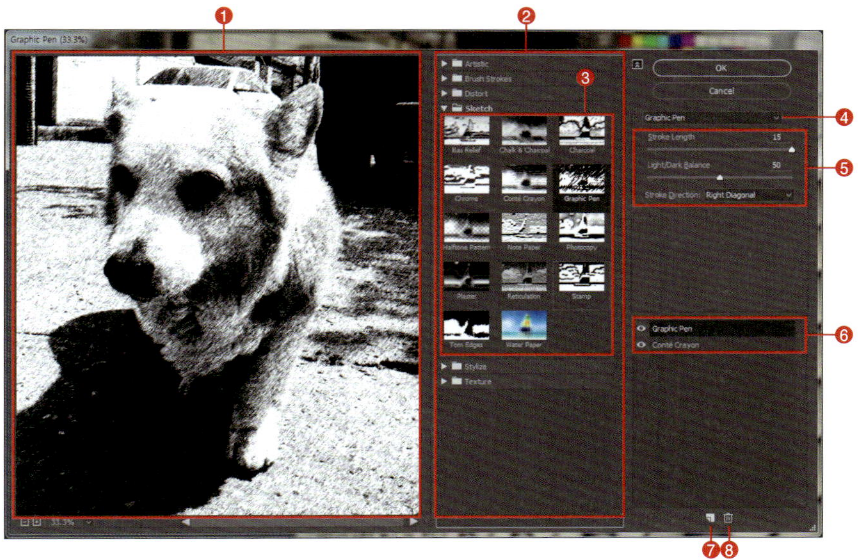

❶ 선택한 필터가 적용된 모습을 미리 확인합니다.

❷ 카테고리를 클릭하여 나타나는 필터의 섬네일 이미지 목록입니다. 클릭하면 해당 필터가 선택됩니다.

❸ 클릭하면 필터 선택 창을 숨기고 미리 보기 화면이 확장되거나 축소됩니다.

❹ 필터의 섬네일 이미지 목록 화면에서 선택할 수 있는 필터 목록이 모두 나타납니다.

❺ 선택한 필터의 옵션을 설정합니다.

❻ 이펙트 레이어 패널입니다. [Layers] 패널과 같은 방법으로 레이어의 순서를 변경하거나 특정 레이어를 숨기거나 보이게 할 수 있습니다.

❼ New effect layer( ) : 새로운 이펙트 레이어를 만듭니다.

❽ Delete effect layer( ) : 선택한 이펙트 레이어를 삭제합니다.

3 필터 종류 살펴보기

❶ Artistic 필터 : 회화 느낌의 효과를 적용할 수 있는 필터입니다. 모두 15가지 종류가 있습니다.

• Colored Pencil : 색연필로 스케치한 효과를 만듭니다. 배경색의 영향을 받습니다.

• Cutout : 대충 오려낸 색종이로 만든 것처럼 표현합니다.

• Dry Brush : 유화와 수채화 중간의 드라이 브러시 기법을 사용하여 페인팅합니다.

• Film Grain : 이미지의 어두운 영역과 중간 영역에 고른 패턴을 적용합니다.

• Fresco : 짧고 둥근 도구를 이용하여 빠르게 두드리는 것처럼 이미지를 거칠게 칠합니다.

• Neon Glow : 특정 색을 지정하여 네온 효과를 나타내는 필터입니다.

• Paint Daubs : 다양한 브러시 크기와 유형을 선택하여 회회적인 효과를 냅니다.

• Palette Knife : 세부 묘사를 줄여 아래의 텍스처가 나타나도록 얇게 페인팅한 효과를 냅니다.

• Plastic Wrap : 반짝거리는 플라스틱으로 이미지를 코팅하고 표면을 묘사합니다.

- Poster Edges : 이미지의 색상 수를 줄이고 포스터화한 다음 이미지의 가장자리에 검은색 선을 그립니다.
- Rough Pastels : 텍스처가 적용된 배경에 파스텔 분필로 그린 것처럼 만듭니다.
- Smudge Stick : 빗금으로 어두운 영역을 문지르거나 번지게 하여 이미지를 부드럽게 만듭니다.
- Sponge : 스펀지로 페인팅한 것처럼 만듭니다.
- Underpainting : 텍스처가 적용된 배경에 페인팅한 다음 그 위에 최종 이미지를 페인팅합니다.
- Watercolor : 물과 색상으로 흠뻑 적신 붓을 사용하여 그린 듯한 수채화 효과를 만듭니다.

❷ **Brush Stroke 필터** : 브러시와 잉크 획 효과를 사용하여 회화적인 효과를 적용합니다. 모두 8가지 종류가 있습니다.

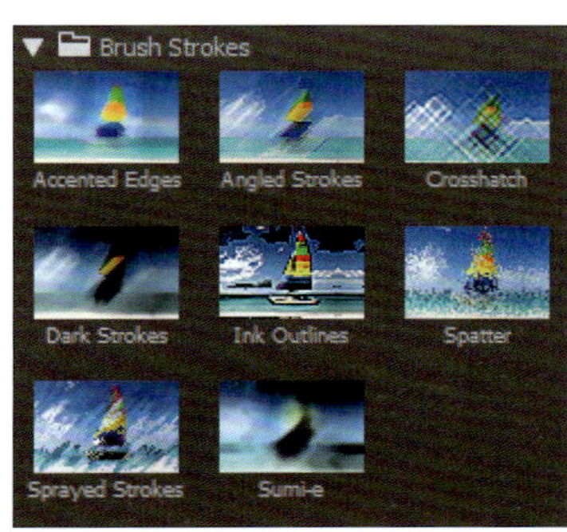

- Accented Edges : 이미지의 가장자리를 강조합니다.
- Angle Strokes : 빗금을 그려서 페인팅합니다.
- Crosshatch : 원본 이미지의 세부 묘사와 특징을 유지하면서 텍스처를 적용하고 색상 영역의 가장자리를 거칠게 만듭니다.
- Dark Stroke : 이미지의 어두운 영역은 짧고 촘촘한 어두운 선으로 그리고 밝은 영역은 길고 흰 획으로 그립니다.
- Ink Outlines : 잉크와 펜 스타일을 사용하여 원본 이미지 위에 정밀한 선으로 이미지를 다시 그립니다.
- Spatter : 에어브러시로 뿌리는 효과를 복제합니다.
- Sprayed Stroke : 이미지에 두드러진 색상으로 스프레이 효과를 냅니다.
- Sumi-e : 한지 위에 흠뻑 적신 브러시로 그리듯이 페인팅합니다.

❸ **Distort 필터** : 이미지를 다양한 방법으로 변형 및 왜곡합니다. [Filter Gallery] 대화상자에서 3가지 종류의 필터를, [Filter]-[Distort] 메뉴에서 9가지 종류의 필터를 적용할 수 있습니다.

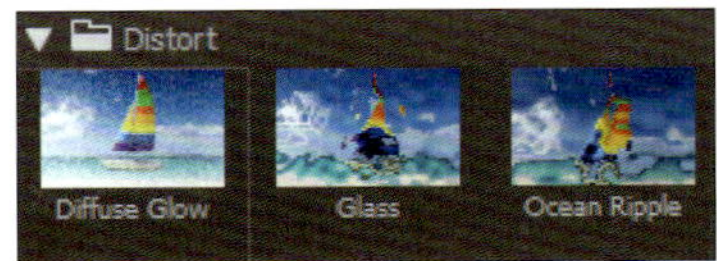

- Diffuse Glow : 부드러운 확산 필터를 통해 보는 것처럼 만듭니다. 이미지의 가운데서부터 바깥쪽으로 서서히 희미해지는 빛에 뿌옇게 비쳐 보이는 듯한 흰색 노이즈를 추가합니다.

- Glass : 서로 다른 유형의 유리를 통해 보는 것처럼 만듭니다. 스타일을 선택하거나 직접 만든 PSD 파일 텍스쳐를 불러와 적용할 수 있습니다.
- Ocean Ripple : 이미지 표면에 임의의 간격으로 잔물결을 추가하여 이미지가 수면 아래에 있는 것처럼 보이게 합니다.

❹ Sketch 필터 : 미술 효과나 손으로 그린 것과 같은 효과를 적용합니다. Chrome, Water Paper를 제외한 모든 필터는 전경색과 배경색을 사용하여 효과를 만듭니다. 모두 14가지 종류가 있습니다.

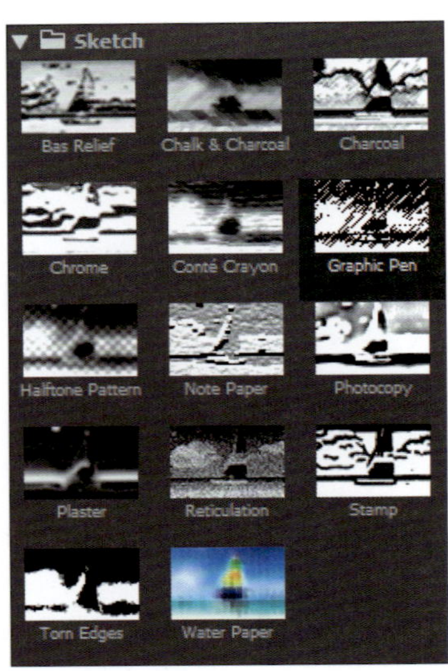

- Bas Relief : 이미지를 저부조로 조각하고 빛을 비춘 것처럼 변형하여 표면 변화를 강조합니다.
- Chalk&Charcoal : 거친 분필로 그려진 단색의 중간 색조에 회색 배경을 사용하여 이미지의 밝은 영역과 중간 영역을 다시 그립니다.
- Charcoal : 이미지에 포스터화와 문지르기 효과가 나타나도록 다시 그립니다.
- Chrome : 이미지를 광택 있는 크롬 표면처럼 렌더링합니다.
- Conte' Crayon : 이미지에 짙은 어두운 색과 흰색의 크레용 텍스쳐를 복제합니다.
- Graphic Pen : 가는 잉크 획을 사용하여 원본 이미지의 디테일을 캡처합니다.
- Halftone Pattern : 연속 톤 범위를 유지하면서 하프톤 스크린 효과를 시뮬레이트합니다.
- Note Paper : 수제품 종이에 구성한 것처럼 보이는 이미지를 만듭니다.
- Photocopy : 이미지 복사 효과를 시뮬레이션합니다.
- Plaster : 3D 석고로 이미지의 주형을 뜨고 전경색과 배경색을 사용하여 결과물을 채색합니다. 어두운 영역에서는 양각된 것처럼 보이고 밝은 영역은 오목 들어가 보입니다.
- Reticulation : 필름 감광유제의 조절된 축소와 왜곡을 시뮬레이트하여 어두운 영역에서는 촘촘하게 나타나고 밝은 영역에서는 약간 우툴두툴하게 나타나는 이미지를 만듭니다.

• Stamp : 이미지를 단순화하여 고무 또는 나무 도장으로 찍은 효과를 낼 수 있습니다.

• Torn Edges : 이미지를 찢어진 종이 조각으로 재구성한 다음 전경색과 배경색을 사용하여 채색합니다.

• Water Paper : 섬유질의 축축한 종이 위에 페인트하여 물감이 흐르고 섞인 것처럼 보이게 합니다.

❺ Stylize 필터 : 인상주의 효과를 만듭니다. [Filter Gallery] 대화상자에서 1가지 종류의 필터를, [Filter]−[Stylize] 메뉴에서 8가지 종류의 필터를 적용할 수 있습니다.

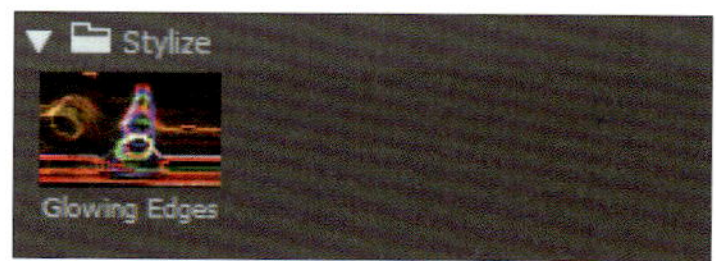

• Glowing Edge : 가장자리 색상을 명확하게 하고 네온과 같은 광선을 추가합니다.

❻ Texture 필터 : 이미지에 깊이 또는 실재감을 주는 효과를 만들거나 조직적인 외관을 추가할 수 있습니다. 모두 6가지 종류가 있습니다.

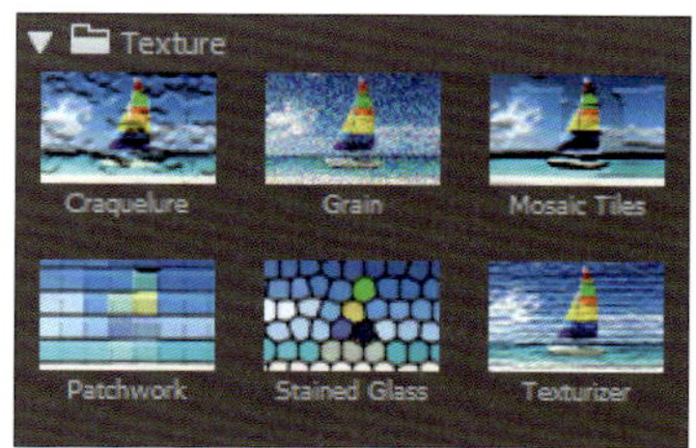

• Craquelure : 고부조의 석고 표면 위에 이미지의 윤곽선을 따라 가는 균열을 만듭니다. 넓은 범위의 색상이나 회색 음영 값을 포함하는 이미지에 이 필터를 사용하면 엠보싱 효과를 낼 수 있습니다.

• Grain : 보통, 부드럽게, 흩뿌림, 덩어리, 명암 대비, 확대, 점각, 수평, 수직, 반점과 같은 다양한 유형의 그레인을 이미지에 추가합니다.

• Mosaic Tiles : 작은 조각이나 타일로 구성된 것처럼 만들고 타일 사이에 그라우트를 추가합니다.

• Patch Work : 이미지의 해당 영역에서 주된 색상으로 칠해진 사각형으로 이미지를 분할합니다. 임의로 타일 깊이를 감소시키거나 증가시켜 밝은 영역과 어두운 영역을 복제합니다.

• Stained Glass : 전경색을 사용하여 윤곽선이 그려진 단색의 인접 셀들로 페인팅합니다.

• Texturizer : 선택하거나 직접 만든 PSD 파일 텍스처를 이미지에 적용합니다.

2 [Filter] 메뉴의 필터 종류 살펴보기

[Filter Gallery] 대화상자의 필터들을 제외한 나머지 필터 종류들을 살펴보겠습니다.

1 필터 이해하기

필터를 이용하면 다양한 특수 효과를 간단하게 이미지에 적용할 수 있습니다. 포토샵에서는 스케치, 텍스쳐, 조명, 픽셀아트, 왜곡 흐림 및 선명 등 많은 종류의 필터들을 제공합니다.

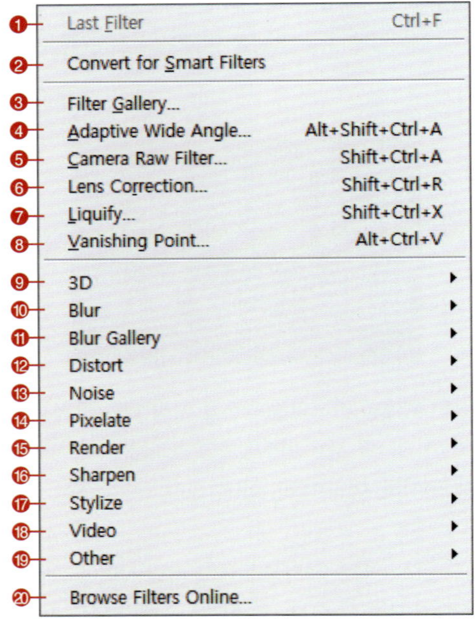

❶ **Last Filter** : 마지막으로 실행한 필터 효과를 반복해서 적용합니다. 대화상자의 옵션 설정을 그대로 적용합니다(Ctrl +F).

❷ **Convert for Smart Filters** : 선택한 레이어에 스마트 필터를 만듭니다. 스마트 필터를 만든 후에는 레이어에 적용한 필터의 목록이 나타나고, 더블클릭하면 옵션 설정을 언제든지 수정할 수 있습니다.

❸ **Filter Gallery** : [Filter Gallery] 대화상자가 나타납니다. [Filter Gallery] 대화상자에서만 적용할 수 있는 필터가 47종류가 있습니다.

❹ **Adaptive Wide Angle** : 어안, 망원, 렌즈나 광각 렌즈를 장착한 카메라로 촬영한 왜곡된 사진을 교정합니다.

❺ **Camera Raw Filter** : 사진 보정에 특화된 기능으로 카메라 어플처럼 사용법이 직관적이며 쉽고 편리합니다.

❻ **Lens Correction** : 렌즈에 의한 왜곡을 교정합니다. 카메라와 렌즈의 기종을 선택하여 교정하거나, 직접 옵션을 설정하여 교정할 수 있습니다.

❼ Liquify : 형태를 자유롭게 변형 및 왜곡할 수 있는 [Liquify] 필터를 적용합니다.

❽ Vanishing Point : 소실점을 이용하여 사진을 수정하는 [Vanishing Point] 필터를 적용합니다.

❾ 3D : 3D 맵핑을 적용하는 필터들이 있습니다.

❿ Blur : 이미지를 흐릿하게 만드는 필터들이 있습니다.


```
Average
Blur
Blur More
Box Blur...
Gaussian Blur...
Lens Blur...
Motion Blur...
Radial Blur...
Shape Blur...
Smart Blur...
Surface Blur...
```

- Average : 전체 색상을 모두 섞어 평균 색상을 만듭니다.

- Blur : 설정 없이 1단계 흐리게 만듭니다.

- Blur More : [Blur] 필터를 2~3회 정도 반복 적용한 것처럼 더욱 흐리게 합니다.

- Box Blur : 주변 픽셀의 평균 색상으로 이미지를 흐리게 합니다.

- Gaussian Blur : 설정하는 양으로 이미지를 흐리게 합니다.

- Lens Blur : 카메라 렌즈 조작에 의한 흐림 효과를 만듭니다.

- Motion Blur : 지정하는 방향과 강도로 이미지를 흐리게 합니다.

- Radial Blur : 카메라를 확대/축소 및 회전할 때 흐려지는 효과를 만듭니다.

- Shape Blur : 설정하는 모양(Shape)으로 흐림 효과를 만듭니다.

- Smart Blur : 정밀하게 이미지에 흐림 효과를 적용합니다.

- Surface Blur : 가장자리의 선명도를 유지하면서 이미지를 흐리게 합니다.

⓫ Blur Gallery

```
Field Blur...
Iris Blur...
Tilt-Shift...
Path Blur...
Spin Blur...
```

- Field Blur : 이미지 전체의 필드 흐림 효과를 만듭니다.

- Iris Blur : 특정 부분에서부터 점점 흐려지는 조리개 흐림 효과를 만듭니다.

- Tilt-Shift : 미니어처 사진 효과를 만들 수 있는 틸트 시프트 흐림 효과를 만듭니다.

- Path Blur : 패스를 그린 방향으로 흐림 효과를 만듭니다.

- Spin Blur : 회전하는 흐림 효과를 만듭니다.

⑫ Distort : 이미지를 기하학적으로 왜곡하여 재구성 효과를 냅니다. [Filter Gallery] 대화상자에서 3가지 종류의 필터를, [Filter]−[Distort] 메뉴에서 9가지 종류의 필터를 적용할 수 있습니다.

Displace...
Pinch...
Polar Coordinates...
Ripple...
Shear...
Spherize...
Twirl...
Wave...
ZigZag...

- Displace : 변위 맵이라는 이미지를 사용하여 왜곡하는 방법을 지정합니다.
- Pinch : 이미지의 양쪽을 누릅니다.
- Polar Coordinates : 직교 좌표에서 극좌표로, 극좌표에서 직교 좌표로 변환합니다. 원통형 거울에 비출 때 볼 수 있는 왜곡된 이미지를 만들 수 있습니다.
- Ripple : 연못 표면의 잔물결과 같은 물결치는 이미지를 만듭니다.
- Shear : 지정하는 곡선을 따라서 이미지를 왜곡합니다.
- Spherize : 이미지를 구형으로 만들어 3D 효과를 줍니다.
- Twirl : 중심에서 급격하게 소용돌이 모양이 생기도록 회전시킵니다.
- Wave : [Ripple] 패턴과 비슷하지만 조금 더 다양한 모양을 만들 수 있습니다.
- ZigZag : 픽셀 반경에 따라 방사형으로 이미지를 왜곡합니다.

⑬ Noise : 임의의 위치에 노이즈를 추가하거나 제거합니다. 모두 5가지 종류가 있습니다.

Add Noise...
Despeckle
Dust & Scratches...
Median...
Reduce Noise...

- Add Noise : 설정하는 수치만큼 노이즈를 추가합니다.
- Despeckle : 이미지의 가장자리를 제외한 나머지 영역을 흐리게하여 노이즈를 제거합니다.
- Dust&Scratches : 다른 픽셀과 차이가 나는 픽셀을 변경하여 노이즈를 줄입니다.
- Median : 픽셀 명도를 혼합하여 이미지의 노이즈를 감소합니다.
- Reduce Noise : 이미지의 가장자리를 선명하게 유지하면서 전체 이미지나 개별 채널의 노이즈를 제거합니다.

⑭ Pixelate : 셀에서 비슷한 색상 값이 픽셀들을 묶어 선명하게 만듭니다. 모두 7가지 종류가 있습니다.

Color Halftone...
Crystallize...
Facet
Fragment
Mezzotint...
Mosaic...
Pointillize...

- Color halftone : 각 채널에 확대된 하프톤 스크린을 사용하는 효과를 만듭니다.
- Crystallize : 픽셀을 단색의 다각형으로 묶습니다.
- Facet : 단색이나 유사한 색상의 픽셀을 유사한 색상의 픽셀 블록으로 묶습니다.
- Fragment : 픽셀의 사본 4개를 만들고, 그 평균을 내어 각각 이동시킵니다.
- Mezzotint : 흑백 영역 패턴 또는 완전한 채도를 가진 색상 패턴으로 변환합니다.
- Mosaic : 픽셀을 사각형 블록으로 묶어 모자이크 효과를 만듭니다.
- Pointillize : 점효화와 유사하게 색상을 임의로 퍼진 점들로 나누고 점들 사이의 빈 공간은 배경색으로 채웁니다.

⑮ Render : 구름 패턴, 굴절 패턴, 빛의 반사 패턴 등을 만들 수 있습니다.
- Flame : 프레임 효과를 적용합니다.

Flame...
Picture Frame...
Tree...

Clouds
Difference Clouds
Fibers...
Lens Flare...
Lighting Effects...

- Picture Frame : 액자 효과를 만들 수 있습니다.
- Tree : 나무 이미지를 표현합니다.
- Clouds : 전경색과 배경색을 사용하여 임의 모양의 부드러운 구름 패턴을 만듭니다. 메뉴를 클릭하면서 빠르게 Alt 를 누르면 조금 더 딱딱한 느낌의 구름 패턴이 만들어집니다.
- Difference Clouds : [Clouds] 필터의 경우 레이어의 이미지를 구름 패턴으로 대체하지만 이 필터는 전경색과 배경색으로 구름을 만든 후 블랜드 모드의 [Difference]로 혼합합니다.
- Fibers : 전경색과 배경색을 사용하여 직물 느낌의 효과를 만듭니다.
- Lense Flare : 카메라 렌즈로 밝은 빛을 비출 때 생기는 굴절 효과를 만듭니다. 섬네일 이미지에서 위치를 클릭하거나 십자 표시를 클릭한 채 드래그하여 위치를 지정합니다.
- Lighting Effects : 17가지 조명 스타일과 3가지 조명 유형으로 여러 가지 조명 효과를 만듭니다.

⑯ Sharpen : 흐릿한 이미지를 선명하게 만듭니다. 이미지 경계와 인접한 픽셀의 대비를 높여 선명하게 만드는 방식입니다.

- Shake Reduction : 흔들린 사진을 선명하게 보정합니다.
- Sharpen : 설정 없이 1단계 선명하게 만듭니다.
- Sharpen Edges : 설정 없이 색상 변화가 뚜렷하게 일어나는 부분(경계선)을 선명하게 합니다.
- Sharpen More : [Sharpen] 필터를 2~3회 정도 반복 적용한 것처럼 더욱 선명하게 합니다.
- Smart Sharpen : 어두운 영역과 밝은 영역을 선명하게 하는 양을 조정하여 선명하게 합니다.
- Unsharp Mask : 정교한 선명 효과를 적용할 수 있습니다. 가장자리의 대비를 조정하고 밝고 어두운 선을 만들어 선명한 이미지를 만듭니다. [Sharpen]이나 [Sharpen More]로 선명해지지 않는 이미지에 효과적입니다.

⑰ Stylize : 인상주의 효과를 만듭니다. [Filter Gallery] 대화상자에서 1가지 종류의 필터를, [Filter]-[Stylize] 메뉴에서 9가지 종류의 필터를 적용할 수 있습니다.

- Diffuse : 이미지의 픽셀을 뒤섞어서 초점이 흐려진 것처럼 보이게 만듭니다.
- Emboss : 볼록하거나 눌려진 것처럼 만듭니다.
- Extrude : 3D 텍스처를 지정합니다.
- Find Edges : 뚜렷한 색상 차이가 있는 영역을 인식하여 가장자리를 찾아냅니다.
- Oil Paint : 유화 그림을 손쉽게 만들 수 있습니다.
- Solarize : 사진을 현상하는 동안 빛에 약간 노출시키는 것과 비슷하게 네거티브 및 포지티브 이미지를 혼합합니다.
- Tiles : 원래의 위치에서 다른 방향으로 이동하면서 이미지를 일련의 타일로 분할합니다.

• Trace Contour : 윤곽선 맵의 선과 비슷한 효과를 냅니다.

• Wind : 이미지에 가는 가로선들을 만들어 바람에 날리는 효과를 만듭니다.

⑱ Video : 동영상 파일과 관련된 필터를 적용합니다.

⑲ Other : 자신만의 필터를 만들거나, 마스크를 수정하거나, 옵셋 효과를 만들 수 있습니다. 모두 6가지 종류가 있습니다.

Custom...
High Pass...
HSB/HSL
Maximum...
Minimum...
Offset...

• Custom : 자신만의 필터 효과를 만듭니다.

• High Pass : 선명한 색상 변환이 일어나는 가장자리 세부 묘사를 찾아냅니다.

• HSB/HSL : 색상, 채도, 명도를 채널로 분류하여 이미지를 표현합니다.

• Maximum : 흰색 영역을 확장하고 검정 영역을 줄입니다.

• Minimum : 검정 영역을 확장하고 흰색 영역을 줄입니다.

• Offset : 원래 위치에 빈 공간을 남겨두고 지정한 수평 방향과 수직 방향의 양만큼 선택 영역을 이동합니다.

⑳ Browse Filters Online : 어도비 공식 홈페이지에서 필터를 추가로 다운로드하여 사용할 수 있습니다.

3 [Iris Blur] 필터 적용하기

[Iris Blur] 필터는 조리개 흐림 효과 필터입니다. 메뉴를 클릭하면 화면이 흐림 효과 갤러리로 전환되고 핀과 조절점을 이용하여 초점의 위치, 흐림 효과가 적용되는 범위와 정도, 위치 등을 설정할 수 있습니다.

예제 파일 Sample \ Part05 \ iris.jpg   **완성 파일** Sample \ Part05 \ iris-w.psd

예제 파일

완성 파일

1 예제 파일 불러오기

[File]-[Open] 메뉴를 클릭하여 'iris.jpg' 파일을 불러옵니다.

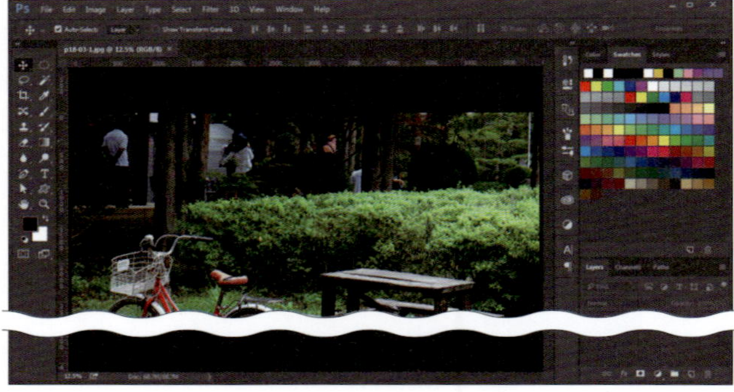

2 초점 위치 이동하기

[Filter]-[Blur Gallery]-[Iris Blur] 메뉴를 클릭합니다. 핀을 클릭한 채 자전거 이미지로 드래그합니다. 초점의 위치가 이동됩니다.

3 효과 범위 조절하기 ①

Shift 를 누르고 바깥의 큰 원을 클릭한 채 드래
그합니다. 효과 범위를 조절할 수 있습니다. 오
른쪽에서 [Blur] 값을 '25px'로 설정하여 더 흐
려지게 만듭니다.

4 효과 범위 조절하기 ②

안쪽의 조절점을 클릭한 채 드래그합니다. 핀에
서 조절점까지의 영역에는 흐림 효과가 적용되
지 않습니다. 해당 영역이 좁아집니다. 옵션 바
[High Quality]를 체크한 후 [OK] 버튼을 클릭합
니다.

5 필터가 적용된 사진 확인하기

조리개 흐림 효과가 적용되었습니다.

[Tilt-Shift] 필터 적용하기

4

Tilt-Shift는 실물과 같은 모양으로 정교하게 만들어진 작은 모형(미니어처)을 보는 듯한 느낌을 낼 수 있는 카메라 기법입니다.

예제 파일 Sample \ Part05 \ tilt-shift.jpg   **완성 파일** Sample \ Part05 \ tilt-shift-w.psd

예제 파일

완성 파일

1 예제 파일 불러오기

[File]-[Open] 메뉴를 클릭하여 'tilt-shift.jpg' 파일을 불러옵니다.

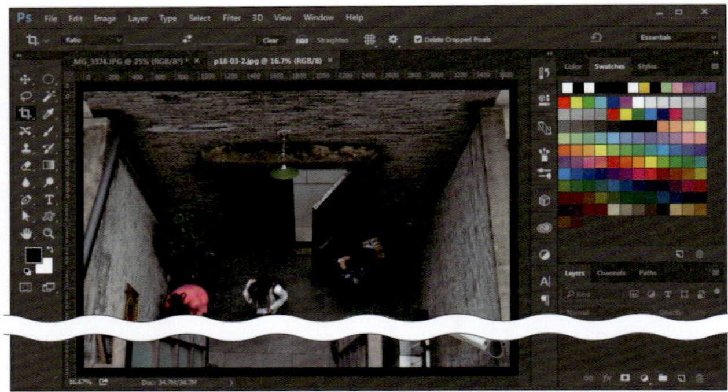

2 [Tilt-Shift] 필터 적용하기

[Filter]-[Blur Gallery]-[Tilt-Shift] 메뉴를 클릭합니다. 핀을 클릭한 채 드래그하여 위치를 이동합니다. 오른쪽 [Blur]에 '30px'을 입력합니다. [High Quality]를 체크한 후 [OK] 버튼을 클릭합니다. [Tilt-Shift] 효과가 적용되었습니다.

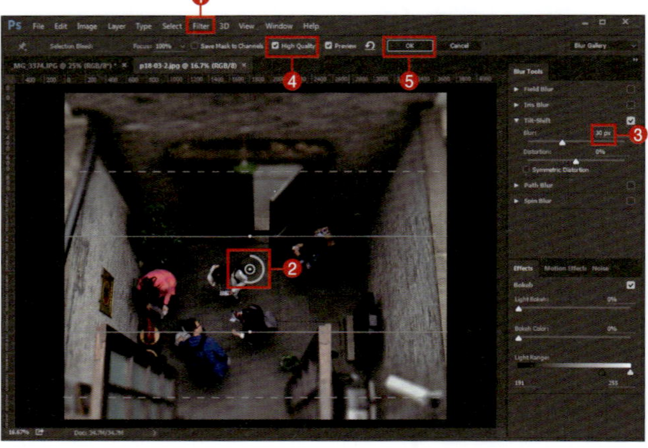

[Path Blur] 필터 적용하기

5

Path Blur는 패스 선을 만들고 패스의 방향으로 흐림 효과를 적용하는 필터입니다. 직선 또는 곡선으로 패스를 그릴 수 있어 사용자가 흐림 효과의 방향을 설정할 수 있습니다.

예제 파일 Sample \ Part05 \ path.jpg　　　　**완성 파일** Sample \ Part05 \ path-w.psd

예제 파일

완성 파일

1 예제 파일 불러오기

[File]-[Open] 메뉴를 클릭하여 'path.jpg' 파일을 불러옵니다. 'Background' 레이어를 복사합니다(Ctrl+J).

2 [Path Blur] 필터 적용하기

[Filter]-[Blur Gallery]-[Path Blur] 메뉴를 클릭합니다. 핀을 클릭한 채 드래그하여 위치를 이동합니다.

255

3 [Path Blur] 필터 적용하기

패스 조절점을 클릭 후 드래그하여 직선 길이를 조절합니다. 가운데 조절점을 클릭 후 드래그하여 곡선으로 블러를 적용합니다. 이미지의 윗부분을 클릭 후 드래그하여 그림과 같이 곡선으로 패스를 그려줍니다. [High Quality]를 체크한 후 [OK] 버튼을 클릭합니다.

4 레이어 마스크

레이어 패널의 [Add Layer Mask] 버튼을 클릭하여 마스크를 실행합니다. 전경색을 검은색으로 선택합니다. 그래디언트 도구를 클릭합니다. 옵션바의 ▭ 를 클릭해 [Foreground to Transparent]를 클릭 후, ▣ 원형으로 옵션을 설정합니다. 그림과 같이 클릭 후 드래그하여 이미지를 가립니다. 오른쪽 선수의 얼굴도 같은 방법으로 마스크를 실행합니다. 역동적인 블러가 적용된 것을 확인합니다.

6 [Spin Blur] 필터 적용하기

Spin Blur는 회전하는 느낌으로 흐림 효과를 적용시킬 수 있습니다.

예제 파일 Sample \ Part05 \ spin.jpg　　　**완성 파일** Sample \ Part05 \ spin-w.psd

1 파일 불러오기

[File]-[Open] 메뉴를 클릭하여 'spin.jpg' 파일
을 불러옵니다. [Elliptical Marquee Tool]( )
을 클릭합니다. 그림과 같이 선택 영역을 만듭
니다. [Rectangular Marquee Tool]( )로 불
필요한 선택 영역을 빼줍니다.

2 [Spin Blur] 필터 적용하기

[Filter]-[Blur Gallery]-[Spin Blur] 메뉴를 클
릭합니다. Shift 를 누르고 흐림 효과 범위를 키
워 영역에 맞게 맞춥니다. Feater의 범위 조절
점을 타이어 위치에 이동시킵니다. [Blur Angle]
을 '30도'로 입력합니다. [High Quality]를 체크
하고 [OK] 버튼을 클릭합니다. 회전 블러가 적
용되었습니다.

3 [Motion Blur] 필터 적용하기

선택 영역을 해제합니다(Ctrl+D). [Quick Selection Tool]을 클릭하고 그림과 같이 바닥 부분을 선택 영역으로 지정합니다. [Filter]-[Motion Blur]를 클릭합니다. [Motion Blur] 대화상자의 [Distance]를 '300 Pixels'로 입력하고 [OK] 버튼을 클릭합니다.

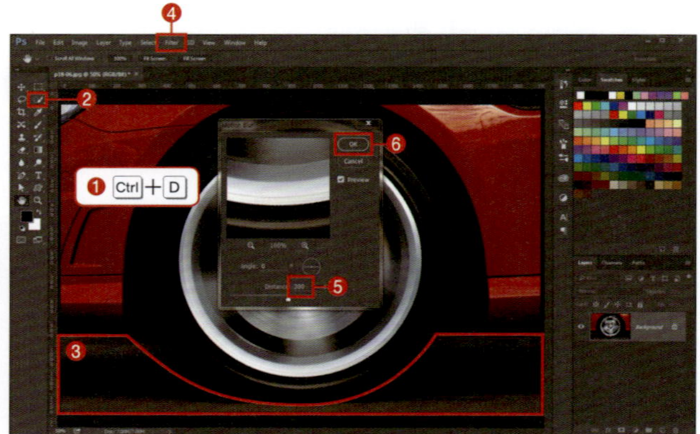

4 마무리하기

선택 영역을 해제합니다(Ctrl+D). [Spin Blur] 필터를 통해 바퀴가 회전하는 이미지를, [Motion Blur] 필터를 통해 자동차가 달리는 이미지를 연출했습니다.

7 [Vanishing Point] 필터 적용하기

Vanishing Point는 투시화법에서 소실점이라 불리는 원근감 표현의 중요한 요소입니다. 원근감 있는 이미지를 연장하거나 이미지를 맵핑할 때 사용하는 필터입니다.

예제 파일 Sample\Part05\vanishing1.jpg, vanishing2.jpg　　　**완성 파일** Sample\Part05\vanishing-w.psd

예제 파일

완성 파일

1 파일 불러오기

[File]-[Open] 메뉴를 클릭하여 'vanishing1.jpg', 'vanishing2.jpg' 파일을 불러옵니다. 'vanishing2.jpg'에서 Ctrl+A를 눌러 전체 선택 영역을 설정한 후 Ctrl+C를 눌러 복사해 둡니다.

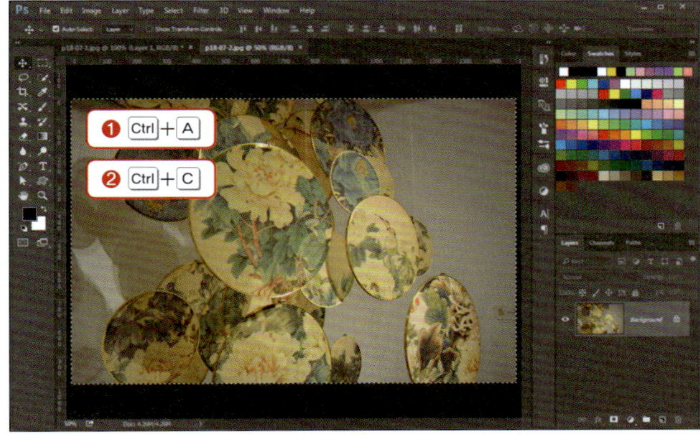

2 [Vanishing Point] 대화상자 열기

'vanishing1.jpg' 파일의 레이어 패널에서 [Create a new layer] 버튼을 클릭해 새 레이어를 만듭니다. [Filter]-[Vanishing Point]를 클릭해 [Vanishing Point] 대화상자에 들어갑니다.

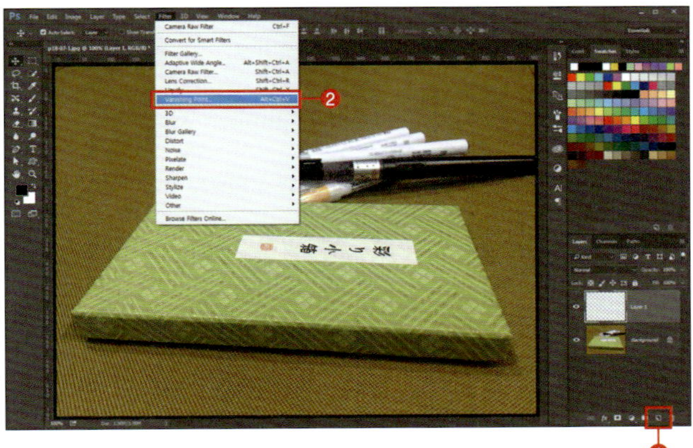

 **3** **[Vanishing Point] 만들기**

[Vanishing Point] 대화상자 왼쪽 [Create Plane Tool]을 클릭한 후, 그림과 같이 4개 포인트를 클릭하여 생성합니다. 점을 생성하면 자동으로 [Edit Plane Tool]이 선택되어 있습니다.

 **4** **[Vanishing Point] 확장하기**

Ctrl 을 누른 채 가운데 조절점을 클릭 후 드래그하여 아래로 드래그하면 원근감에 맞게 영역이 확장되는 것을 확인할 수 있습니다.

5 이미지 영역 안쪽에 넣기 ①

Ctrl + V 를 눌러 전에 복사해 두었던 이미지를 붙여넣기 합니다. 이미지를 확인한 후 Ctrl + T 를 눌러 크기를 줄이고 안쪽으로 드래그하여 이미지를 영역 안쪽으로 붙입니다.

6 이미지 영역 안쪽에 넣기 ②

영역 안쪽으로 들어간 이미지를 확인한 후 크기와 위치를 다시 조절합니다. [OK] 버튼을 클릭합니다.

7 블랜딩 모드 합성하기

새 레이어에 작업한 이미지가 들어 있습니다.
[Blend Mode]를 [Hard Light]로 설정하여 자연
스럽게 원근감 있는 합성을 합니다.

TIP

[Vanishing Point] 대화상자

❶ Edit Plane Tool( ) : 생성된 투시면을 선택하거나 크기를 조절합니다.

❷ Create Plane Tool( ) : 원근법 형태로 투시면을 생성하는 도구입니다.

❸ Marquee Tool( ) : 사각 선택 영역을 만듭니다.

❹ Stamp Tool( ) : Alt 를 누른 채 클릭하여 기준을 설정하고, 이동하여 드래그하며 원근감 있는 표현을 합니다.

❺ Brush Tool( ) : 원근감을 고려해 채색할 수 있습니다.

❻ Transform Tool( ) : 이미지 변형을 할 수 있습니다.

❼ Eyedropper Tool( ) : 브러시 색상을 선택할 수 있습니다.

❽ Measure Tool( ) : 거리를 측정할 수 있습니다.

[Camera Raw] 필터 적용하기

RAW 파일은 각 카메라 제조 회사마다 고유의 파일 확장자를 말합니다. RAW 파일은 용량이 매우 크기 때문에 전문적인 보정이 까다롭습니다. 포토샵 CC에서는 이러한 파일을 보정하는 것처럼 JPEG 파일을 이용하여 Camera Raw에서 가장 유용하게 사용되는 대표 기능들에 대해 알아보겠습니다.

1 [Camera Raw Filter] 대화상자

[Filter]-[Camera Raw Filter]를 클릭합니다.

❶ Zoom Tool( ) : 이미지를 확대하거나 축소시킵니다.

❷ Hand Tool( ) : 이미지를 드래그하여 이동시킵니다.

❸ White Balance Tool( ) : 클릭한 곳을 기준으로 색상을 보정할 수 있습니다.

❹ Color Sampler Tool( ) : 다양한 색상의 샘플을 볼 수 있습니다.

❺ Targeted Adjustment Tool( ) : 드래그한 지점을 기준으로 색상, 채도, 명도를 보정합니다.

❻ Spot Removal Tool( ) : 잡티나, 흠집을 클릭 후 드래그하여 복원할 수 있습니다.

❼ Red Eye Removal Tool( ) : 레드아이 현상을 보정합니다.

❽ Adjustment Brush Tool( ) : 브러시 영역 안을 클릭과 드래그하며 보정할 수 있습니다.

⑨ Graduated Tool( ) : 선형으로 그래디언트를 적용하듯 드래그한 영역을 보정할 수 있습니다.

⑩ Radial Tool( ) : 원형으로 그래디언트를 적용하듯 드래그한 영역을 보정할 수 있습니다.

⑪ 전체화면 모드( ) : 클릭하면 전체 화면모드, 다시 클릭하면 원래 크기로 돌아옵니다.

⑫ 히스토그램 그래프 : 그래프에서 직접 각 영역을 드래그하여 조절할 수 있습니다.

⑬ 탭 아이콘 : 각 보정 기능들을 탭 아이콘으로 모아 놓은 공간입니다.

⑭ 옵션 창 : 선택한 보정 기능에 대한 세부 옵션입니다.

⑮ 전후 보기 교체( ) : 클릭할 때마다 순차적으로 수직으로 수평으로 보여줍니다.

⑯ 전후 설정 교체( ) : 보정 전과 후를 서로 바꿉니다.

⑰ 이전으로부터 현재 설정 복사( ) : 보정한 설정을 이전 이미지에 적용합니다.

⑱ 설정 되돌리기( ) : 패널의 설정을 초기값으로 되돌립니다.

2 미리보기

전후 보기 교체( ) 버튼을 누를 때마다 네 가지의 미리 보기 화면으로 전환합니다.

 **Basic**

이미지의 색온도, 색조, 명암, 명료도, 채도 같은 색감이나 선명도를 보정합니다.

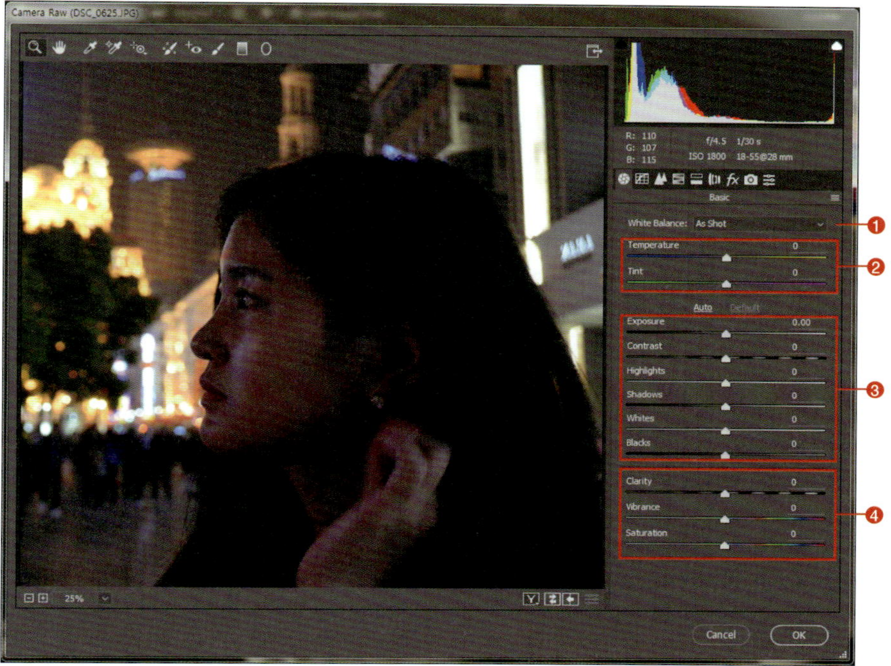

❶ White Balance : 카메라 설정값

❷ 색온도와 색조

　• Temperature : 색온도를 조절합니다.

　• Tint : 왼쪽은 녹색, 오른쪽은 자주색 색조를 조절합니다.

❸ Auto, Default : 초기값

　• Exposure : 노출을 조절하여 어둡거나 밝은 이미지를 보정합니다.

　• Contrast : 색상의 대비를 조절합니다.

　• Highlights : 밝은 영역의 명도를 조절합니다.

　• Shadow : 어두운 영역의 명도를 조절합니다.

　• Whites : 흰색 영역의 명도를 조절합니다.

　• Blacks : 검정 영역의 명도를 조절합니다.

❹ 명료도와 채도

　• Clarity : 명료하게, 밝은 픽셀은 더 밝게 어두운 픽셀은 더 어둡게 보정합니다.

　• Vibrance : 오른쪽으로 이동하면 활기 있는 색상, 왼쪽으로 이동하면 색상이 감소합니다.

　• Saturation : 왼쪽으로 이동하면 채도가 낮아지고, 오른쪽으로 이동하면 채도가 높아집니다.

 **Tone Curve**

커브를 움직여 이미지의 명암을 보정합니다.

❶ Parametric : 사용자가 직접 슬라이더를 클릭 후 드래그하여 4개 영역을 조절하여 보정합니다.

- Highlights : 가장 밝은 영역을 보정합니다.
- Lights : 밝은 영역을 보정합니다.
- Darks : 어두운 영역을 보정합니다.
- Shadow : 가장 어두운 영역을 보정합니다.

❷ Point : 사용자가 직접 드래그하여 보정합니다.

- Curve : 네 가지 커브 종류를 설정할 수 있습니다.
- Channel : 각 채널별로 커브를 조절할 수 있습니다.

 **Detail**

이미지를 선명하게 만들고 노이즈는 감소시키는 보정입니다.

❶ Sharpening : 선명도를 보정합니다.

  • Amount : 선명도의 양을 조절합니다.

  • Radius : 선명한 반경을 조절합니다.

  • Detail : 세밀한 선명도를 조절합니다.

  • Masking : 경계부분을 조절합니다.

❷ Noise Reduction : 노이즈를 감소합니다.

  • Luminance : 밝기에 따라 노이즈를 감소합니다.

  • Luminance Detail : 세밀하게 밝기에 따라 노이즈를 감소합니다.

  • Luminance Contrast : 대비를 조절합니다.

  • Color : 색상을 조절합니다.

  • Color Detail : 세밀한 색상을 조절합니다.

  • Color Smoothness : 색상을 부드럽게 완화합니다.

6 HSL/Grayscale

이미지에서 영역을 지정하여 색상, 명도, 채도를 색상으로 변경합니다.

❶ Convert to Grayscale : 흑백 이미지로 변환합니다.

❷ Hue : 각 색상별 슬라이더를 움직여 색상을 변경합니다.

❸ Saturation : 각 색상별 슬라이더를 움직여 채도를 변경합니다.

❹ Luminance : 각 색상별 슬라이더를 움직여 명도를 변경합니다.

7 Split Toning

이미지의 밝은 영역과 어두운 영역을 구분하여 색상과 채도의 균형을 조절합니다.

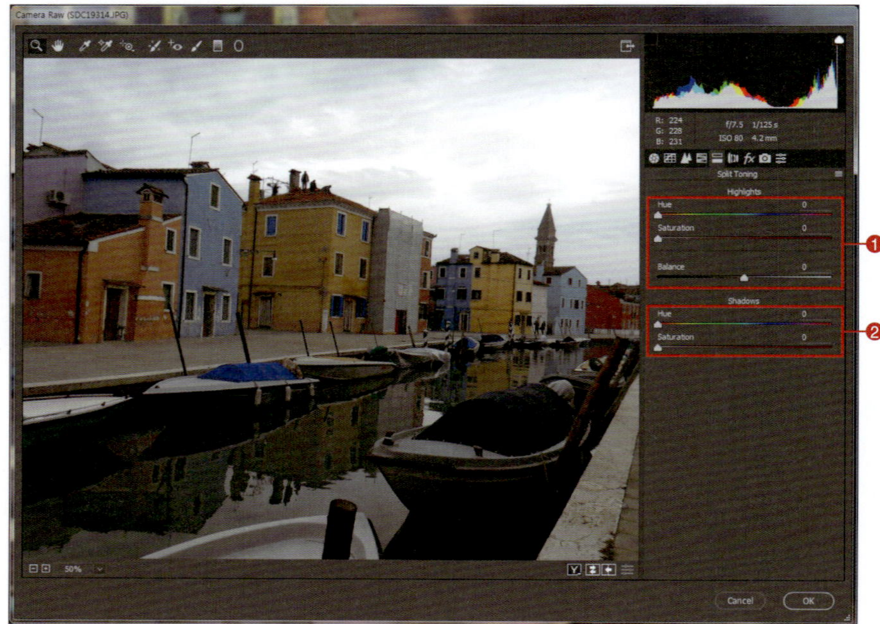

❶ Highlights : 밝은 영역을 보정합니다.

  • Hue : 이미지에서 밝은 영역의 색상을 보정합니다.

  • Saturation : 이미지에서 밝은 영역의 채도를 보정합니다.

  • Balance : 색상과 채도의 균형을 조절합니다.

❷ Shadow : 어두운 영역을 보정합니다.

  • Hue : 이미지에서 어두운 영역의 색상을 보정합니다.

  • Saturation : 이미지에서 어두운 영역의 채도를 보정합니다.

8 Lens Corrections

카메라 렌즈에 의해 왜곡된 사진의 변형을 교정하거나 일부러 이미지를 왜곡할 수 있습니다.

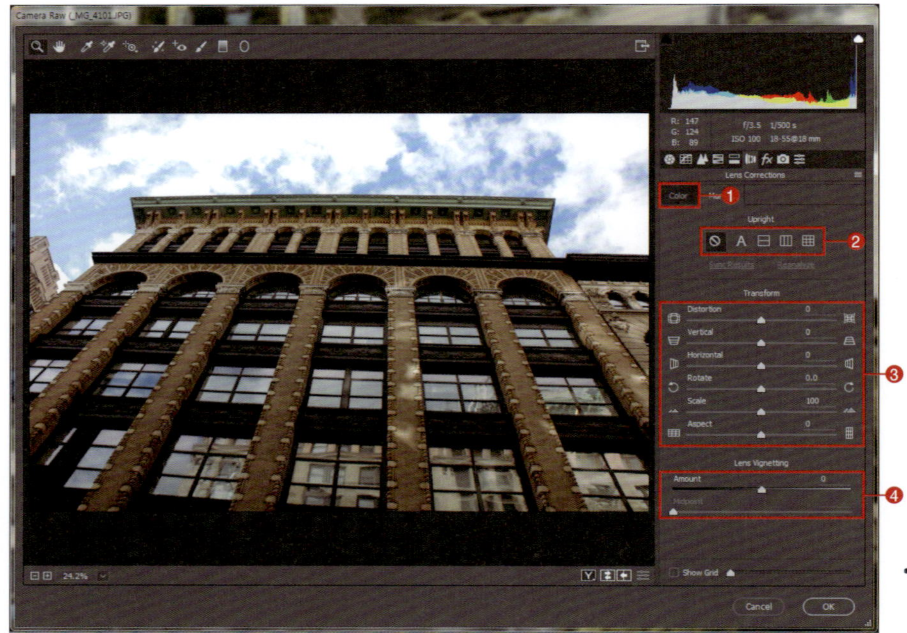

❶ **Color** : Remove Chromatic Aberration(색수차와 제거)에 관련된 옵션입니다. 색수차는 파장에 따른 굴절률의 차이에 의해 생기는 수차이며 Defringe 옵션으로 제거할 수 있습니다.

❷ **Upright** : 왜곡을 자동으로 교정합니다.
- **Off( )** : 교정 취소
- **Auto(A)** : 자동 원근감 교정
- **Level( )** : 가로 원근감 교정
- **Vertical( )** : 세로 원근감 교정
- **Full( )** : 가로 세로 원근감 교정

❸ **Transform** : 형태를 변형합니다.
- **Distortion** : 이미지를 왼쪽이면 볼록하게 오른쪽이면 오목하게 변형합니다.
- **Vertical** : 사다리꼴 모양으로 세로로 늘립니다.
- **Horizontal** : 사다리꼴 모양으로 가로로 늘립니다.
- **Rotate** : 이미지를 회전합니다.
- **Scale** : 이미지 크기를 확대 축소합니다.
- **Aspect** : 측면 비율을 조절합니다.

❹ Lens Vignetting : 외곽을 어둡게 비네팅 효과를 적용합니다.

  • Amount : 외곽을 어둡거나 밝게 비네팅 효과를 적용합니다.

  • Midpoint : 비네팅 영역의 중간 너비를 조절합니다.

9 Effects

로모 카메라나 토이 카메라로 찍은 것처럼 노이즈를 만들거나 가장자리를 어둡게 하여 비네팅 효과를 만듭니다.

❶ Dehaze : 안개를 제거하거나 생성시킵니다.

　• Amount : 안개 양을 늘리거나 줄입니다.

❷ Grain : 노이즈를 적용합니다.

　• Amount : 노이즈의 양을 조절합니다.

　• Size : 노이즈의 크기를 조절합니다.

　• Roughness : 노이즈의 거친 정도를 조절합니다.

❸ Post Crop Vignetting : 이미지를 자른 것처럼 테두리를 만들거나 비네팅 효과를 적용합니다.

　• Amount : 사진의 가장자리를 어둡게 하거나 밝게 하여 비네팅 효과를 만듭니다.

　• Midpoint : 사진의 중간 비네팅 영역을 조절합니다.

　• Roughness : 비네팅 모양의 거친 정도를 조절합니다.

　• Feather : 비네팅 경계의 부드러운 정도를 조절합니다.

　• Highlights : 밝은 영역을 조절합니다.

Dehaze, Amount : 70

Dehaze, Amount : −50

Post Crop Vignetting, Amount : 100

Post Crop Vignetting, Amount : −100

10 Camera Calibration

삼원색인 Red, Green, Blue의 색상을 기준으로 색상을 변경하고 채도를 조절합니다.

❶ Shadow : 초록에서 자주색 계열까지 보정합니다.

❷ Red Primary : 이미지의 Red 색상 계열에 대해 색상과 채도를 보정합니다.

❸ Green Primary : 이미지의 Green 색상 계열에 대해 색상과 채도를 보정합니다.

❹ Blue Primary : 이미지의 Blue 색상 계열에 대해 색상과 채도를 보정합니다.

Lesson 05

포토샵 채널의 활용

채널은 여러 가지 유형의 정보를 저장하는 회색 음영 이미지입니다. 채널의 크기와 해상도는 원본 이미지와 같습니다. 채널은 최대 56개까지 만들 수 있으며, PSD 형식으로 저장할 경우 채널 정보가 함께 저장됩니다. 채널은 세 가지 종류로 분류됩니다.

■ 색상 정보 채널

이미지를 불러오면 자동으로 색상 정보 채널이 만들어집니다. 파일에 설정된 색상 모드에 따라서 만들어지는 채널의 종류가 달라집니다. 예를 들어, CMYK Color 모드의 경우 CMYK 모드와 함께 Cyan, Magenta, Yellow, Black 채널이, RGB Color 모드의 경우 RGB 채널과 함께 Red, Green, Blue 채널이 만들어집니다.

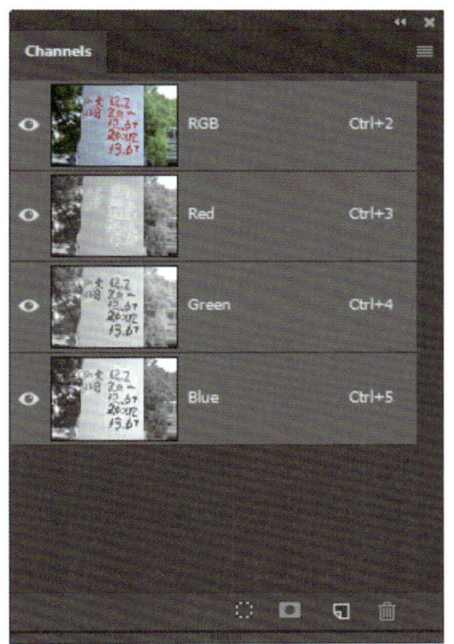

RGB 모드의 채널

CMYK 모드의 채널

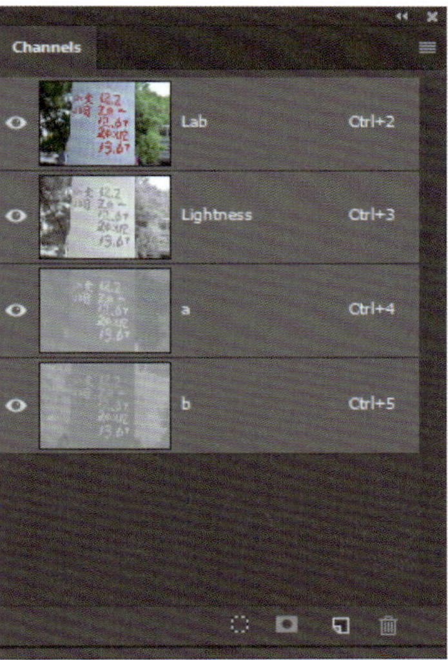

Lab 모드의 채널

■ 알파(Alpha) 채널

회색 음영 이미지를 저장하는 채널입니다. 알파 채널을 만든 후에는 언제든지 선택 영역으로 만들어 사용할 수 있습니다. 흰색으로 칠해진 영역은 선택 영역으로 만들어질 영역이며, 검은색으로 칠해진 영역은 선택되지 않을 영역입니다. 회색으로 칠해진 영역은 밝기에 따라 선택되거나 선택되지 않습니다. 일부 필터의 경우 알파 채널을 소스로 사용하여 효과를 만들어 내기도 합니다.

■ 별색(Spot Color) 채널

원색(CMYK) 잉크 대신이나 원색 잉크에 추가로 사용하는 사전 혼합된 특수 잉크를 별색이라 합니다. 별색 이미지를 인쇄하려면 각각 고유한 플레이트가 필요하고, 색상을 저장할 별색 채널을 만들어야 합니다.

1 색상 채널을 이용하여 색상 보정하기

색상 채널을 이용하여 감각적인 색상 보정으로 독특한 그래픽 효과를 만들어 보겠습니다. 예제 파일은 RGB Color 모드로 설정되어 있습니다. RGB Color 모드에서는 [RGB] 채널, [Red] 채널, [Green] 채널, [Blue] 채널 4개의 색상 채널이 존재합니다.

예제 파일 Sample\Part05\typo.jpg, 채널.jpg   **완성 파일** Sample\Part05\채널-w.psd

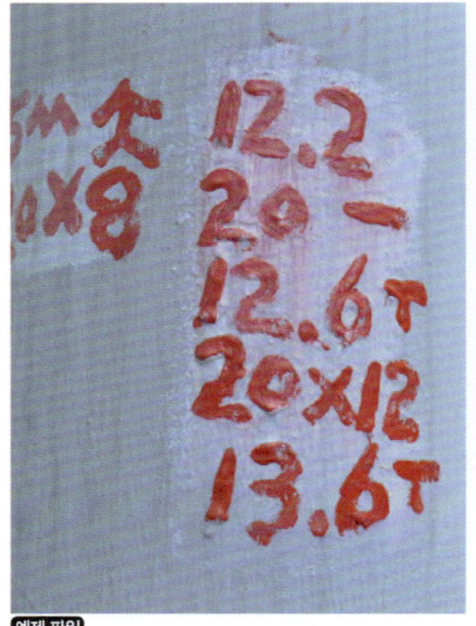
예제 파일

완성 파일

 **1 [Channels] 패널 펼치기**

‘채널.jpg’ 파일을 불러옵니다. [Channels] 패널을 선택합니다.

[Red] 채널 선택하기

[Red] 채널을 클릭하여 선택합니다(Ctrl + 3).

 **채널 이미지 위치 이동하기**

[Move Tool]( )을 선택한 후 클릭한 채 드래 그하여 위치를 이동합니다.

[Green] 채널 선택, 위치 이동하기

[Green] 채널을 클릭합니다(Ctrl + 4). 클릭한 채 드래그하여 위치를 이동합니다.

5 [Blue] 채널 선택, 위치 이동하기

[Blue] 채널을 클릭합니다(Ctrl+5). 클릭한 채 드래그하여 위치를 다른 채널에 비해 많이 이동합니다. [RGB] 채널을 클릭합니다(Ctrl+2). 색상 채널의 위치가 서로 어긋나게 보이는 걸 확인할 수 있습니다.

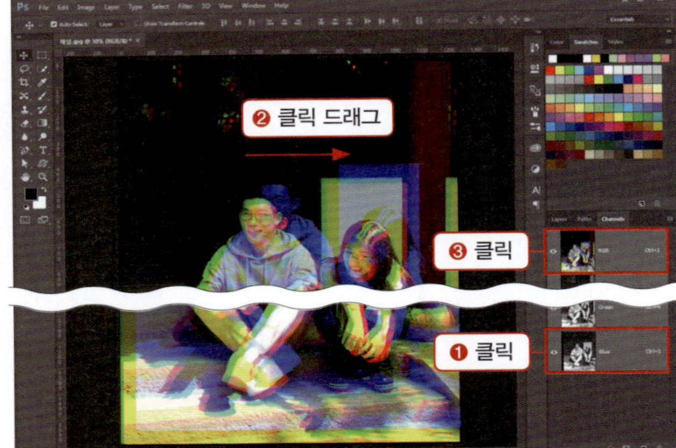

6 파일 불러오기

[Layers] 패널을 클릭합니다. 'typo.jpg' 파일을 불러옵니다. '채널.jpg' 파일로 가져와 [Blend Mode]를 [Hue]로 지정합니다.

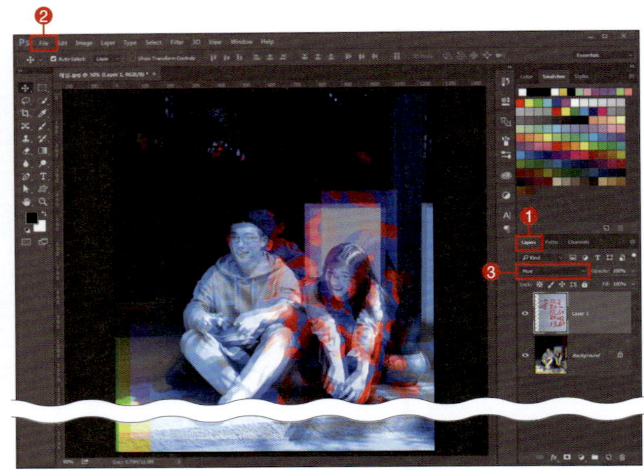

7 마무리하기

[Crop Tool]( )을 이용하여 원하는 영역을 잘라서 완성합니다.

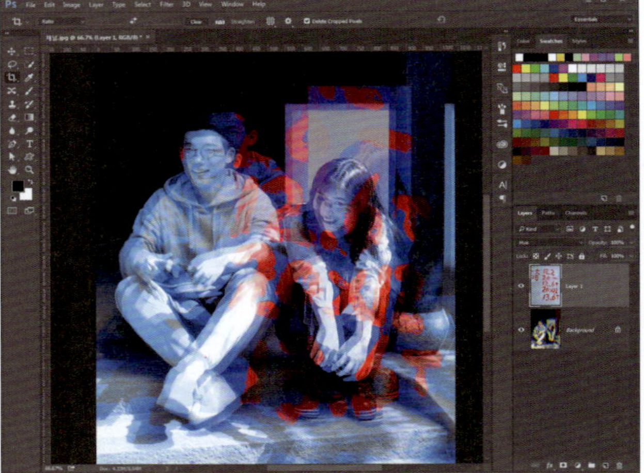

[Channels] 패널 살펴보기

채널은 여러 가지 유형의 정보를 저장하는 회색 음영 이미지입니다. 색상 모드의 정보를 확인하거나(색상 채널) 사용자가 만든 선택 영역을 저장해두고 사용하거나(알파 채널) 별색 인쇄를 위해 사용하기도 합니다.

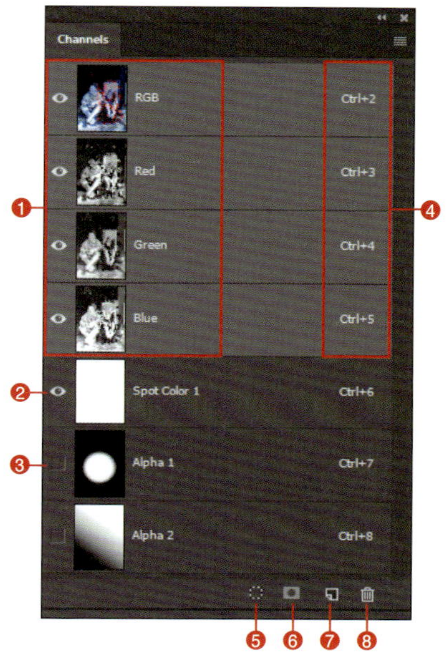

❶ 색상 채널

❷ 별색(Spot Color) 채널

❸ 알파(Alpha) 채널

❹ 단축키를 누르면 작업 도중 언제든지 해당 채널을 선택할 수 있습니다.

❺ Load channel as selection( ) : 선택한 채널을 선택 영역으로 만듭니다.

❻ Save selection as channel( ) : 선택 영역을 새 알파 채널로 만듭니다.

❼ Create new channel( ) : 새 알파 채널을 만듭니다.

❽ Delete current channel( ) : 선택한 채널을 삭제합니다.

알파 채널을 이용하여 선택 영역 지정하기

알파 채널은 선택 영역을 회색 음영 이미지로 저장하고, 언제든지 선택 영역으로 불러올 수 있도록 저장하는 채널입니다.

예제 파일 Sample \ Part05 \ 거리.jpg, 석양.jpg　　**완성 파일** Sample \ Part05 \ 거리-w.psd

예제 파일

완성 파일

 **1** **[Channels] 패널 펼치기**

'거리.jpg' 파일을 불러옵니다. [Channels] 패널을 펼칩니다.

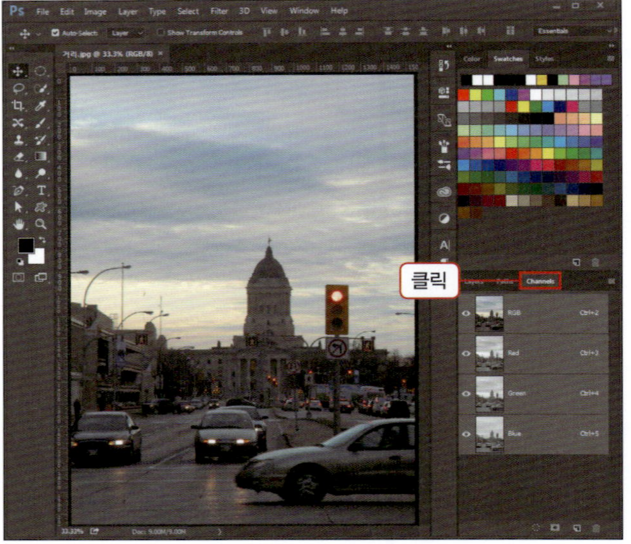

2 알파 채널 만들기

[Channels] 패널에 [Blue] 채널을 클릭 후 드래그하여 [Create new channel] 버튼에 가져다 놓습니다. [Blue] 채널이 복사되어 알파 채널로 만들어 집니다. [Image]–[Adjustment]–[Level]을 클릭합니다(Ctrl+L).

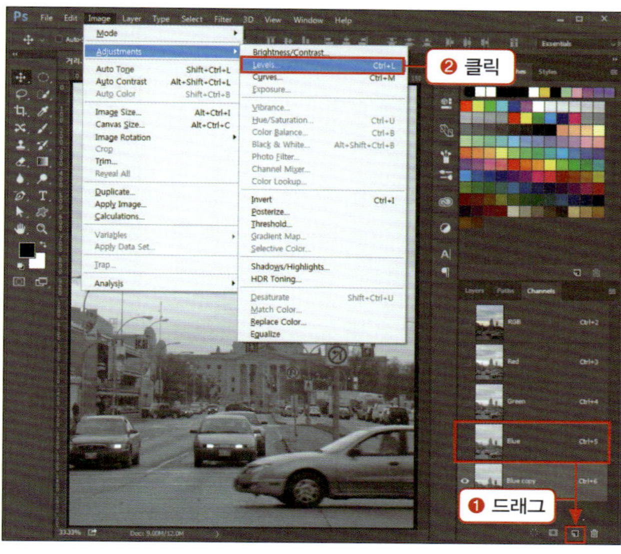

TIP

색상 채널을 복사하여 채널을 만든 경우 복사된 채널은 알파 채널의 속성을 가지게 됩니다. 알파 채널은 흰색과 회색 그리고 검은색으로 표현되며 흰색이 선택 영역이 되는 부분입니다. 회색 음영은 밝기에 따라 선택이 되거나 안 될 수 있습니다.

3 선택 영역 만들기 ①

[Level] 대화상자의 [Shadow input level]을 '150', [Highlight input level]을 '152'를 입력하고 [OK] 버튼을 클릭합니다. [Blue copy] 채널이 검은색과 흰색으로 조절되었습니다.

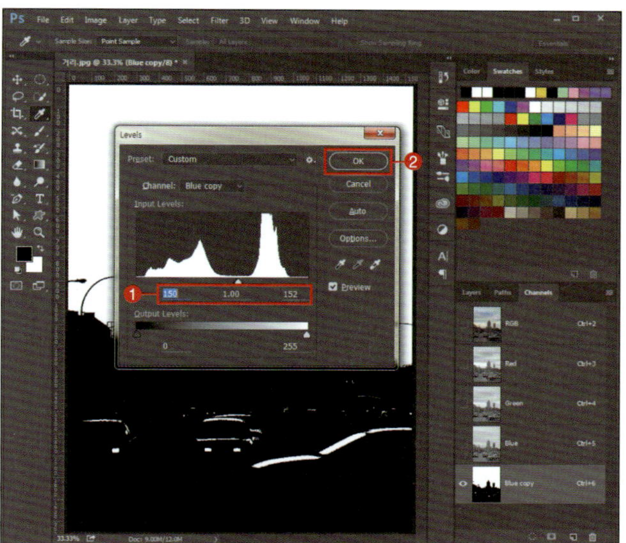

4 선택 영역 만들기 ②

[Brush Tool]을 클릭합니다. 전경색을 검은색으로 바꿉니다. 이미지 하늘 부분을 제외한 나머지를 검은색으로 칠합니다.

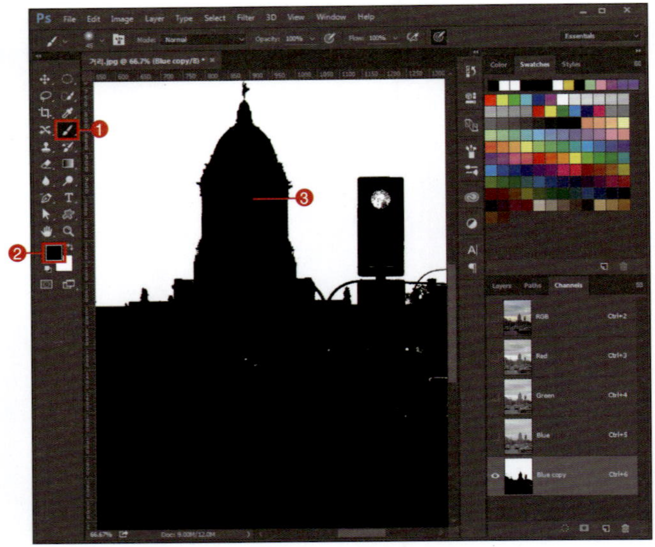

TIP

알파 채널은 검은색과 흰색을 표현할 때 도구와 기능에 상관없이 적용할 수 있습니다. 전경색을 넣거나 브러시 도구로 칠하거나 필터의 효과를 넣는 등 다양한 방법으로 구성할 수 있습니다.

5 선택 영역 만들기 ③

전경색을 흰색으로 설정합니다. 그림과 같이 흰색으로 남아있는 검은색 부분을 칠해줍니다. 나머지 부분도 꼼꼼하게 검은색과 흰색으로 명확하게 구분되도록 브러시로 칠합니다.

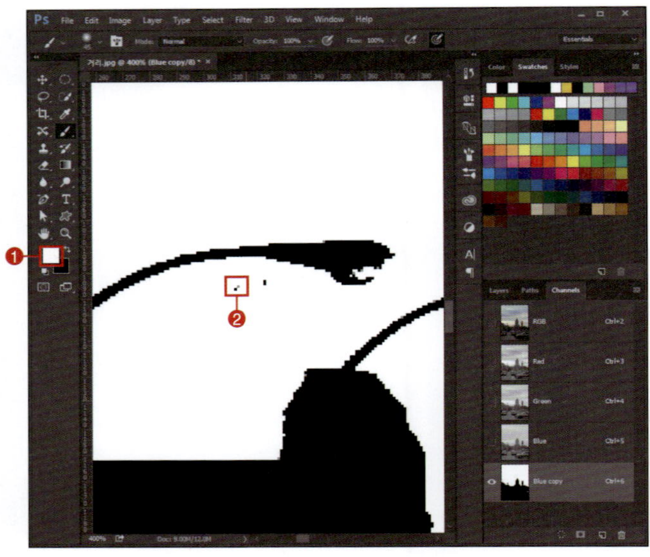

 **6 선택 영역 만들기 ④**

[Blue copy] 채널의 섬네일을 Ctrl을 누른 채
클릭하여 흰색부분을 선택 영역으로 만듭니다.
[RGB] 색상 채널을 클릭하여 전체 이미지 색상
이 나타나면 레이어 패널을 클릭합니다.

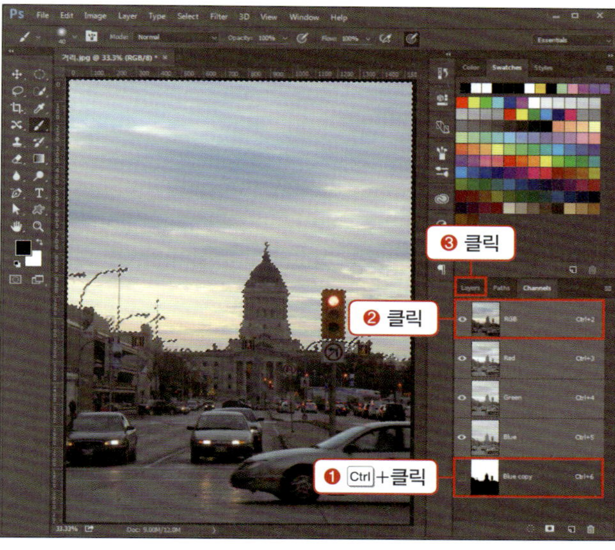

 **7 선택 영역 이미지 지우기**

Alt를 누른 채 [Background] 레이어를 더블클
릭합니다. [Background] 레이어가 [Layer 0]으
로 일반 레이어가 됩니다. Delete를 눌러 이미지
를 삭제합니다. Ctrl+D를 눌러 선택 영역을 해
제합니다.

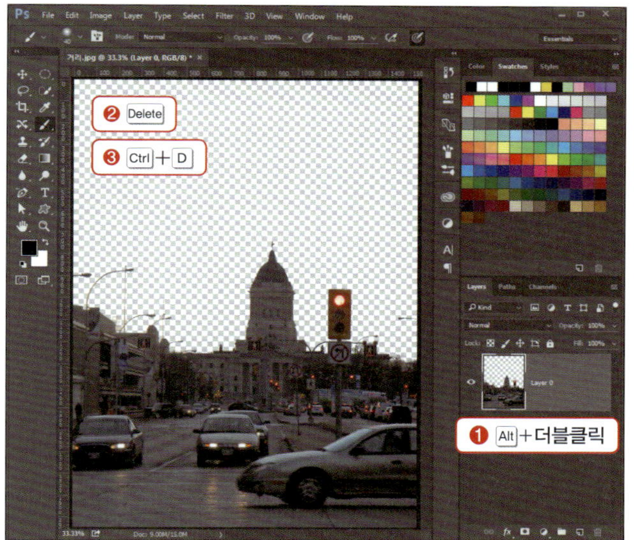

TIP

[Background] 레이어를 더블클릭하면 일반 레이어로 변경할 때 필요한 정보를 입력하는 대화상자가 나타납니다. 레이어 이름 등
추가정보를 입력할 때 필요한 부분이지만 대부분 Alt를 누른 채 더블클릭하면 자동으로 [Layer 0]으로 바뀝니다.
[Background] 레이어는 레이어의 위치를 바꾸거나 일부를 지우는 작업을 할 수 없고 기능의 제약이 있기 때문에 일반 레이어로
변경해서 사용할 수 있습니다.

8 **레이어 순서배치로 합성하기**

[File]−[Open]을 클릭해 '석양.jpg'를 '거리.jpg'
파일로 가져옵니다. 레이어의 순서를 서로 바꿔
석양 이미지를 거리 이미지 아래로 보냅니다.
석양 이미지의 크기를 Ctrl+T를 눌러 조절합
니다. 위치를 잡고 Enter를 클릭해 마무리합니다.

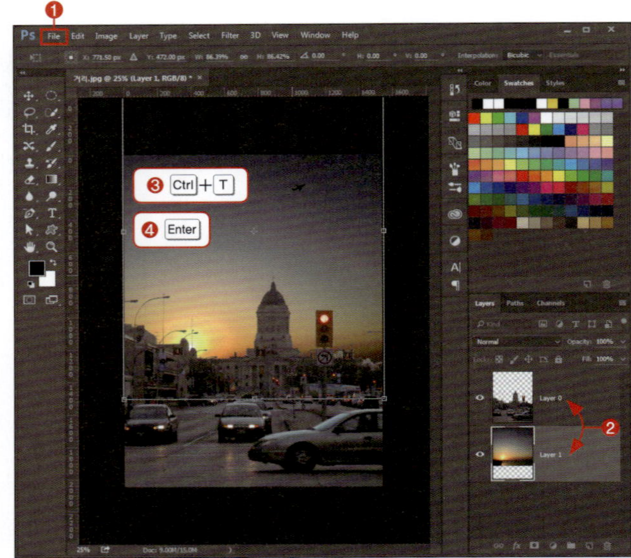

9 **보정하고 마무리하기**

레이어 패널 아래 [Create new fill or adjustment
layer] 버튼을 클릭해 [Curves]를 클릭합니다.
그림과 같이 [Curves] 곡선을 클릭 후 드래그하
여 밝은 곳과 어두운 곳의 명도를 조정하고 마
무리합니다.

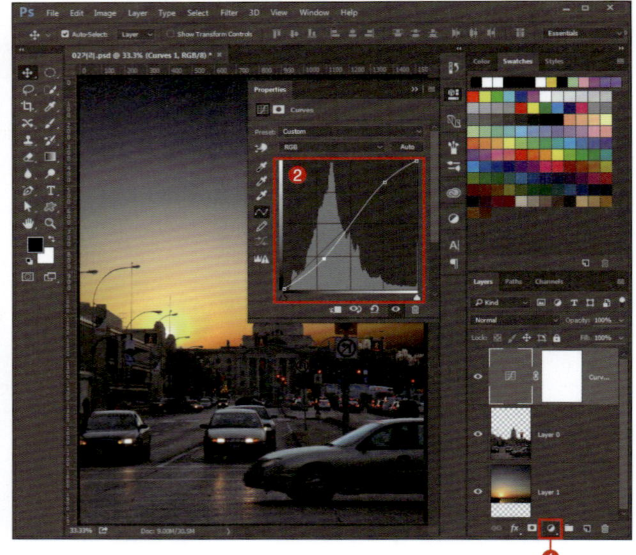

3 알파 채널을 이용하여 머리카락 선택 영역 지정하기

알파 채널을 이용하면 섬세한 선택 영역을 잡을 수 있습니다. 머리카락처럼 복잡한 형태도 알파 채널과 브러시를 이용하여 선택 영역을 지정해 보겠습니다.

예제 파일 Sample \ Part05 \ hair.psd   **완성 파일** Sample \ Part05 \ hair-w.psd

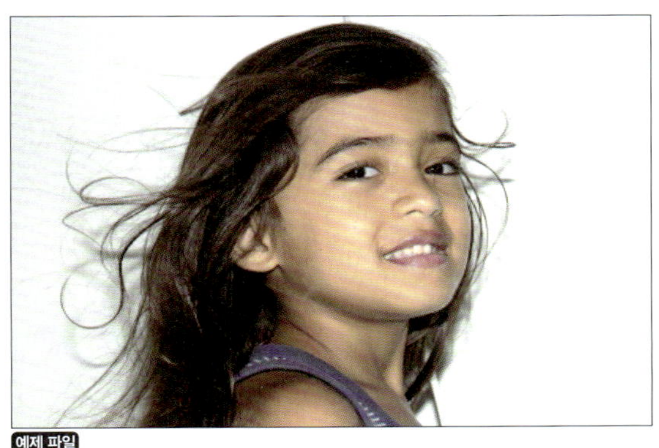
예제 파일

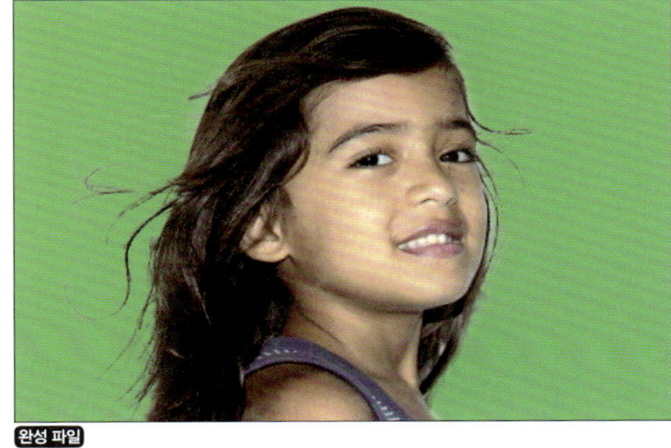
완성 파일

1 [Channels] 패널 펼치기

예제 파일 'hair.psd' 파일을 불러옵니다.
[Channels] 패널을 클릭합니다.

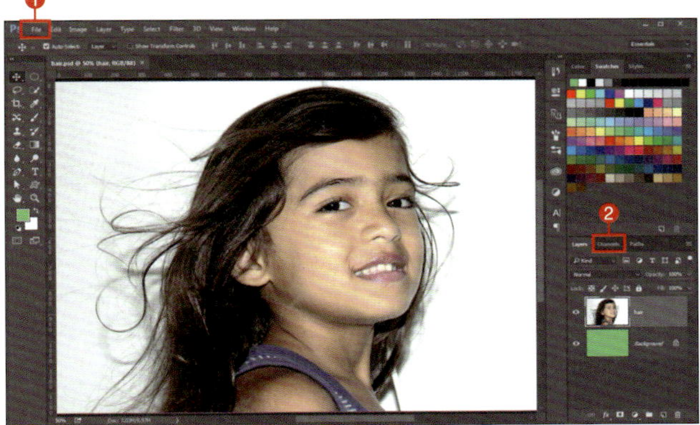

2 알파 채널 만들기

[Channels] 패널에 [Blue] 채널을 클릭 후 드래그하여 [Create new channel] 버튼에 가져다 놓습니다. [Blue] 채널이 복사되어 알파 채널로 만들어집니다. [Image]-[Adjustment]-[Level]을 클릭합니다(Ctrl+L).

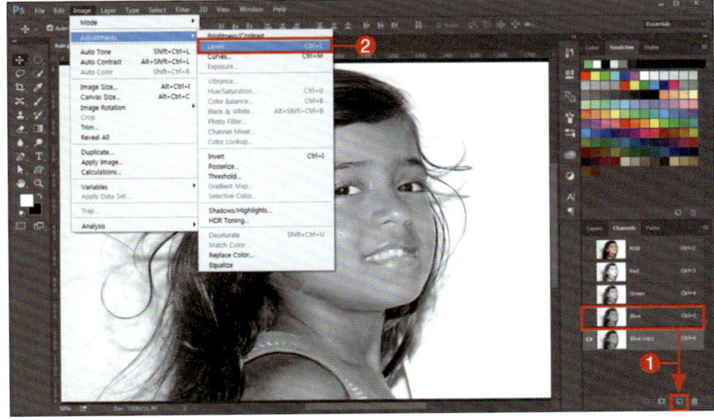

 **선택 영역 만들기 ①**

[Level] 대화상자의 [Shadow input level]
을 '68', [Highlight midtone level]을 '0.84',
[Highlight input level]을 '220'을 입력합니다.
[OK] 버튼을 클릭합니다. [Blue copy] 알파 채
널이 검은색과 흰색으로 조절되었습니다.

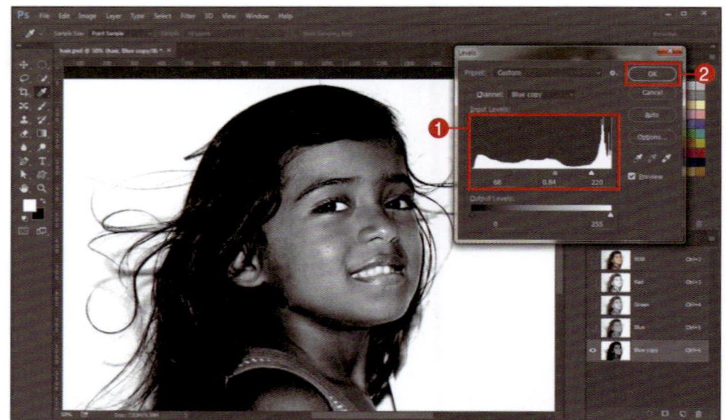

 **선택 영역 만들기 ②**

[Brush Tool]을 클릭합니다. 전경색을 검은색으
로 바꿉니다. 배경을 제외한 머리카락 안쪽 나
머지를 검은색으로 칠합니다.

 **선택 영역 만들기 ③**

옵션 바의 [Mode]를 Overlay로 선택합니다. 브
러시 도구로 검은색 머리카락을 클릭 후 드래그
하여 칠합니다. 흰색 부분은 영향을 미치지 않
고 검은색 머리카락만 칠해지는 것을 확인할 수
있습니다.

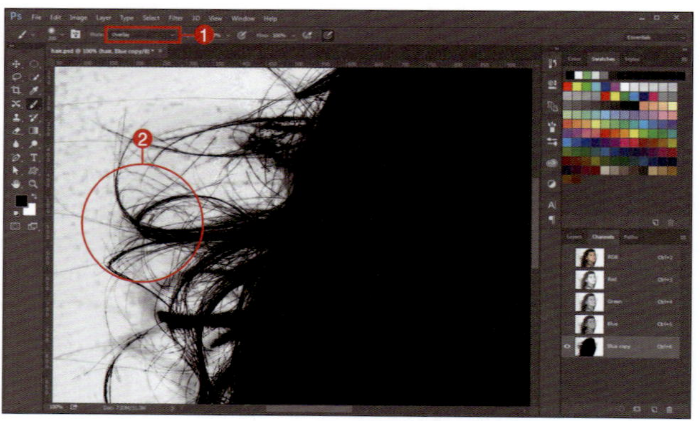

6 선택 영역 만들기 ④

전경색을 흰색으로 변경합니다. 브러시 도구로 흰색 머리카락을 제외한 배경을 클릭 후 드래그하여 칠합니다. 머리카락 부분은 영향을 미치지 않고 흰색 배경만 칠해지는 것을 확인할 수 있습니다.

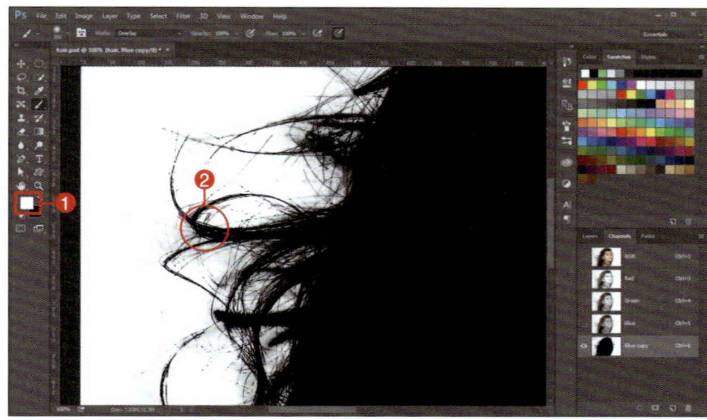

7 색상 반전하기

[Image]-[Adjustments]-[Invert]를 클릭해 색상을 반전합니다(Ctrl+I).

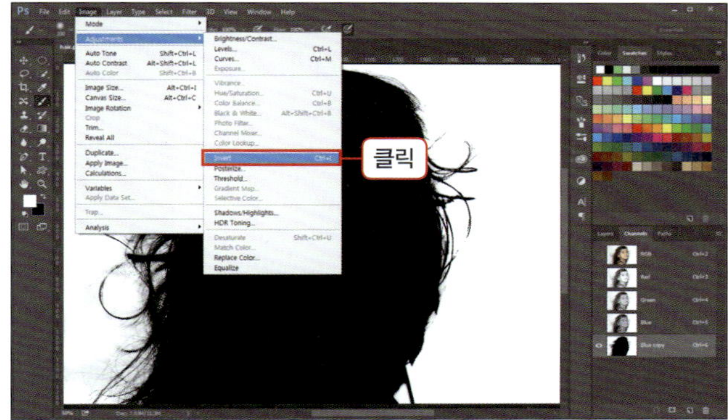

8 선택 영역 만들기

[Blue copy] 채널의 섬네일을 Ctrl를 누른 채 클릭하여 선택 영역을 만듭니다. [RGB] 색상 채널을 클릭하고 [Layers] 패널을 클릭합 니다.

 **9** **선택 영역 반전하기**

[Select]-[Inverse]를 클릭해 선택 영역을 반전
시킵니다(Shift+Ctrl+I). Delete를 눌러 이미지
를 삭제합니다. Ctrl+D를 눌러 선택 영역을 해
제합니다.

 **10** **확인하기**

머리카락을 알파 채널을 이용해 선택 영역 툴
로 작업하기 어려웠던 정리된 느낌을 만들었습
니다.

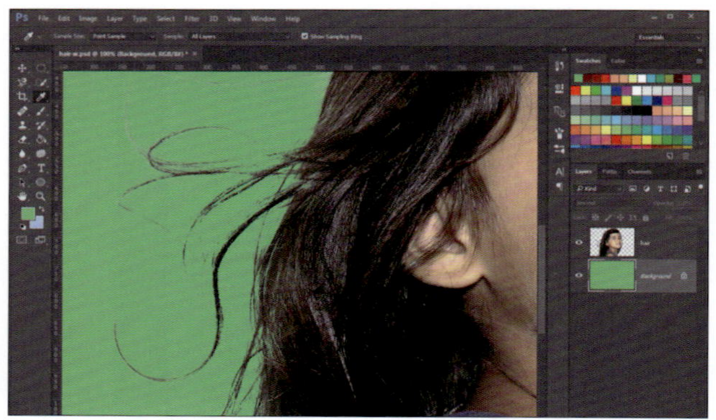

동영상으로 보는 실무 예제

실무 예제를 통해 지금까지 학습한 기능들을 사용하여 표현방법을 배워보겠습니다. 포토샵을 활용하기 위해서는 많은 예제들을 따라하며 응용하여 다른 결과를 만들어 보는 것이 가장 좋습니다. 여러 가지 표현 기법을 살펴보고 다른 이미지를 직접 준비해 비슷한 느낌의 다른 결과를 만들어 보기 바랍니다.

동영상으로 보는 실무 예제 튜토리얼

그래픽 요소는 다양한 시각디자인의 표현 기법으로 활용됩니다. '포스터'나 '아트웍'에서 표현되기도 하고, 타이포그래피를 활용한 문자디자인까지 다양하게 표현할 수 있는 능력을 갖추어야 합니다. 따라하는 것보다 과정을 하나씩 이해하는 것이 중요합니다.

Graphic poster

1 블랜딩 모드와 마스크 기법을 적극적으로 활용한 그래픽 포스터를 배워보겠습니다. 각 블랜딩 모드의 느낌을 이해하고 마스크 테크닉을 어떻게 활용하는지 파악해가며 과정을 살펴보겠습니다.

예제 파일 Sample\Part06\man.jpg, tree.jpg, birds.jpg, creativelife.png   **완성 파일** Sample\Part06\man-w.psd

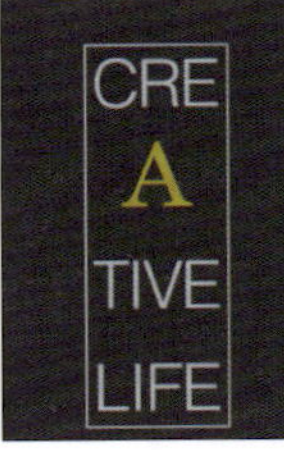

예제 파일 · 완성 파일

1 파일 불러오기

[File]−[Open] 메뉴를 클릭해 'man.jpg' 파일을 불러옵니다. [Crop Tool]을 선택한 후 작업할 구도를 지정해 자릅니다.

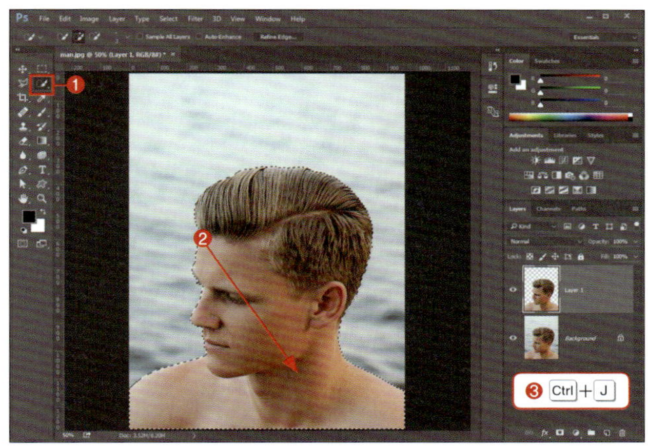

2 선택 영역 지정하기

[Quick Selection Tool]을 클릭하여 선택합니다. 클릭 후 드래그하여 배경을 제외한 인물을 선택 영역으로 지정합니다. Ctrl + J 를 눌러 레이어를 복사합니다.

3 파일 불러오기

[File]-[Open] 메뉴를 클릭해 'tree.jpg' 파일을 불러옵니다. [Channels] 패널에서 [Red] 채널을 클릭 후 드래그하여 [Create new channel] 버튼에 마우스를 놓아 [Red] 채널을 복사하여 알파 채널로 만듭니다.

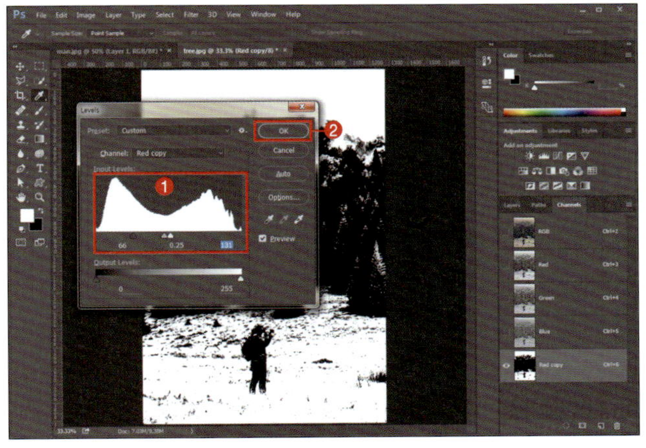

4 알파 채널을 이용해 선택 영역 만들기

[Image]-[Adjustments]-[Level](Ctrl + L)을 클릭하여 어두운 영역과 밝은 영역을 각각 조정합니다〈S : 66, M : 0.25, H : 131〉. [OK] 버튼을 클릭합니다.

 **5 알파 채널을 이용해 선택 영역 만들기**

[Quick Selection Tool]을 클릭하여 선택합니다.
하늘 부분을 클릭 후 드래그하여 선택 영역으로
만듭니다. [Select]-[Inverse](Shift+Ctrl+I)
를 클릭해 색상 선택 영역을 반전합니다. [RGB]
채널을 클릭해 전체 이미지 색상이 보여지도록
합니다. 레이어 패널을 클릭합니다.

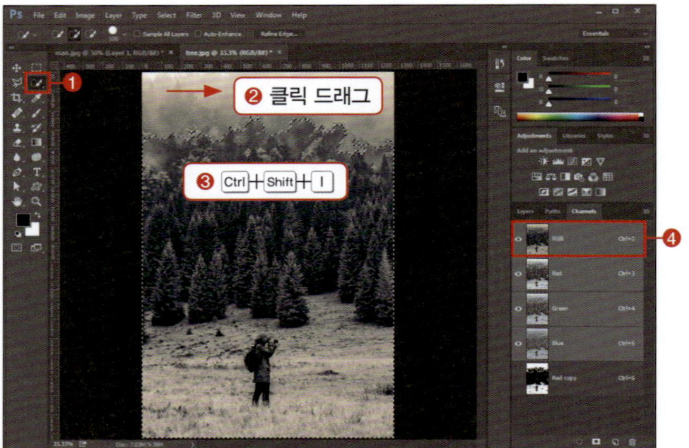

 **6 작업창으로 이미지 가져오기**

'man.jpg' 파일로 선택 영역에 해당하는 부분을
가져와 Ctrl+T를 눌러 알맞게 크기를 변형합
니다. Enter를 눌러 크기 변형을 완료합니다.

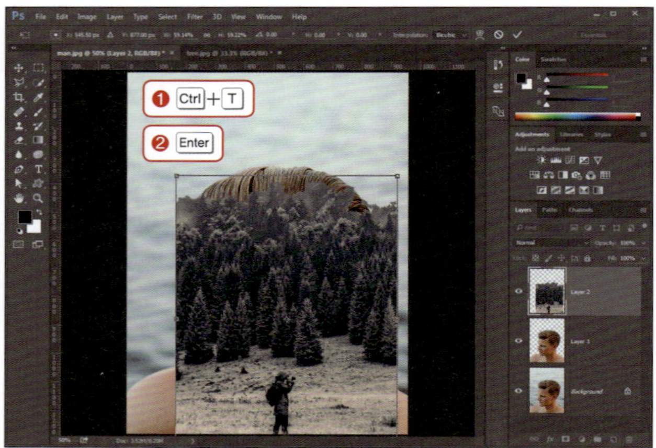

 **7 레이어 마스크 실행하기**

레이어의 이름을 'man'과 'tree'로 변경합니다.
Ctrl을 누른 채 'man' 레이어의 섬네일을 클릭
하여 선택 영역을 만듭니다. 'tree' 레이어가 선
택된 상태에서 [Add layer mask] 버튼을 클릭
해 레이어 마스크를 만듭니다.

8 이미지 보정하기

'man' 레이어를 상단으로 올려줍니다. [Image]−
[Adjustments]−[Desaturation](Ctrl+Shift+U)을 클
릭해 흑백으로 이미지를 변경합니다. [Image]−
[Adjustments]−[Levels](Ctrl+L)를 클릭하여
명도를 보정합니다〈S : 105, M : 1.00, H : 181〉.

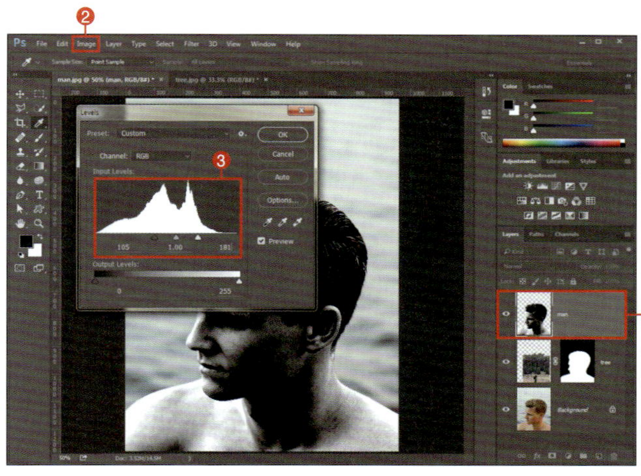

9 블랜딩 모드로 레이어 혼합하기

'man' 레이어의 블랜딩 모드를 [Screen]으로
설정합니다. [Image]−[Adjustments]−[Hue/
Saturation]을 클릭합니다. [Colorize]를 체크합
니다. 〈H : 33, S : 27, L : 3〉을 입력합니다.

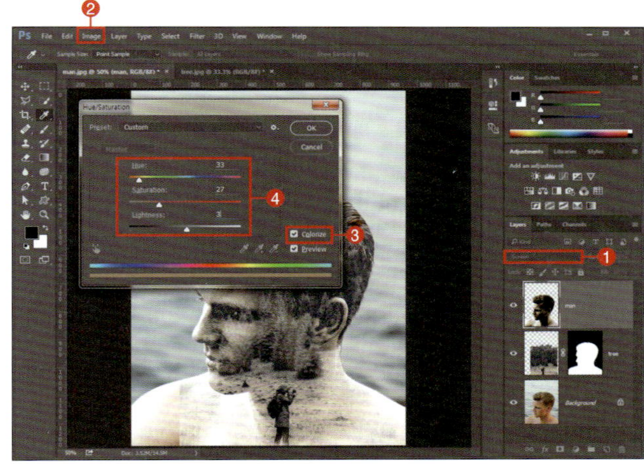

10 배경 색상 지정하기

'tree' 레이어 아래에 새로운 레이어를 만들고,
이름을 'color'로 입력합니다. 전경색 '#9e9e9e'
를 입력합니다. Alt+Delete를 눌러 전경색을 채
웁니다.

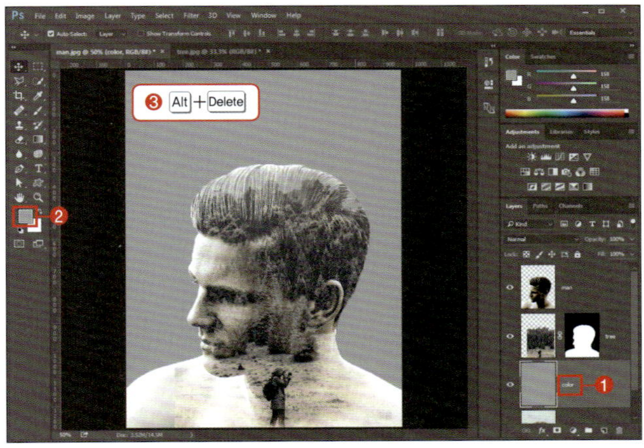

11 레이어 마스크 실행하기

'man' 레이어의 [Add layer mask] 버튼을 클릭
하여 마스크 섬네일을 생성한 후 전경색을 검은
색으로 지정합니다. [Brush Tool]을 클릭합니다.

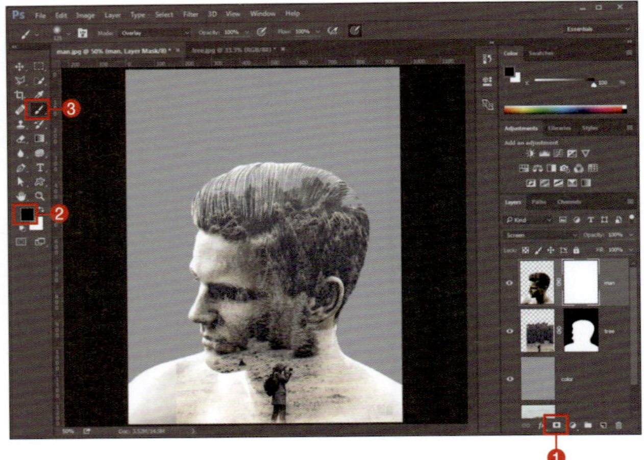

12 레이어 마스크 합성하기

브러시 크기는 '125px', [Hardness]는 '0%'로
지정합니다. 머리와 목 부위를 자연스럽게 가립
니다. 'tree' 레이어도 ②번과 같은 방법으로 목
과 머리를 자연스럽게 가립니다.

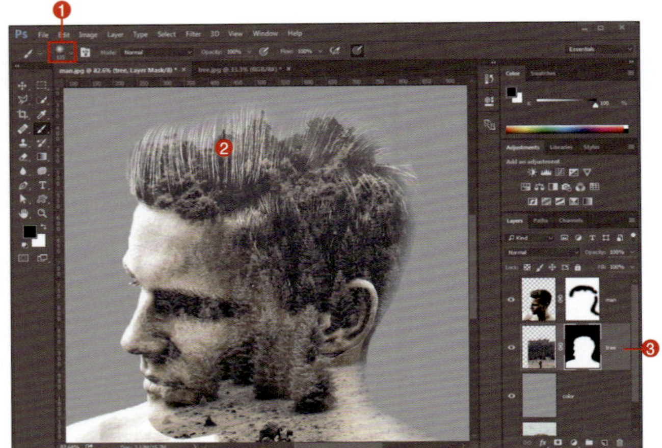

13 파일 불러오기

[File]-[Open] 메뉴를 클릭해 'birds.jpg' 파일
을 불러옵니다. [Lasso Tool]을 클릭합니다. 그
림과 같이 선택 영역을 만듭니다.

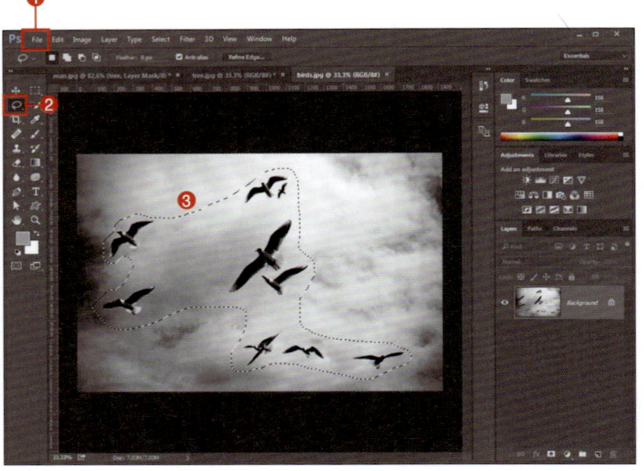

14 블랜딩 모드로 합성하기

'man.jpg' 파일로 영역을 가져와 크기를 그림과 같이 조절합니다. [Image]−[Adjustments]−[Levels]를 클릭합니다. 〈S : 0, M : 1.29, H : 72〉를 입력하여 명도를 보정합니다. 블랜딩 모드를 [Multiply]를 클릭해 아래 레이어와 합성합니다.

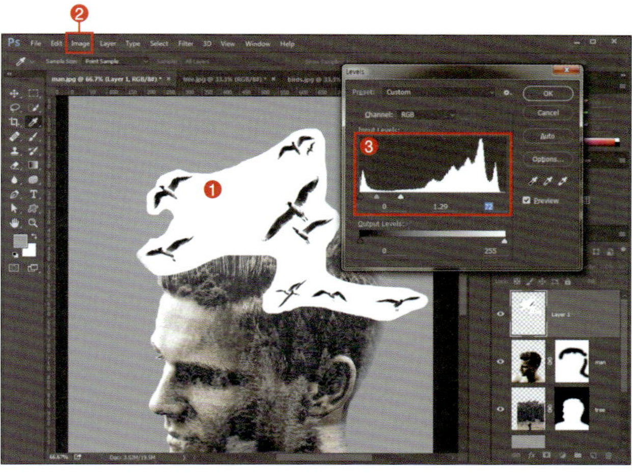

15 색상 보정하기

[Create new fill or adjustment layer]−[Color Balance] 버튼을 클릭합니다. [Tone : Midtones (14, −12, 11)/ Shadows (9, −6, 3)]을 입력합니다.

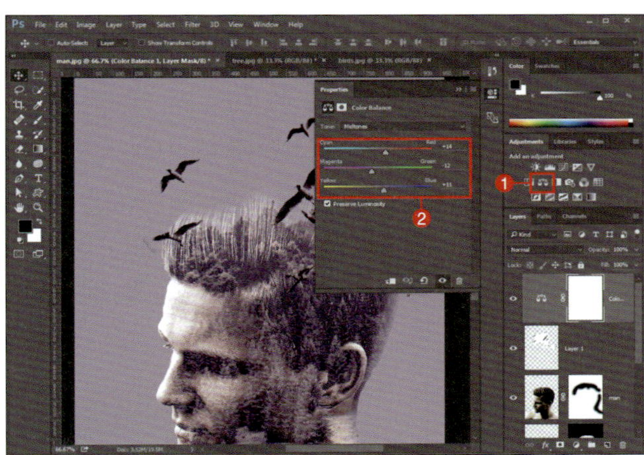

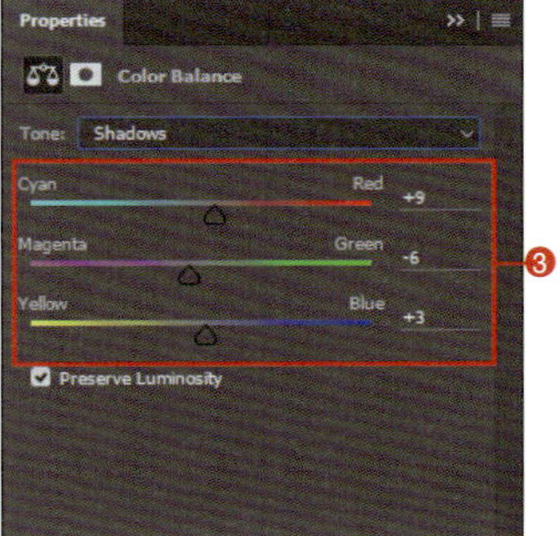

16 테두리 그리기

새로운 레이어를 생성하고 이름을 'edge'라
고 입력합니다. [Rectangular Marquee Tool]
을 클릭합니다. 구도를 고려하여 이미지와 같
이 영역을 그립니다. [Edit]-[Stroke]를 클릭
합니다. [Width]는 '30px', [Color]는 '#fefb00',
[Location]을 〈Inside〉를 체크하고 [OK] 버튼을
클릭합니다.

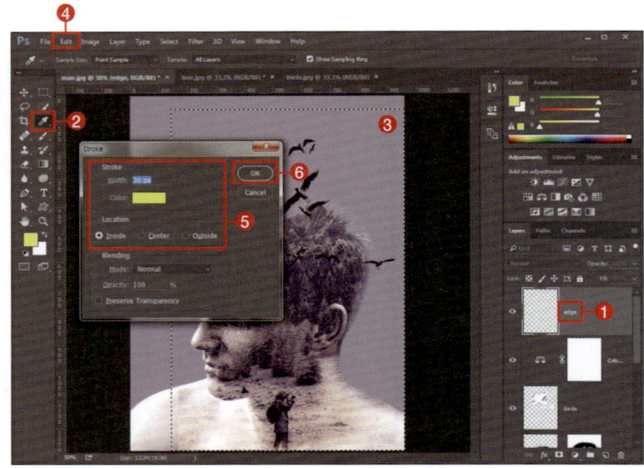

17 이미지 자르기

[Image]-[Crop]을 클릭하여 이미지를 자릅니
다. 최종 결과의 크기가 됩니다. 블랜딩 모드
[Soft Light]를 클릭합니다. 선택 영역을 해제합
니다(Ctrl+D).

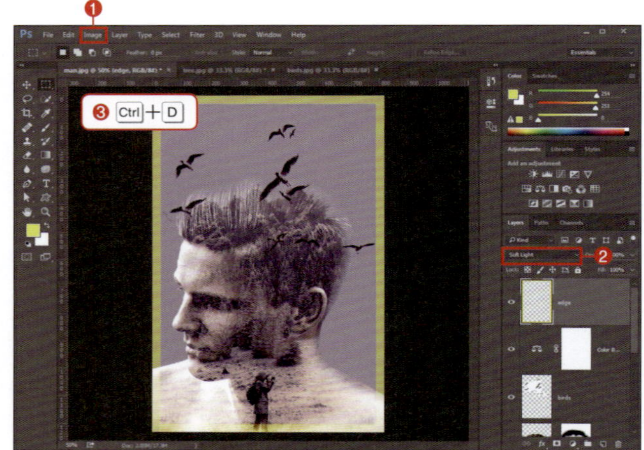

18 글자 배치하기

[File]-[Open]을 클릭하여 'creativelife.png' 파
일을 불러옵니다. 'man.jpg' 파일로 가져와 배치
합니다.

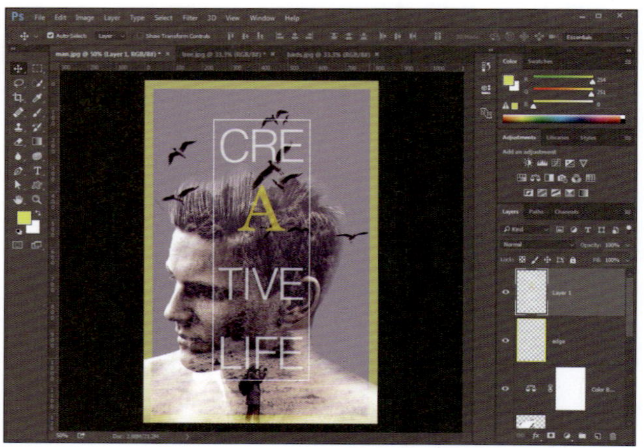

2 멸종 위기동물 초현실주의 Smoke 효과

초현실주의에서 영감을 얻은 그래픽작업으로 시각효과를 만들어 보겠습니다. 보정레이어의 활용과 마스크 기법, 블랜딩 모드의 조화로운 내용구성을 살펴보겠습니다.

예제 파일 Sample \ Part06 \ 굴뚝.jpg, 펭귄.jpg, 북극곰.jpg, 사람.jpg, 스모그.jpg, phoca.jpg

완성 파일 Sample \ Part06 \ smoke-w.psd

예제 파일

완성 파일

1 새 문서 만들기

[File]-[New]를 클릭해 가로 픽셀 '700px', 세로 픽셀 '900px', 해상도는 '72'를 입력해 새 파일을 만듭니다. [Gradient Tool]을 클릭합니다. 전경색은 '#003850', 배경색은 '#001a26'을 입력합니다. 옵션 바에 [Radial Gradient]를 클릭하고 그림과 같이 클릭 후 드래그하여 그레이던트를 칠합니다.

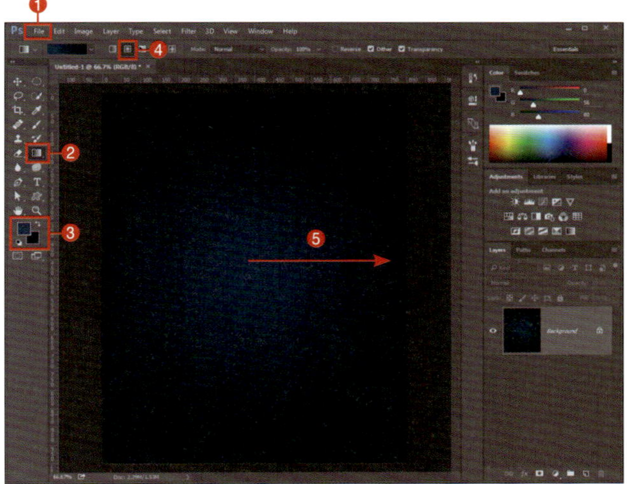

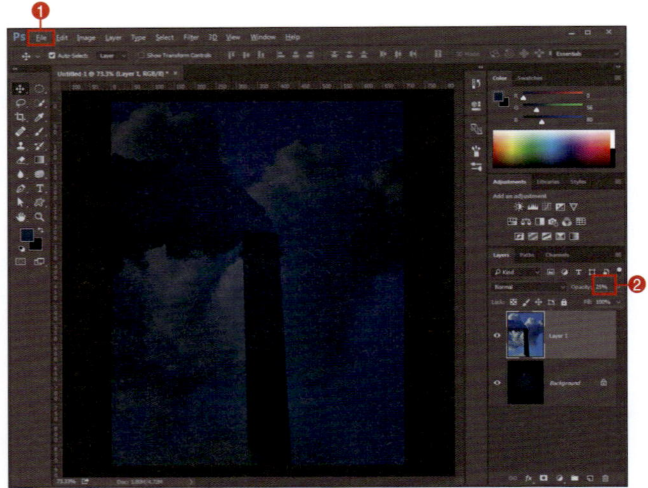

2 파일 가져오기

[File]-[Open]을 클릭해 '굴뚝.jpg' 파일을 작업창으로 가져와 배치합니다. 레이어 패널에 [Opacity]를 '25%'로 입력합니다. 레이어의 이름을 '굴뚝'으로 입력합니다.

3 색상 보정하기

레이어 패널에서 보정 레이어 〈Hue/Saturation〉를 생성하고 [Saturation]을 '-100'으로 입력해 흑백으로 변경합니다. 레이어 패널에서 보정 레이어 〈Levels〉를 생성하고 〈51, 1.00, 202〉를 입력해 명도를 보정합니다. 〈Hue/Saturation〉, 〈Levels〉 레이어를 각각 [Layer]-[Create Clipping Mask]를 클릭해 '굴뚝' 레이어에 마스크를 적용시킵니다.

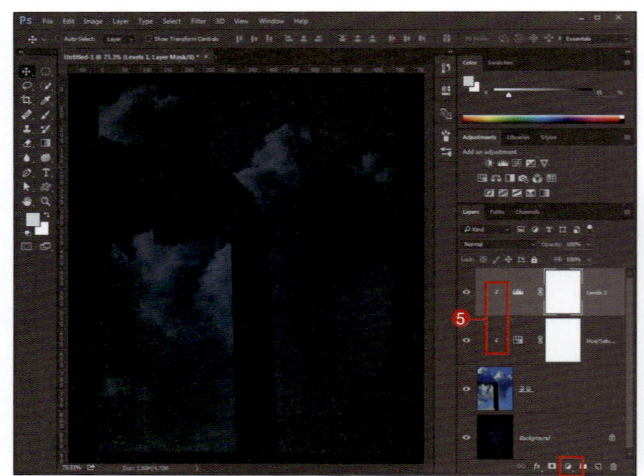

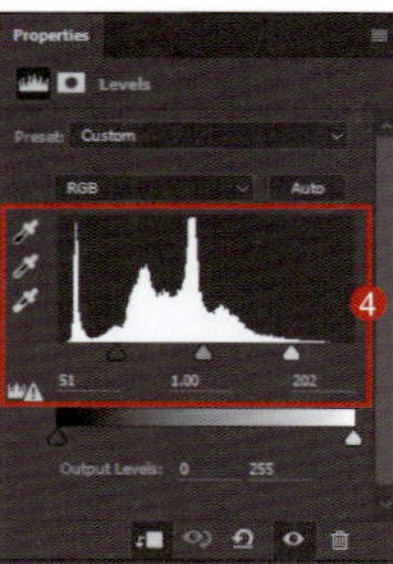

 **소스 가져오기 ①**

새 레이어를 만듭니다. 레이어의 이름을 'Circle'로 입력합니다. 전경색과 배경색을 각 각 '#4da718', '377011'로 설정합니다. [Elliptical Marquee Tool]로 원형의 선택 영역을 만들고 전 경색과 배경색을 [Gradient Tool]로 이미지와 같 이 드래그합니다. 선택 영역을 해제합니다(Ctrl +D).

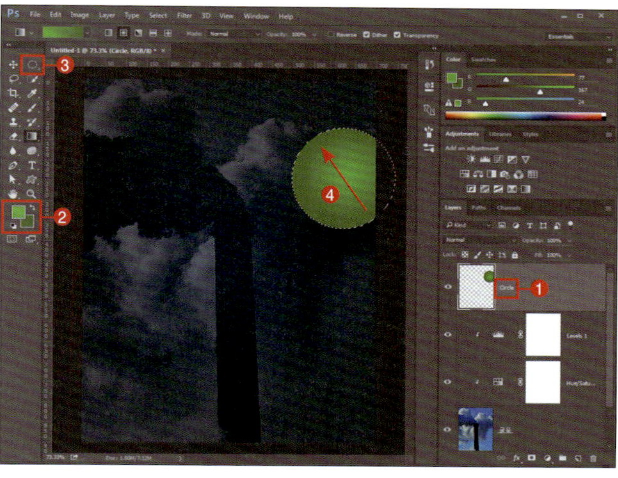

 **소스 가져오기 ②**

[File]−[Open]을 클릭해 '펭귄.jpg' 파일을 불러와 블랜딩 모드 [Overlay]를 클릭합니다. [Layer]−[Create Clipping Mask]를 클릭해 'Circle' 레이어에 마스크를 적용시킵니다. [Layer]−[Layer Style]−[Inner Shadow]를 클릭합니다. 그 림과 같이 적용합니다.

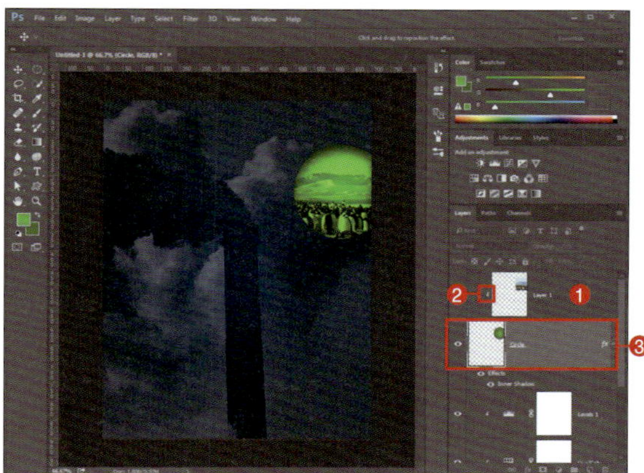

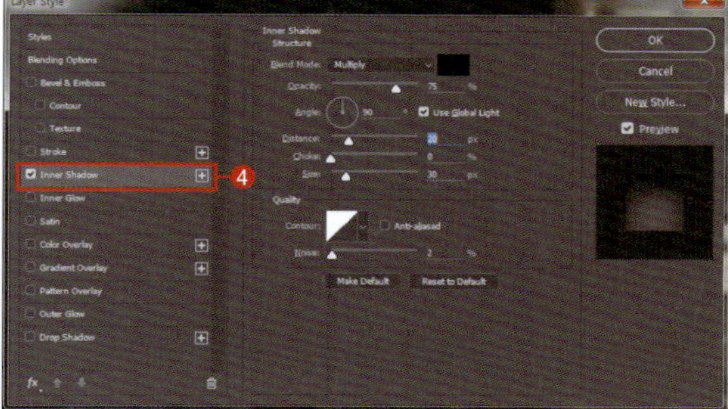

6 빛 추가하기 ①

새 레이어를 추가합니다. 레이어의 이름은 '빛'
으로 입력합니다. [Gradient Tool]을 이용하여
흰색과 투명으로 설정합니다. 그림과 같이 드래
그하여 그레이던트 색상을 만듭니다.

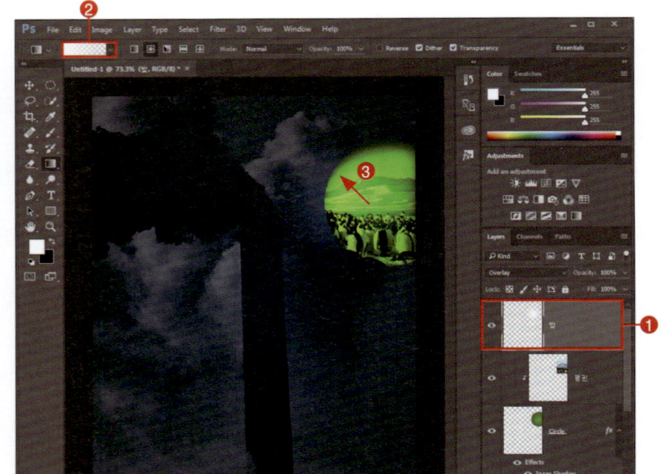

7 빛 추가하기 ②

블랜딩 모드를 [Overlay]로 선택합니다. '북극
곰.jpg'을 불러옵니다. 블랜딩 모드를 [Color
Dodge]로 선택합니다. 앞의 과정을 반복하여
색상과 크기를 변경해 배치합니다. 그룹 폴더로
레이어를 관리합니다.

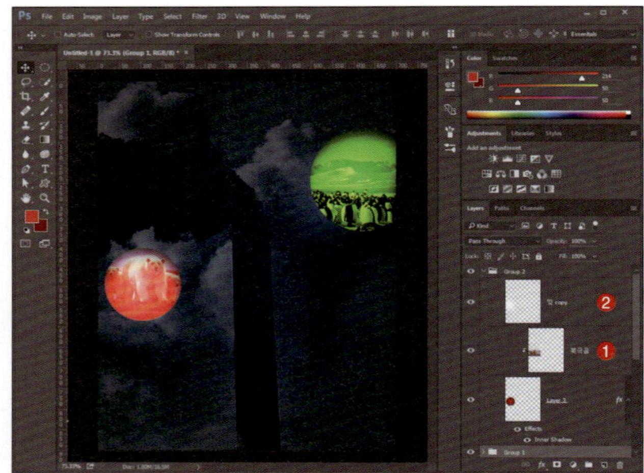

8 주제 배치하기

'사람.jpg' 파일을 흰색 배경을 제거한 후 작업창
으로 가져와 레이어의 이름을 '사람'으로 입력합
니다. 레이어 마스크를 만듭니다. [Brush Tool]
을 클릭하여 전경색을 검은색으로 선택하여 그
림과 같이 얼굴 부분만 레이어 마스크로 가려줍
니다.

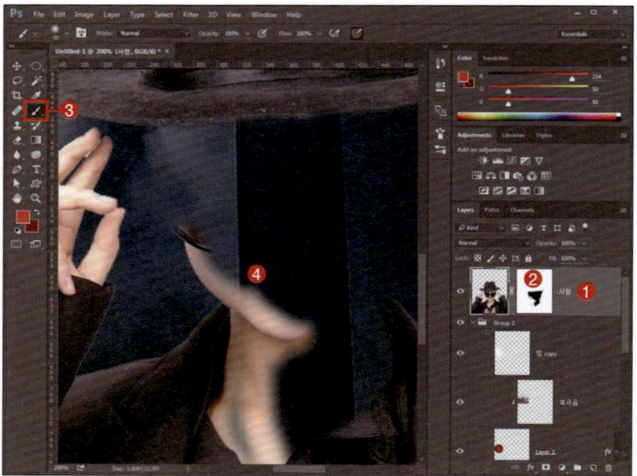

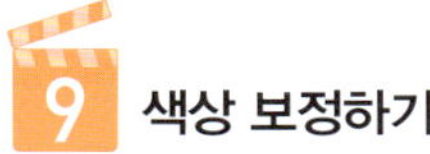

9 색상 보정하기

보정 레이어 [Hue/Saturation]으로 채도를 '−100'을 입력합니다. 보정 레이어 [Levels]는 〈5, 0.86, 215〉를 입력합니다.
보정 레이어 [Color Balance]의 〈Shadow : −4, +6, +8〉, 〈Midtones : −1, +2, +15〉, 〈Highlights : −2, −1, +5〉를 입력합니다.

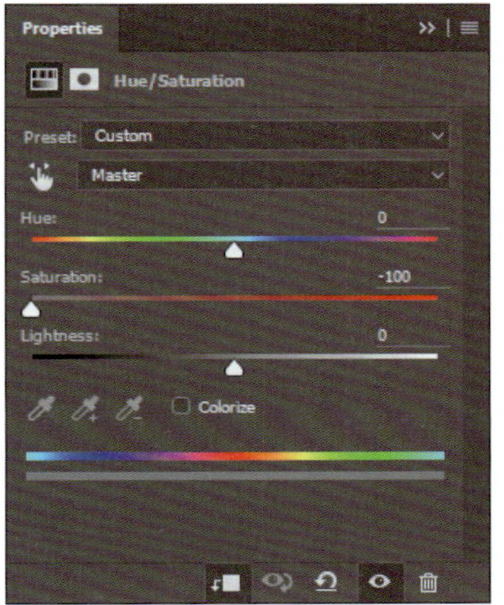
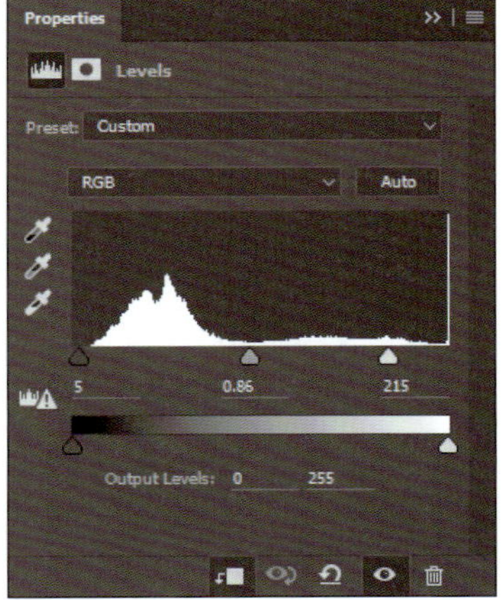
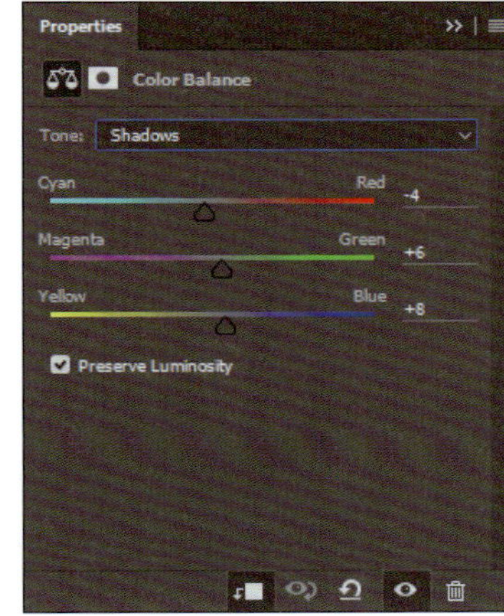

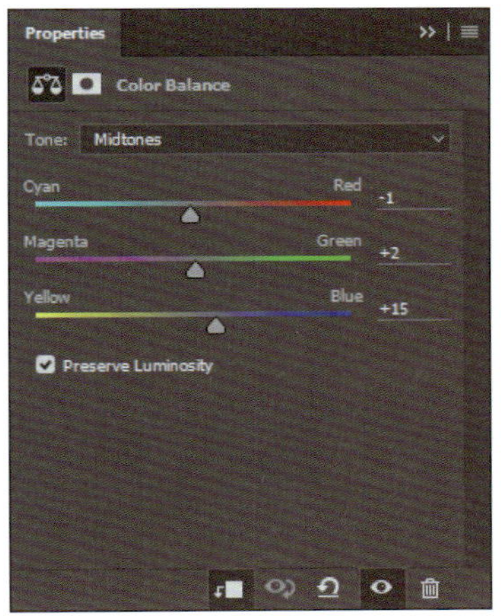
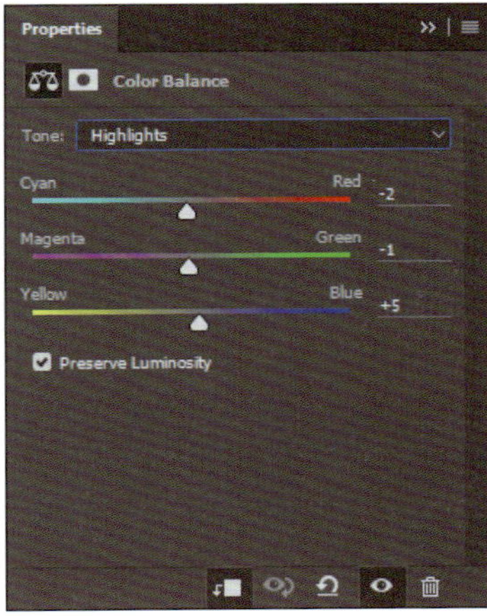

10 클리핑 마스크 적용하기

보정 레이어에 적용한 세 개의 레이어를 차례
로 [Layer]−[Create Clipping Mask]를 클릭해
'Circle' 레이어에 마스크를 적용시킵니다. '사람'
레이어가 보정된 결과를 알 수 있습니다.

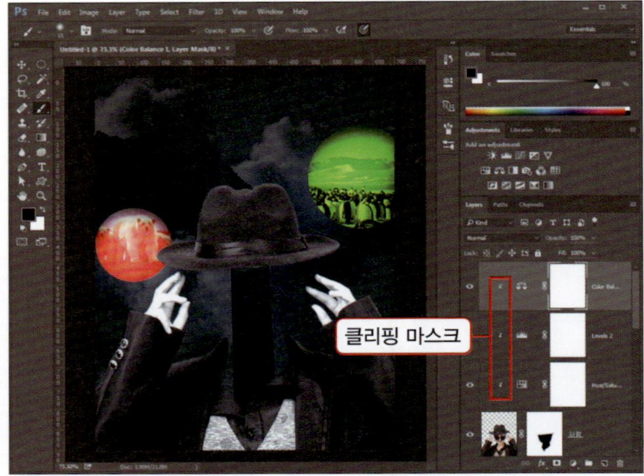

11 연기 효과 만들기

'스모그.jpg' 파일을 작업창으로 가져와 크기를
조절해 그림과 같이 배치합니다. 블랜딩 모드를
[Linear Dodge]로 지정합니다. 레이어 마스크
를 실행하고, 자연스럽게 이미지를 가립니다.

 **12 색상 보정하기**

보정 레이어 [Color Balance]의 〈Shadow : −4, 0, +4〉, 〈Midtones : −5, 0, +9〉, 〈Highlights : −8, 0, +9〉를 입력합니다.

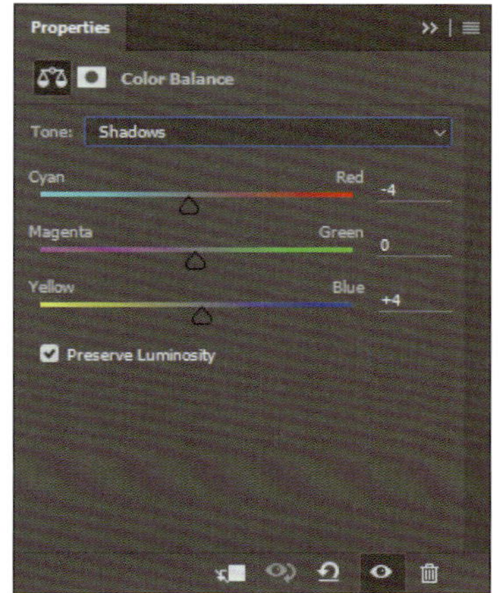

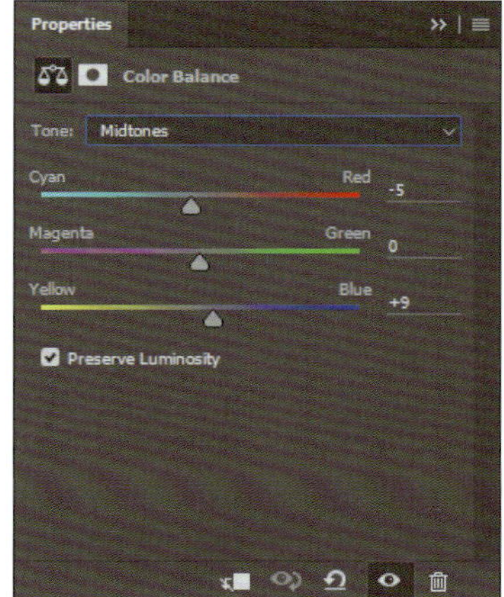

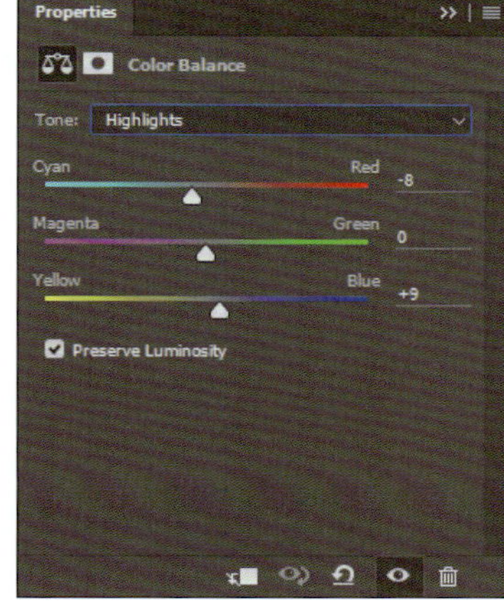

13 색상 추가하기 ①

새 레이어를 추가합니다. 레이어의 이름을 'Yellow Highlight'로 입력합니다. 전경색을 노란색 '#ffde00'으로 지정합니다. [Brush Tool]로 그림과 같이 크기를 조절해가며 클릭합니다.

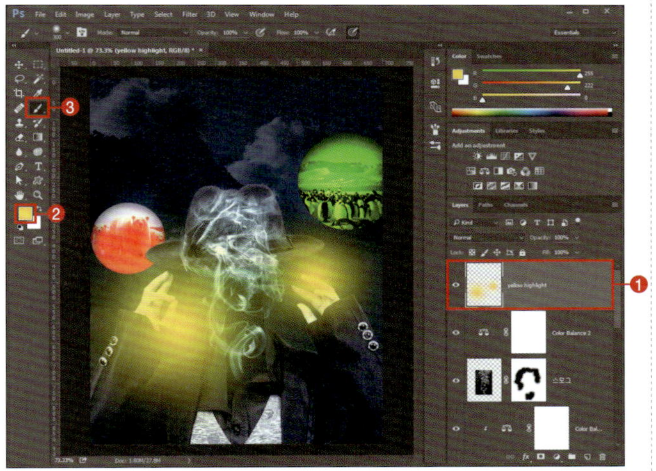

 **색상 추가하기 ②**

블랜딩 모드를 [Overlay]로 지정합니다. 새 레이어를 추가합니다. 레이어의 이름을 'Blue Highlight'로 입력합니다. 전경색을 파란색 '#01dad7'로 지정합니다. [Brush Tool]로 그림과 같이 크기를 조절해가며 클릭합니다.

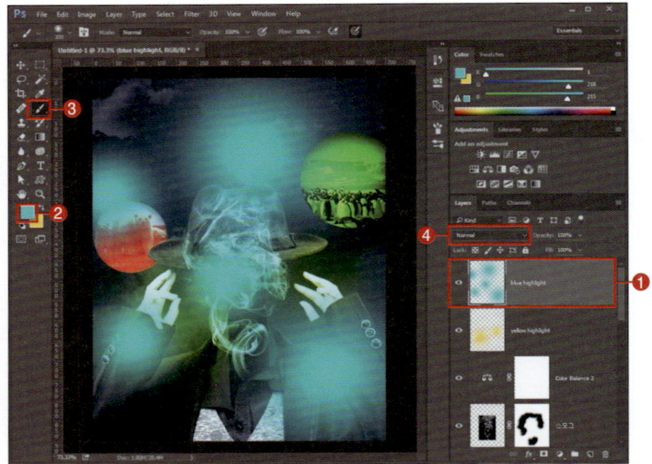

 **색상 보정하기**

블랜딩 모드를 [Overlay]로 지정합니다. 보정 레이어 [Gradient Map]을 클릭합니다. 〈Violet, Orange〉를 선택하고, 레이어 패널에서 [Opacity]를 '40%'로 입력합니다.

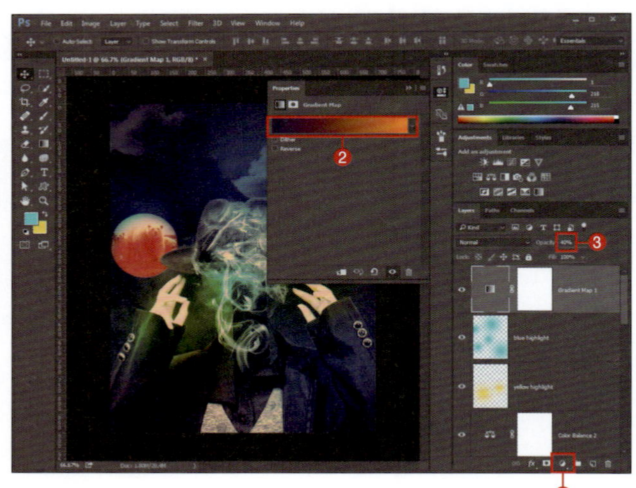

 **소스 가져오기**

'phoca.jpg' 파일을 열고 선택 영역을 지정해 작업창으로 가져와 크기를 조절하여 그림과 같이 배치합니다. 블랜딩 모드를 [Luminosity]로 지정합니다.

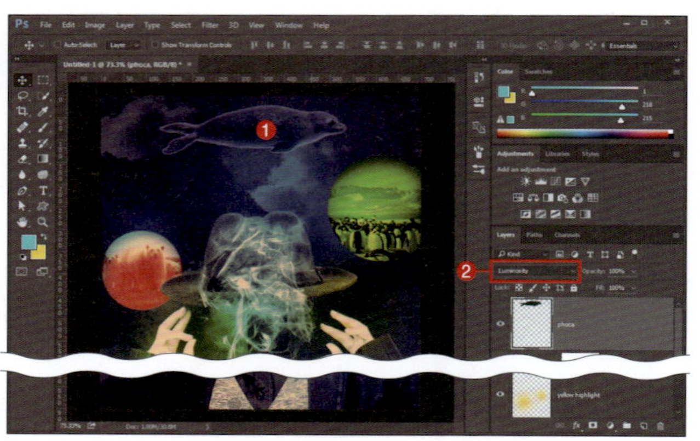

 **Vignetting 효과 적용하기**

새 레이어를 추가하고 레이어 이름을 'Vignetting'으로 입력합니다. 전경색을 검은색으로 지정하고 레이어에 검은색을
채웁니다. [Eraser Tool]을 클릭하고 옵션 바에 브러시 [Size]를 '900px', [Hardness]는 '0%'로 지정합니다.

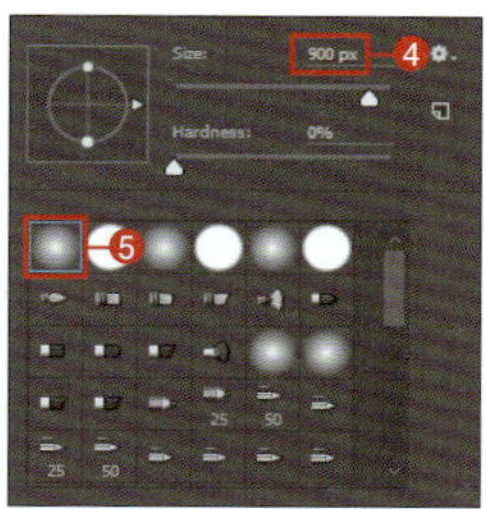

 **Vignetting 효과 적용하기**

작업창의 가운데를 서너 번 클릭하여 외곽 비네
팅 효과를 만들어 완성합니다.

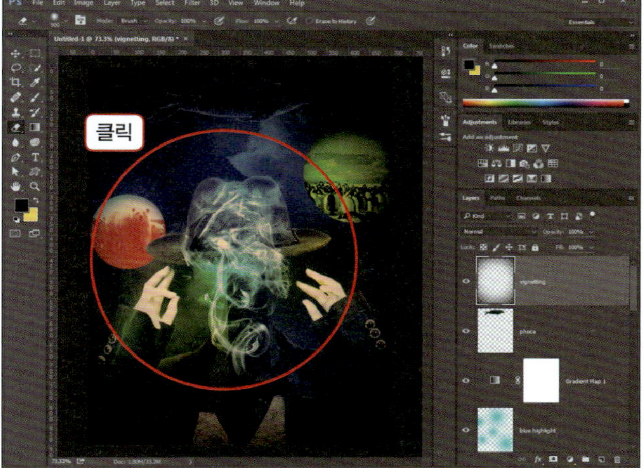

3 브러시 느낌 Water Color 효과

감성적인 아트웍 표현은 질감이 중요합니다. 브러시 표현 기법과 기존 브러시의 등록 과정을 살펴보겠습니다.

예제 파일 Sample \ Part06 \ Paper.jpg, flower.jpg　　　**완성 파일** Sample \ Part06 \ watercolor-w.psd

예제 파일

완성 파일

1 새 문서 만들기

[File]-[New]를 클릭해 가로 '1600px', 세로 '1200px', 해상도 '72'를 입력합니다.

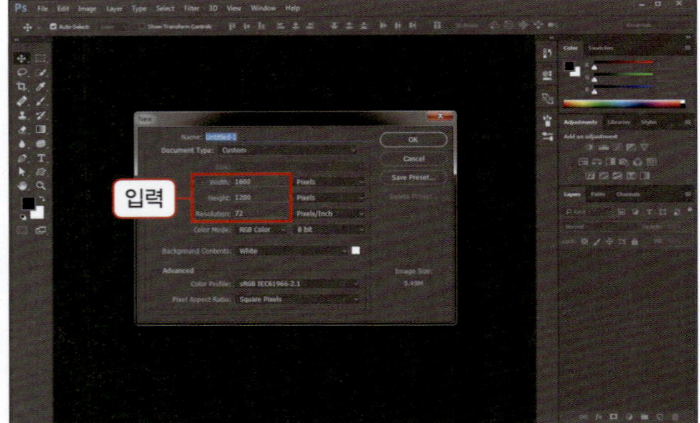

2 질감 만들기

[Filter]-[Filter Gallery]-[Texture]-[Texturizer]를 클릭합니다. [Scaling]은 '75%', [Relief]는 '3'을 입력합니다.

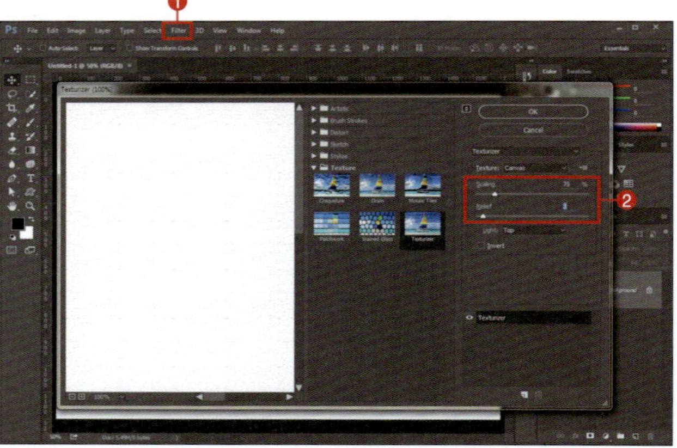

파일 가져오기

'Paper.jpg' 파일을 작업창으로 가져와 레이어
의 이름을 'paper'로 입력합니다. 레이어 패널에
[Opacity]를 '75%'로 입력합니다. 블랜딩 모드
[Linear Burn]을 클릭합니다.

명도 보정하기

보정 레이어 [Levels]를 클릭합니다. 〈96, 0.84,
230〉을 입력합니다.

파일 가져오기

'flower.jpg' 파일을 작업창으로 가져와 레이
어의 이름을 'flower'로 입력합니다. [Filter]−
[Filter Gallery]−[Artistic]−[Dry Brush]를 클
릭합니다. [Brush Size]는 '0', [Brush Detail]은
'9', [Texture]는 '1'로 입력합니다.

6 레이어 마스크

[Add Layer Mask] 버튼을 클릭합니다. 마스크 섬네일의 색상을 반전시킵니다(Ctrl+I).

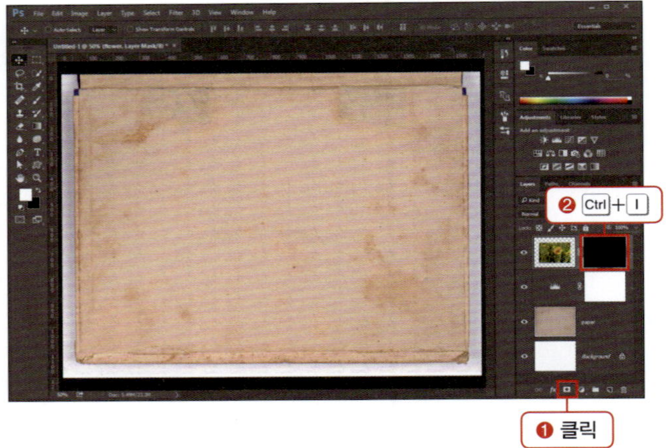

7 브러시 가져오기

[Brush Tool]을 선택하고 옵션 바에 브러시 대화상자에서 (⚙) 버튼을 클릭합니다. [Load Brush]를 클릭합니다. 브러시를 가져와 사용할 수 있습니다. Watercolor Splatters.abr, lazybrushes.abr 파일을 가져옵니다.

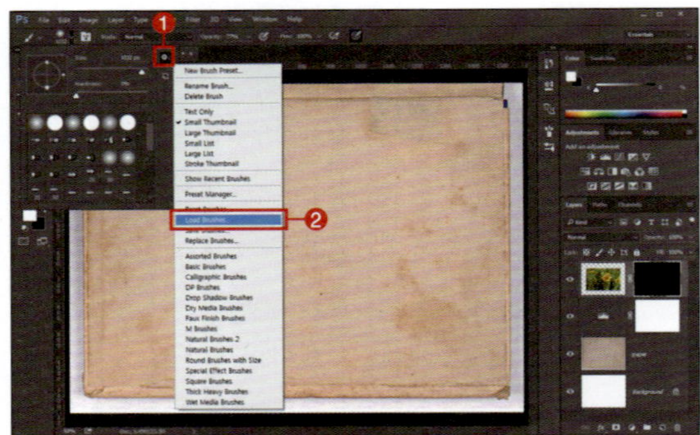

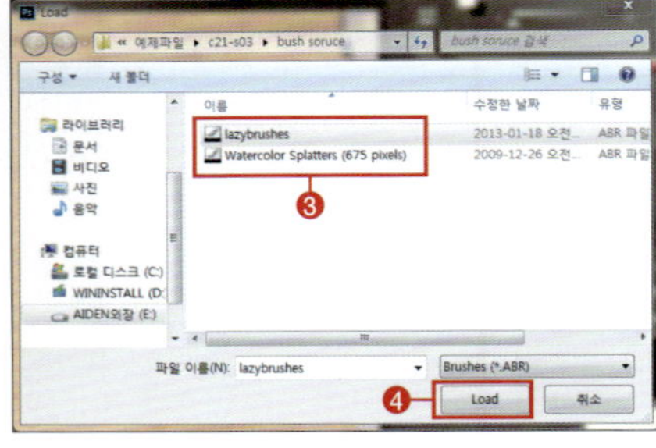

8 브러시 설정하기

전경색을 흰색으로 설정합니다. 브러시 종류 'natural 1'로 선택한 후 브러시 크기를 '90px'로 입력합니다. 옵션 바의 [Opacity]를 '77%'로 입력합니다. 그림과 같이 위에서 아래로 세 번 드래그합니다.

 **레이어 마스크 테크닉 ①**

브러시 크기를 조절해 가며 그림과 같이 드래그
하며 이미지가 보여지게 합니다.

브러시 종류와 투명도를 다양하게 적용시키면 풍
부한 표현을 할 수 있습니다.

 **레이어 마스크 테크닉 ②**

여러 종류의 브러시를 골라가며 작업창에 마스
크 이미지가 보여지게 합니다.

 **색상 입히기**

새 레이어를 만듭니다. 레이어의 이름을 'color'
로 입력합니다. 레이어 패널 [Opacity]를 '70%'
로 입력합니다. 전경색을 Pink, Blue, Yellow 계
열의 색상을 바꿔가며 다양한 브러시로 채색합
니다.

 **색상 보정하기**

보정 레이어 [Photo Filter]를 클릭합니다.
[Filter] 〈Warming Filter(85)〉를 선택하고,
[Density]를 '65%'로 입력합니다.

완성하기

이미지가 완성되었습니다. 여러 브러시와 포토
필터를 사용하여 독특한 색감과 질감을 표현할
수 있습니다.

4 금속느낌 문자 만들기

문자 디자인은 컴퓨터 그래픽적인 요소가 강하게 표현될 수 있는 시각 작업입니다. 레이어 스타일을 응용하는 방법과 채널을 이용해 필터기능을 돋보이게 하는 작업을 살펴보겠습니다.

예제 파일 Sample \ Part06 \ needletypo.psd   **완성 파일** Sample \ Part06 \ needletypo-w.psd

예제 파일

완성 파일

1 파일 열기

[File]-[Open] 메뉴를 클릭해 'needletypo. psd' 파일을 불러옵니다. '글자' 레이어를 선택하고 Ctrl 을 누른 채 섬네일을 클릭합니다. '글자' 레이어가 선택 영역으로 만들어집니다.

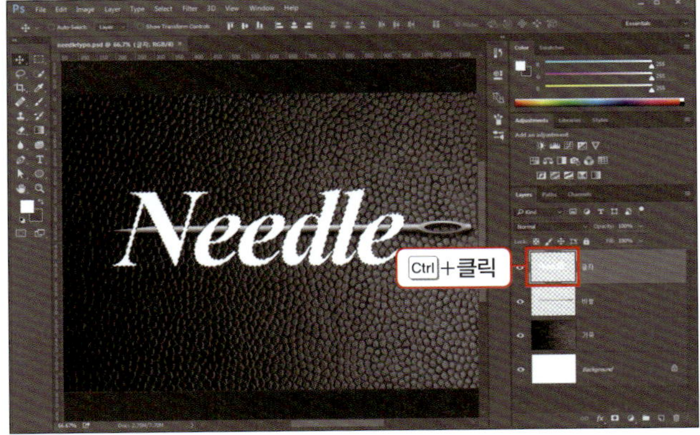

2 알파 채널 만들기

[Channels] 패널을 클릭하여 활성화 합니다. [Save selection as channel]을 클릭하여 'Alpha 1' 채널을 만듭니다. 'Alpha 1' 채널을 클릭합니다.

> **TIP**
>
> 선택 영역이 있을 때 [Save selection as channel]을 클릭하면 영역의 형태가 알파 채널로 만들어집니다.

흐림 효과 적용하기

[Filter]−[Blur]−[Gaussian Blur]를 클릭합니다. [Radius]를 '5.0' Pixels로 입력합니다. [OK] 버튼을 클릭하고 선택 영역을 해제합니다(Ctrl +D). [Channels] 패널의 [RGB] 채널을 클릭하여 선택합니다.

라이팅 이펙트 효과 만들기

[Layers] 패널을 클릭해 레이어로 돌아옵니다. [Filter]−[Render]−[Lighting Effects]를 클릭합니다.

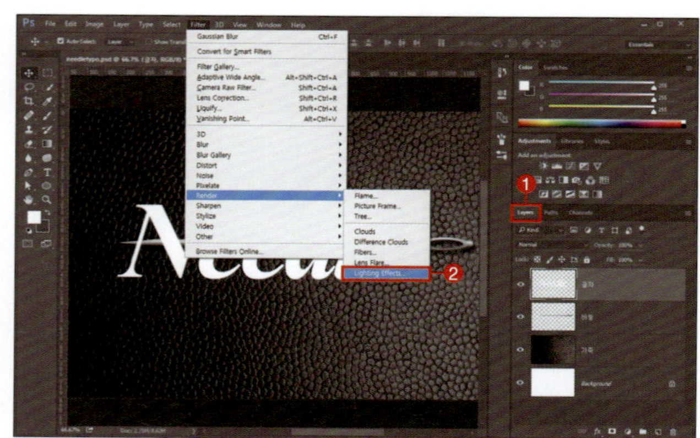

금속 느낌 만들기 ①

이동점과 크기 조절점을 클릭 후 드래그하여 그림과 같이 빛의 범위를 조절합니다. [Texture] 항목을 전에 작업했던 〈Alpha 1〉 채널로 지정합니다. [Height]를 '5'로 입력해 입체감을 만듭니다. 라이팅 타입을 [Spot]으로 지정합니다. [Hotspot]을 조절해 가운데 빛의 범위를 설정합니다. 빛의 노출양인 [Exposure]를 입력합니다. 주변광 조절을 위해 [Ambience]를 입력합니다. [OK] 버튼을 눌러 효과를 적용합니다.

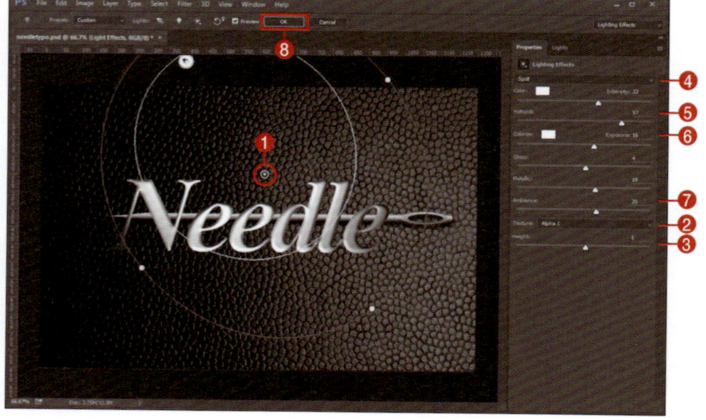

6 금속 느낌 만들기 ②

레이어 패널의 [Create new fill or adjustment layer] 버튼을 클릭합니다. [Curves] 보정 레이어를 만듭니다.

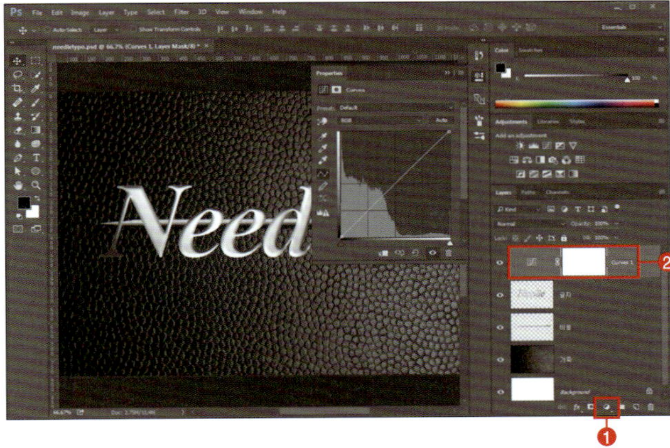

7 금속 느낌 만들기 ③

[Curves]의 곡선을 그림과 같이 만듭니다.

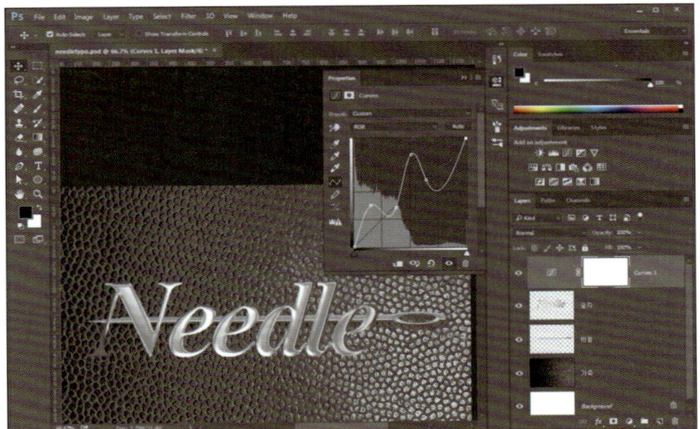

8 클리핑 마스크 만들기

아래에 위치한 레이어들도 [Curves]의 보정이 적용된 상태입니다. [Layer]-[Create Clipping Mask]를 클릭하여 '글자' 레이어에 적용되도록 합니다.

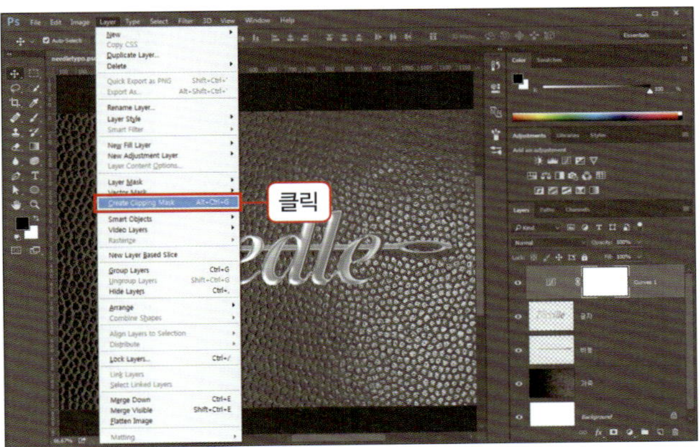

9 레이어 그룹

보정 레이어와 '글자' 레이어를 중복 선택하고
그룹 폴더 지정을 합니다(Ctrl+G). Ctrl을 누
른 채 '글자' 레이어 섬네일을 클릭하여 글자 모
양의 선택 영역을 만듭니다.

10 레이어 마스크 ①

Ctrl+Alt를 누른 채 '바늘' 레이어 섬네일을 클
릭하여 글자 선택 영역에서 바늘의 모양을 뺀
선택 영역을 만듭니다. 'Group 1' 그룹 폴더가
선택된 상태에서 [Add layer mask] 버튼을 클
릭합니다.

11 레이어 마스크 ②

'글자' 레이어를 Ctrl을 누르고 섬네일을 클릭해
선택 영역으로 만듭니다. 화면을 확대해 [Brush
Tool]을 클릭합니다. 브러시 사이즈를 '13px',
[Hardness]는 '100%'로 지정합니다. 전경색을
흰색으로 지정합니다.

12 레이어 마스크 ③

바늘이 글자를 통과하듯 교차해가며 클릭 후 드래그합니다.

13 후광 효과 만들기 ①

선택 영역을 해제하고(Ctrl+D) 바늘이 글자를 통과하는 느낌을 확인합니다. 'Group 1' 레이어를 마우스 오른쪽 버튼을 클릭하여 [Duplicate Group]을 클릭합니다. [OK] 버튼을 클릭합니다.

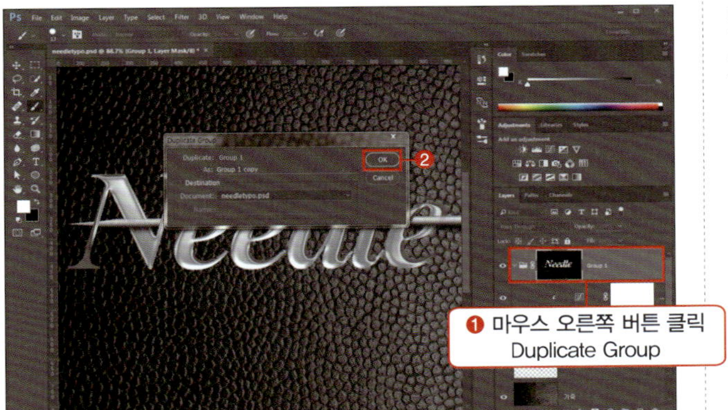

14 후광 효과 만들기 ②

'Group 1 copy' 폴더에서 마우스 오른쪽 버튼을 클릭하여 [Merge Group]을 클릭합니다. 레이어 마스크 섬네일을 마우스 오른쪽 버튼을 클릭하여 [Apply Layer Mask]를 클릭합니다. 레이어의 이름을 '후광'으로 입력합니다.

 **후광 효과 만들기**

[Filter]–[blur]–[Gaussian Blur]를 클릭합니다.
[Radius]를 '20Pixels'로 입력합니다. [OK] 버튼
을 클릭합니다.

 **마무리하기**

블랜딩 모드를 [Lighten]으로 클릭합니다.

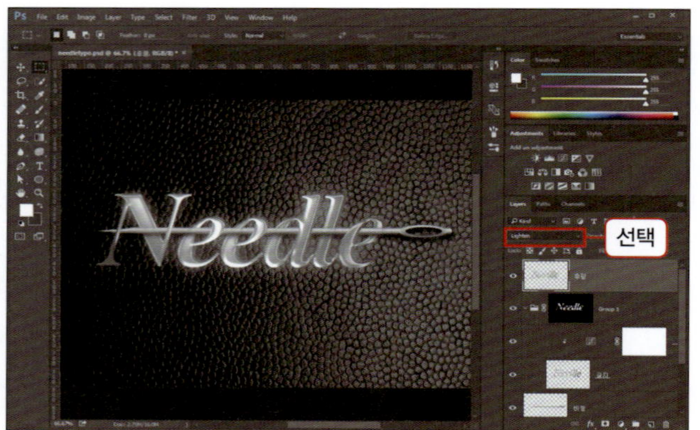